Marianne Giesert/Tobias Reuter /Anja Liebrich (Hrsg.)
Arbeitsfähigkeit 4.0
Eine gute Balance im Dialog gestalten

Marianne Giesert/Tobias Reuter/
Anja Liebrich (Hrsg.)
Arbeitsfähigkeit 4.0
Eine gute Balance
im Dialog gestalten

VSA: Verlag Hamburg

www.vsa-verlag.de

IAF Institut für Arbeitsfähigkeit
Marianne Giesert
Tobias Reuter
Anja Liebrich
Fischtorplatz 23
D-55116 Mainz
Tel: +49 (0)6131 603984-0
Fax. +49 (0)6131 603984-1
Mail: gutentag@arbeitsfaehig.com
www.arbeitsfaehig-in-die-zukunft.com
www.facebook.com/IAFInstitut

© VSA: Verlag 2017, St. Georgs Kirchhof 6, D-20099 Hamburg
Alle Rechte vorbehalten
Umschlaggrafik: IAF, modifiziert nach Ilmarinen;
Foto S. 9: BMAS/Werner Schuering
Druck und Buchbindearbeiten: Beltz Bad Langensalza GmbH
ISBN 978-3-89965-767-8

Inhalt

Grußwort von Andrea Nahles 9

Einführung von Marianne Giesert/Tobias Reuter/Anja Liebrich 10

Grundlagen

Marianne Giesert/Tobias Reuter/Anja Liebrich
Wege zu einem erfolgreichen Arbeitsfähigkeitsmanagement im Wandel der Zeit 16

Joachim E. Fischer
Arbeit 4.0: Messung von Arbeitsfähigkeit im Alltag 32
Die nächsten Schritte

Instrumente

Anja Liebrich/Tobias Reuter/Marianne Giesert
Arbeitsfähigkeit messen und fördern – Methoden und Instrumente rund um das Arbeitsfähigkeitskonzept 54

Alexander Frevel/Juhani Ilmarinen/Jürgen Tempel/
Kerstin Thönnessen
Arbeitsfähigkeit 2.0: Der »Radar-Prozess« zur Erhaltung und Förderung der Arbeitsfähigkeit und des Arbeits-Wohlbefindens 72

Arbeitsfähigkeit 2.0 – Was macht das »neue« Instrument so besonders? 86
Interview mit Juhani Ilmarinen, geführt von Tobias Reuter

Renate Czeskleba/Irene Kloimüller
Das Screening-Instrument »ABI Plus™« und »fit2work« 89
Erfahrungen aus Österreich

Tobias Reuter/Anja Liebrich/Marianne Giesert
Das Arbeitsfähigkeitscoaching® bei der Betrieblichen Eingliederung – ein wichtiger Baustein der Prävention 108

Brigitta Gruber/Alexander Kühl
Ermutigung zum Tun! 119
Arbeitsbewältigungs-Coaching®: eine Maßnahme für einen alternsgerechten Arbeitsschutz

Oleg Cernavin
Gemeinsam kleine Betriebe wirkungsvoller unterstützen: Offensive Mittelstand 130

▌ Erfahrungen aus der Praxis

Tobias Reuter/Marianne Giesert
Förderung von Kooperation und Handlungskompetenz durch Qualifizierungsmaßnahmen 144

Gabriele Joschko
»Aktive Gesundheits-Breaks« fördern Gesundheitskompetenz und Pausenverantwortung 154

Hans-Jürgen Dorr
INQA Projekt AKKu: schlanke Werkzeuge für kleine Unternehmen 156

Claudia Fischer/Martina Neubauer/Tobias Reuter/Simone Jäckel
Das Arbeitsfähigkeitscoaching® in der Öffentlichen Verwaltung: Vom Projekt zur gelebten Dienstvereinbarung 163

Helmut Haderlein/Josef Morgenroth
Gemeinsam weiter – Coaching mit Perspektive 174
Über ein Pilotprojekt zur Betrieblichen Eingliederung (BEM)

Ralph Conrads/Rupert Felder
Wandel gestalten – ein Parcours der Arbeitsfähigkeit in der Druckmaschinenindustrie 180

Claus-Eric Gehrke
Arbeitsfähigkeit fördern durch ein systematisches Betriebliches Gesundheitsmanagement 196
Das Beispiel des thyssenkrupp-Standortes Andernach

Marianne Giesert
Arbeitsfähigkeitscoaching® – Unterstützung für Selbständige 204

Alexander Frevel/Heinrich Geißler
Arbeitsfähigkeit im Erwerbsverlauf unterstützen und fördern 218
Instrumente und praktische Beispiele

▌Vernetzung

Peter Krauss-Hoffmann
Gesunde Arbeit in Zeiten rasanter Digitalisierung 236
Der Beitrag der Initiative Neue Qualität der Arbeit auf dem Weg zum »Arbeiten 4.0«

Anja Liebrich/Tobias Reuter/Marianne Giesert
WAI-Netzwerk – Vernetzung mit Perspektive 246

Bettina Broxtermann/Birgitta Möller
**Offensive Mittelstand RheinMain –
Das Ganze ist mehr als die Summe seiner Teile** 250

Andreas Erb/Axel Hoffmann/Eckehard Linnemann/Mathias Lomb
»Ganz. Sicher. Gesund.« 256
Ein (Pilot-)Projekt als regionales Netzwerk

Diana Paschek/Christine Fiedler
WAi – Wo Arbeit integriert 272
Ein Projekt zur Stärkung der Arbeitsfähigkeit in der Sozialwirtschaft

Die Autorinnen und Autoren 279

Grußwort

Mit dem Dialogprozess »Arbeiten 4.0« haben wir die Chancen der Digitalisierung für Unternehmen und Beschäftigte zum Thema gemacht. Die Ergebnisse haben wir Ende November 2016 im Weißbuch »Arbeiten 4.0« vorgestellt. Es zeigt die Spannungsfelder der künftigen Arbeitswelt und die Handlungsfelder, in denen wir aufgerufen sind, die Arbeit der Zukunft zu gestalten. Die Arbeit der Zukunft muss gute Arbeit sein. Und deshalb ist auch bei unseren Gestaltungsvorschlägen das Thema Arbeitsschutz und Betriebliches Gesundheitsmanagement ganz vorne mit dabei. Mit Blick auf die weitere räumliche und zeitliche Entgrenzung der Arbeit ist es wichtig, die Beschäftigten vor arbeitsbedingten psychischen Belastungen zu schützen. Gleichzeitig sind Selbstbestimmung und Eigenverantwortung den Beschäftigten schon heute sehr wichtig. Deshalb werden in Zukunft verstärkt die Kompetenzen der Erwerbstätigen selbst gefragt sein, wenn es um die Gestaltung des Gesundheitsschutzes und gesundheitsgerechtes Verhalten geht. Ohne Unterstützung der Beschäftigten und der Arbeitgeber ist das nur schwer zu leisten. Hier setzt das vorliegende Buch an. Es vermittelt Grundlagen, Instrumente, Praxisbeispiele und Möglichkeiten zur Vernetzung rund um das Thema Betriebliches Gesundheitsmanagement. Diskutiert wird dabei vor allem auch die Rolle, die Instrumente, die auf dem Work Ability Index (WAI) beruhen, für die zukunftsgerechte Gestaltung der Arbeit spielen können.

Im Rahmen der Initiative Neue Qualität der Arbeit unterstützt das Bundesministerium für Arbeit und Soziales diese Aktivitäten mit dem Ziel, Orientierung für gute und gesunde Arbeit und Arbeitsfähigkeit auch in einer digitalen Zukunft zu geben. Netzwerke wie das WAI-Netzwerk sind wichtige Verstärker und Orte des Austausches für alle, die sich im Betrieblichen Gesundheitsschutz engagieren.

Nutzen Sie die Netzwerke und das Buch als Hilfestellung zur Gestaltung des Betrieblichen Gesundheitsmanagements und zur Vernetzung. Sehen Sie es auch als Angebot, sich in den Netzwerken zu engagieren. Helfen Sie damit, die Zukunft der Arbeit gesundheitsgerecht zu gestalten.

Andrea Nahles
Bundesministerin für Arbeit und Soziales
Mitglied des Deutschen Bundestages

I Einführung

Die Digitalisierung verändert die Arbeitswelt. Gepaart mit den weiterhin anhaltenden Megatrends des demografischen Wandels, der Globalisierung und der Veränderung hin zur Wissensgesellschaft werden diese Entwicklungen aktuell unter dem Stichwort Arbeit 4.0 diskutiert. Die Herausforderungen, mit denen sich Unternehmen und Beschäftigte in diesem Zusammenhang konfrontiert sehen, sind zum Teil erheblich. Vor allem stellt sich die Frage, wie die Balance zwischen den Arbeitsanforderungen der Arbeit 4.0. und dem individuellen Leistungspotenzial im Hinblick dieser Entwicklungen erhalten und gefördert werden kann. Der Work Ability Index (WAI) bietet dafür eine gute Grundlage. Deshalb wollen wir mit diesem Buch, das zur WAI-Netzwerk-Tagung »Arbeitsfähigkeit 4.0 – Arbeitsfähig in die Zukunft« im März 2017 erscheint, einen Beitrag zur Weiterentwicklung des WAI und des WAI-Netzwerks im Fokus der Arbeit 4.0 leisten. Es werden unterschiedliche Facetten und Weiterentwicklungen rund um den WAI und das Arbeitsfähigkeitskonzept vorgestellt. Neue theoretische Erkenntnisse, aktuelle praktische Beispiele und Vernetzungsmöglichkeiten geben Impulse für eine gute Balance im Rahmen der Arbeit 4.0.

Der vorliegende Band gliedert sich in vier Teile:

Grundlagen
Marianne Giesert, Tobias Reuter und Anja Liebrich legen den Grundstein dieses Sammelbandes und beschreiben, wie ein erfolgreiches »Arbeitsfähigkeitsmanagement« auf Basis der rechtlichen Grundlagen eines Betrieblichen Gesundheitsmanagements mit den Handlungsfeldern Arbeitsschutz, Betriebliches Eingliederungsmanagement und Betriebliche Gesundheitsförderung ausgestaltet werden kann.

Nach dieser ersten Orientierung skizziert *Joachim E. Fischer*, dass das Arbeitsfähigkeitskonzept auch nach 20 Jahren einen guten Ausgangspunkt für die Gestaltung von Arbeit im Kontext von Globalisierung und Digitalisierung bildet. Er zeigt auf, dass ein verkürzter und ergänzter Arbeitsfähigkeitsindex praxistaugliche Kennziffern liefert.

Einführung

Instrumente

Im Beitrag von *Anja Liebrich, Tobias Reuter* und *Marianne Giesert* werden der WAI selbst und die unterschiedlichen Instrumente rund um diesen Index und das Arbeitsfähigkeitskonzept im deutschsprachigen Raum überblicksartig beschrieben. Mit der WAI-Instrumentenfamilie gelingt es, den Dialog zur Förderung der Arbeitsfähigkeit praxisnah anzustoßen.

Alexander Frevel, Juhani Ilmarinen, Jürgen Tempel und *Kerstin Thönnessen* stellen den im Jahr 2014 in Deutschland eingeführten »Radar-Prozess« (auch WAI 2.0 oder Arbeitsfähigkeit 2.0) vor. Sie erläutern die beiden Methoden »Personen-Radar« und »Betriebs-Radar« und zeigen Schritt für Schritt, wie Handlungsfelder und Maßnahmen priorisiert werden.

Im Anschluss daran kommt *Juhani Ilmarinen* im Interview mit *Tobias Reuter* zu Wort und führt aus, was diesen neuen Ansatz so besonders macht.

Ein weiteres Instrument der WAI-Familie ist das sogenannte Screening-Instrument ABI-Plus™. *Renate Czeskleba* und *Irene Kloimüller* stellen das Instrument vor, das in Österreich in Firmen ab 50 Beschäftigten im Arbeits- und Gesundheitsgesetz vorgeschrieben ist. Das Instrument ist eng verknüpft mit dem »fit2work«-Programm, das Maßnahmen zur Förderung, zum Erhalt und zur Wiederherstellung der Arbeitsfähigkeit zum Ziel hat.

Mit dem Arbeitsfähigkeitscoaching® wird von *Tobias Reuter, Anja Liebrich und Marianne Giesert* ein Präventions- und Dialoginstrument im Kontext des Betrieblichen Eingliederungsmanagements vorgestellt.

Brigitta Gruber und *Alexander Kühl* bringen das in der Praxis bewährte Instrument Arbeitsbewältigungs-Coaching (ab-c)® in Zusammenhang mit der Gefährdungsbeurteilung und führen aus, dass das ab-c® zwar kein Instrument für eine Gefährdungsbeurteilung ist, jedoch in deren Folge eingesetzt werden kann und eine gute Ergänzung darstellt.

Ziele des INQA-Netzwerks »Offensive Mittelstand« sind, die Qualität der Arbeit und eine mitarbeiterorientierte Unternehmenskultur im Mittelstand zu fördern. *Oleg Cernavin* hebt die Besonderheiten dieses INQA-Netzwerkes hervor und geht dabei vor allem auf die hilfreichen Praxisstandards ein.

Praxis

Tobias Reuter und *Marianne Giesert* greifen die besonders wichtige Qualifikation betrieblicher Akteurinnen und Akteure – insbesondere Führungskräfte und Interessenvertretungen – im Kontext des Betrieblichen Gesundheits- und Arbeitsfähigkeitsmanagements auf und geben Vorschläge für die Umsetzung.

Gabi Joschko widmet sich in ihrem Beitrag dem nicht zu unterschätzenden Thema »Pausen« im Kontext der Arbeitsfähigkeit 4.0.

Hans-Jürgen Dorr zeigt mit dem INQA-Projekt AKKU, wie schlanke Werkzeuge rund um das Arbeitsfähigkeitskonzept auch für kleine Unternehmen greifbar und nutzbar werden.

Das unter der Rubrik Instrumente erläuterte Arbeitsfähigkeitscoaching® ist im Landratsamt München eingeführt und wird dort auch mit einer Dienstvereinbarung gelebt. *Claudia Fischer, Martina Neubauer, Tobias Reuter und Simone Jäckel* beschreiben die Besonderheiten, Stolpersteine und Evaluationsergebnisse aus der konkreten Praxis in der öffentlichen Verwaltung.

Nicht nur in der öffentlichen Verwaltung findet das Arbeitsfähigkeitscoaching® Anwendung, sondern auch in der Produktion. *Helmut Haderlein* und *Josef Morgenroth* stellen den Ansatz aus Sicht der Michelin Reifenwerke Hallstadt bei Bamberg dar.

Themen wie der demografische Wandel und die Förderung der Arbeits- und Beschäftigungsfähigkeit lassen sich auch erfolgreich über einen betrieblichen Qualifizierungsprozess vermitteln. *Ralph Conrads* und *Rupert Felder* erläutern am Beispiel der Heidelberger Druckmaschinen AG, wie aufbauend auf einen solchen Prozess im Rahmen eines Ausstellungsformats Verbesserungsmaßnahmen in der Praxis gelingen.

Wie Arbeitsfähigkeit durch ein systematisches BGM gefördert wird, beschreibt *Claus-Eric Gehrke* am Beispiel des thyssenkrupp-Standortes Andernach und stellt dabei wichtige Facetten des BGM vor.

Marianne Giesert geht mit dem Arbeitsfähigkeitscoaching® neue Wege und zeigt am konkreten Beispiel, wie durch diesen Ansatz auch Selbständigen der Wiedereinstieg in die Arbeit nach Krankheit gelingen kann.

Die Unterstützung und Förderung der Arbeitsfähigkeit im Erwerbsverlauf ist der Fokus von *Alexander Frevel* und *Heinrich Geißler*, die in ihrem Beitrag unterschiedliche Instrumente und praktische Beispiele hierzu vorstellen.

Einführung

Vernetzung

Peter Krauss-Hoffmann stellt die Initiative Neue Qualität der Arbeit des Bundesministeriums für Arbeit und Soziales vor. Dabei zeichnet er den Weg von der Entstehung bis hin zum Dialogprozess des Weißbuchs Arbeit 4.0, in dem INQA als institutionelles Dach für Experimentierräume vom BMAS gesehen wird.

Hier schließt sich die Vorstellung des INQA-WAI-Netzwerkes an. Das WAI-Netzwerk wird seit März 2016 ehrenamtlich vom IAF Institut für Arbeitsfähigkeit koordiniert. *Anja Liebrich, Tobias Reuter* und *Marianne Giesert* zeigen die Perspektiven des »neuen« Netzwerkes auf.

Die Offensive Mittelstand umfasst unterschiedliche regionale Netzwerke. *Bettina Broxtermann* und *Birgitta Möller* bringen den Vernetzungsgedanken am Beispiel der Offensive Mittelstand RheinMain näher und erläutern, warum das Ganze mehr als die Summe seiner Teile ist.

Das sozialpartnerschaftliche (Pilot-)Projekt: Regionales Netzwerk »Ganz. Sicher. Gesund. Voneinander wissen, miteinander handeln, Gesundheit managen« wird aus unterschiedlichen Perspektiven – beispielsweise Sozialpartner, Sozialversicherungsträger, Betrieb – von *Andreas Erb, Axel Hoffmann, Eckehard Linnemann* und *Mathias Lomb* beschrieben.

Diana Paschek und Christine Fiedler geben Einblick in das Projekt »WAi – Wo Arbeit integriert« und nehmen damit das Thema Gesundheit am Arbeitsplatz in der Sozialwirtschaft in den Fokus. In diesem Projekt werden Möglichkeiten erarbeitet, wie Beschäftigte gehalten und neue Fachkräfte gewonnen werden können und wie ein gesundes Arbeitsumfeld erreicht wird.

Für die Beiträge möchten wir uns recht herzlich bei allen Autoren und Autorinnen bedanken. Nur durch ihre Arbeit ist dieses Buch möglich geworden. Danken möchten wir auch Sabrina Koritke vom IAF Institut für Arbeitsfähigkeit, die uns mit vielen begleitenden Arbeiten unterstützt hat, sowie Marion Fisch vom VSA: Verlag für die gute und engagierte Zusammenarbeit. Mögen die Beiträge dieses Buches interessante Anregungen und Impulse für die wissenschaftliche und betriebliche Praxis bieten und damit eine gute Grundlage für die Weiterentwicklung des WAI-Netzwerkes sein.

Mainz, im Februar 2017

Marianne Giesert
Tobias Reuter
Anja Liebrich

Grundlagen

Marianne Giesert/Tobias Reuter/
Anja Liebrich
Wege zu einem erfolgreichen Arbeitsfähigkeitsmanagement im Wandel der Zeit

1. Einführung

Unsere Arbeitswelt ist geprägt von immer neuen Herausforderungen. Der technische und gesellschaftliche Wandel, die komplexen Entwicklungen, die unter dem Stichwort Arbeit 4.0 diskutiert werden, bringen gewandelte Anforderungen für alle mit sich. Das gilt für Unternehmen ebenso wie für Beschäftigte. Um weiterhin erfolgreich am Markt zu bleiben und sich im Wettbewerb zu behaupten, ist es unabdingbar, diese Herausforderungen anzunehmen und aktiv den Wandel zu gestalten.

Das aktuelle Erwerbspersonenpotenzial ist durch die starken Altersjahrgänge zwischen 45 und 65 Jahren geprägt. In den kommenden zwei Jahrzehnten wird diese Altersgruppe aus dem Erwerbsleben weitgehend ausscheiden. Es folgen dann die schwächer besetzten 1970er und 1980er Jahrgänge nach (Statistisches Bundesamt 2015). Egal wann und wie stark Personaleinstellungen erfolgen, ein sehr hoher Anteil von Beschäftigten ist im letzten Drittel ihres Arbeitslebens. Das ist eine große Herausforderung, aber auch eine ebensolche Chance, da die letzte Phase des Arbeitslebens durchaus Vorzüge hat.

Um diese Chancen zu nutzen, steht die Frage im Mittelpunkt, wie die Arbeitsanforderungen, die jede Tätigkeit mit sich bringt, so gestaltet werden können, dass die Arbeitsfähigkeit und Gesundheit der Beschäftigten erhalten und gefördert werden können – und dies bei einer weiterhin hohen Produktivität und Qualität.

Der Ansatz eines ganzheitlichen »Arbeitsfähigkeitsmanagements« ist in diesem Kontext äußerst zielführend und gewinnversprechend. Dieser im Folgenden vorgestellte Managementprozess unterstützt die Gestaltung der Balance zwischen Arbeitsanforderung und Leistungspotenzialen der Beschäftigten und gleichzeitig die Gewährleistung einer guten Produktivität und Qualität in den Unternehmen.

2. Das Fundament: Betriebliches Gesundheitsmanagement

Insbesondere im Hinblick auf den demografischen Wandel erkennen immer mehr Betriebe, dass sie die Gesundheit und Arbeitsfähigkeit der Beschäftigten erhalten und fördern müssen, um wettbewerbsfähig zu bleiben. Jedoch stellen sich viele die Frage, wie dies für die jeweilige Unternehmenssituation gelingen kann. Die Erfahrungen in der Praxis zeigen, dass hier ein ganzheitliches Betriebliches Gesundheitsmanagement (BGM) auf der Grundlage der geltenden gesetzlichen Regelungen sehr erfolgsversprechend ist. Ein solches systematisches BGM ist ebenfalls im Hinblick auf den Aufbau eines »Arbeitsfähigkeitsmanagements« ein zentraler Erfolgsfaktor, der das Fundament dieses Ansatzes bildet.

> **Definition Betriebliches Gesundheitsmanagement (Giesert 2012)**
> Unter Betrieblichem Gesundheitsmanagement (BGM) wird die systematische und nachhaltige Gestaltung von gesundheitsförderlichen Strukturen und Prozessen sowie der gesundheitsförderlichen Befähigung von Beschäftigten verstanden. Grundlagen sind gesetzliche Regelungen, die den folgenden drei Handlungsfeldern zuzuordnen sind:
> ■ umfassender Arbeitsschutz,
> ■ betriebliches Eingliederungsmanagement und
> ■ betriebliche Gesundheitsförderung.
> Alle Handlungsfelder sind in die Betriebsroutinen zu integrieren. Dabei ist die Verzahnung der Inhalte sowie die kontinuierliche Fortschreibung der Kernprozesse Analyse, Planung, Interventionssteuerung und Evaluation zu verwirklichen. Einzelmaßnahmen sowie Einzelprogramme der betrieblichen Gesundheitsförderung unterscheiden sich von diesem Modell.

Den Zusammenhang zeigt die Abbildung 1 auf der folgenden Seite.

Ein ganzheitliches BGM vereinigt die Handlungsfelder Arbeitsschutz, Betriebliches Eingliederungsmanagement (BEM) und Betriebliche Gesundheitsförderung (BGF). Es ist die Basis, die alle Aktivitäten für den Schutz und die Stärkung der physischen, psychischen und sozialen Gesundheit verbindet.

Jedes Handlungsfeld beschäftigt sich gleichermaßen mit dem individuellen Verhalten der Beschäftigten und der Gestaltung von gesundheits- und menschengerechten Arbeitsbedingungen. Die Optimierung der drei Aspekte – des Verhaltens, der Verhältnisse, des Systems – ermöglicht ein effektives und effizientes BGM. Das wiederum bietet für alle einen Gewinn: für die Beschäftigten eine bessere Gesundheit, für

Abbildung 1: Das Betriebliche Gesundheitsmanagement

	für ArbeitgeberInnen Pflicht für ArbeitnehmerInnen Pflicht	für ArbeitgeberInnen Pflicht für ArbeitnehmerInnen freiwillig	für ArbeitgeberInnen freiwillig für ArbeitnehmerInnen freiwillig
Struktur Prozess	Betrieblicher Arbeitsschutz	Betriebliches Eingliederungsmanagement (BEM)	Betriebliche Gesundheitsförderung
Ergebnis	Verhaltens-, Verhältnis- und Systemprävention	Verhaltens-, Verhältnis- und Systemprävention	Verhaltens-, Verhältnis- und Systemprävention

Betriebliches Gesundheitsmanagement

Quelle: nach Giesert 2012

die Unternehmen eine Optimierung durch weniger Krankheitstage und erhöhte Qualität und Produktivität.

Die Qualität eines BGM wird durch verschiedene Kriterien beeinflusst: betriebliche Strukturen, Prozesse und Ergebnisse. Aspekte, die bei der Förderung von Gesundheit am Arbeitsplatz ins Gewicht fallen, sind beispielsweise Aufbauorganisation (Struktur), Führung (Prozess) oder die Identifikation und das Engagement der Beschäftigten (Ergebnis).

Die gesetzliche Verankerung der Elemente des BGM ist unterschiedlich: Es existieren Pflicht- und freiwillige Anteile für Arbeitgeber und Beschäftigte. So ist der Arbeitsschutz mit dem Arbeitsschutzgesetz (ArbSchG) für alle eine verpflichtende Aufgabe, um die Sicherheit bei der Arbeit und die Förderung der Gesundheit zu gewährleisten. Anders beim BEM, welches zwar für den Arbeitgeber nach § 84 Abs. 2 SGB IX verpflichtend, für den Beschäftigten jedoch freiwillig ist. Die BGF vereint solche Maßnahmen, die weder für Unternehmen als auch Beschäftigte verpflichtend sind. Dennoch gibt es mit dem § 20 SGB V eine gesetzliche Verpflichtung zur GF für Krankenkassen in Kooperation mit den Unfallversicherern.

Wege zu einem erfolgreichen Arbeitsfähigkeitsmanagement

Eine hervorragende Grundlage zur Förderung der Gesundheit und Arbeitsfähigkeit von Beschäftigten bildet die Ottawa-Charta der Weltgesundheitsorganisation (WHO) von 1986 zur Gesundheitsförderung sowie das Arbeitsschutzgesetz von 1996. Die WHO stellte der Lehre von den Krankheiten (Pathogenese – Fokus auf Ursachen von Krankheit) die Lehre von der Gesundheit (Salutogenese – Fokus auf Ursachen von Gesundheit) zur Seite, und läutete dadurch ein Umdenken ein. Damit rückte die Frage »Was kann getan werden, damit Menschen gesund bleiben?« in den Vordergrund. Dies wird einerseits durch den von ihr definierten, umfassenden Gesundheitsbegriff deutlich: »Gesundheit ist ein Zustand des vollständigen körperlichen, geistigen und sozialen Wohlergehens und nicht nur das Fehlen von Krankheit oder Gebrechen.« (WHO 1986) Andererseits zeigt sich dies auch in deren Verständnis der Gesundheitsförderung als ein Prozess, der den Menschen ein höheres Maß an Selbstbestimmung und damit die Befähigung zur Stärkung ihrer Gesundheit ermöglicht (vgl. WHO 1986).

2.1. Der Arbeitsschutz mit der aktiven Betrieblichen Gesundheitsförderung

Neben der Ottawa-Charta brachte auch das überarbeitete Arbeitsschutzgesetz von 1996 grundlegende Veränderungen im traditionellen Arbeitsschutz mit sich, die sich am oben skizzierten Menschenbild und Gesundheitsverständnis der WHO orientieren. Das frühere Arbeitsschutzrecht, das vor allem den Schutz körperlicher Unversehrtheit zum Ziel hatte, wurde um die aktive Gesundheitsförderung erweitert. Dadurch wird auch der Einfluss von Arbeitsbedingungen auf psychische Befindlichkeiten berücksichtigt.

Tabelle 1 (auf der folgenden Seite) stellt das »neue« und »alte« Denken und Handeln im Arbeitsschutz gegenüber. Dabei wird ersichtlich, dass sich die Herangehensweise im Arbeitsschutz von einer passiven, objektbezogenen zu einer aktiven, subjektbezogenen Haltung gewandelt hat.

Die zentralen Instrumente und Prozesse, die die Betriebliche Gesundheitsförderung im Arbeitsschutz integrieren, sind vor allem eine umfassende prozessorientierte Gefährdungsbeurteilung (vgl. § 5 ArbSchG) und eine dialogorientierte Unterweisung (vgl. § 12 ArbSchG).

Die ganzheitliche Gefährdungsbeurteilung berücksichtigt körperliche sowie psychische Belastungen und soll an allen Arbeitsplätzen mit Beteiligung der Beschäftigten durchgeführt werden. Der Arbeitgeber hat mit diesem Instrument dafür Sorge zu tragen, dass Arbeitsbedin-

Tabelle 1: Weiterentwicklung des Arbeitsschutzes

	»alter«, technischer Arbeitsschutz (vor 1996)	»neuer« Arbeitsschutz mit Betrieblicher Gesundheitsförderung (nach 1996)
Menschenbild	Mensch als schutzbedürftiges Wesen: ■ Defizitmodell ■ schwächenorientiert ■ pathogenetisches Grundverständnis	Mensch als autonom handelndes Subjekt: ■ Potenzialmodell ■ stärkenorientiert ■ salutogenetisches Grundverständnis
verhältnisorientierte Aufgaben und Ziele	Vermeiden oder Beseitigen gesundheitsgefährdender Arbeitsbedingungen oder Belastungen: ■ Schutzperspektive ■ belastungsorientiert	Schaffen oder Erhalten gesundheitsförderlicher Arbeitsbedingungen und Kompetenzen: ■ Entwicklungsperspektive ■ ressourcenorientiert
verhaltensorientierte Aufgaben und Ziele	Erkennen und adäquates Handeln in gefährlichen Situationen: ■ Wahrnehmen von Gefahren	Erkennen und Nutzen von Handlungs- und Gestaltungsspielraum: ■ Wahrnehmen von Chancen

Quelle: Giesert 2012; modifiziert nach Ulrich/Wülser 2010

gungen kontinuierlich verbessert und entsprechend den arbeitswissenschaftlichen Grundsätzen menschengerechter Arbeit gestaltet werden.

Bei der durchzuführenden Unterweisung im Betrieb ist der Dialog zwischen Führungskraft und Beschäftigten von besonderer Bedeutung. Gefahren und Gefährdungen am Arbeitsplatz sollen dadurch vermieden und Lösungsmöglichkeiten für eine kontinuierliche Verbesserung der Arbeitsbedingungen entwickelt und umgesetzt werden.

Umfassende Beteiligung im Arbeitsschutz
Bei diesen gesetzlichen Pflichtaufgaben des Arbeitgebers greift das Mitbestimmungsrecht der Interessenvertretung und hat damit eine besondere Priorität im betrieblichen Alltag. Ein umfassender Arbeitsschutz kann nur dann erfolgreich sein, wenn alle Beteiligten eines Unternehmens – Geschäftsführung, Führungskräfte, Interessenvertretung und Belegschaft – sich darauf verständigen, dass gesunde Arbeit (überlebens-)wichtig für das Unternehmen und die Beschäftigten ist. Um dies

zu fördern, müssen klare Verbindlichkeiten auf der Grundlage des erweiterten Arbeitsschutzgesetzes hergestellt werden, z.b. indem Betriebsvereinbarungen zwischen der Geschäftsführung und dem Betriebsrat geschlossen werden. Dafür braucht es in den Unternehmen einen langen Atem, Aufklärung und Sensibilisierung, sowie Qualifizierungen zum Thema auf allen Ebenen (Geschäftsführung, Interessenvertretung, Führungskräfte und Mitarbeiter/innen) und vielfältige Beteiligungsmöglichkeiten für alle Beschäftigten, damit das Ziel: »Gute Arbeit für gute Gesundheit und Arbeitsfähigkeit« zur anerkannten und gelebten Unternehmenskultur wird.

Gerade mit der zunehmenden Digitalisierung können sich die Anforderungen an Beschäftigte gravierend ändern. In vielen Berufen steigen die psychischen Anforderungen, hinzu kommen tätigkeitsübergreifende Entwicklungen wie Verdichtung, Flexibilisierung und mobiles Arbeiten. Auch wird das Bedürfnis nach zeit- und ortsunabhängigem Arbeiten immer mehr Thema in den Betrieben. Der Arbeitszeitreport Deutschland 2016 (BAuA 2016) zeigt, dass vor allem die in den Unternehmen herrschenden Rahmenbedingungen darüber entscheiden, ob sich Arbeitszeitflexibilität positiv oder negativ auf die Gesundheit und Zufriedenheit der Beschäftigten auswirkt: Wenn Beschäftigte ihre Arbeitszeit selbst bestimmen oder mitgestalten können, kann sich diese Flexibilität förderlich für Gesundheit und Zufriedenheit auswirken und eine Ressource darstellen. Ohne Mitsprachemöglichkeit kann diese zu einer großen Belastung werden und sich negativ auswirken.

Insgesamt ist der Arbeitgeber verpflichtet, erforderliche Maßnahmen für die Sicherheit und Gesundheit im Betrieb umzusetzen und kontinuierlich weiterzuentwickeln. Er hat für eine geeignete Organisation zu sorgen und muss die erforderlichen Mittel bereitstellen (§ 3 ArbSchG). Dafür ist es sinnvoll, auf bestehende Arbeitsschutzbestimmungen zurückzugreifen und die Organisation der BGF darauf aufzubauen. So kann beispielsweise ein Arbeitsschutzausschuss, der in den Betrieben mit mehr als 20 Beschäftigten nach dem Arbeitssicherheitsgesetz (§ 11 ASiG) Pflicht ist, eine gute Grundlage für weitere Aktivitäten der BGF sein. Er tritt mindestens viermal im Jahr zusammen.

Durch weitere gesetzliche Regelungen (vgl. insbesondere Personalvertretungsgesetze, Betriebsverfassungsgesetz, Sozialgesetzgebung) wird die aktive Rolle von Personal- und Betriebsräten, Schwerbehindertenvertrauenspersonen und Sicherheitsbeauftragten im umfassenden Arbeitsschutz betont. Sie sind zu beteiligen bei:

- der Ermittlung und Beurteilung von Gefahren und Gefährdungen,
- der Festlegung von entlastenden Maßnahmen,
- der Auswahl persönlicher Schutzausrüstung usw.

Auch der Aufgabenkatalog für Betriebsärzte und Fachkräfte für Arbeitssicherheit hat sich erweitert. Durch ihre beratende Funktion soll eine bedarfsgerechte, zukunftsorientierte, arbeitsmedizinische und sicherheitstechnische Betreuung der Beschäftigten in den Betrieben gewährleistet werden. Eine gute rechtliche Grundlage bietet hier die Vorschrift 2 der Deutschen Gesetzlichen Unfallversicherung (DGUV). Zu betonen sind vor allem die Gestaltungsmöglichkeiten der betriebsspezifischen Betreuung und die erweiterten Mitbestimmungsrechte der Interessenvertretung.

Zu den aufgeführten innerbetrieblichen Akteurinnen und Akteuren können außerbetriebliche Instanzen als Unterstützung in den Prozess mit einbezogen werden: Krankenkassen, Unfallversicherungsträger usw.

2.2. Das Betriebliche Eingliederungsmanagement (BEM)

Das Betriebliche Eingliederungsmanagement (BEM) ist das zweite Handlungsfeld im Betrieblichen Gesundheitsmanagement. Das BEM ist seit 2004 im § 84 Abs. 2 SGB IX gesetzlich geregelt.

Beschäftigte, die länger als sechs Wochen ununterbrochen oder wiederholt arbeitsunfähig waren, erhalten ein professionelles BEM mit dem Ziel, die Arbeitsfähigkeit wiederherzustellen, zu erhalten und zu fördern. Darüber hinaus soll der Arbeitsplatz erhalten werden (vgl. § 84 Abs. 2 SGB IX).

Hierfür hat der Arbeitgeber gemeinsam mit der Interessenvertretung und bei Menschen mit Schwerbehinderung auch mit der Schwerbehindertenvertretung Maßnahmen zur Verbesserung der Arbeitsbedingungen zu treffen. Für die BEM-Berechtigten selbst ist das BEM zu jeder Zeit freiwillig. Dadurch wird die Selbstbestimmung und Partizipation der Beschäftigten gefördert.

Ähnlich wie beim Arbeitsschutz müssen auch hier arbeitsbedingte Gefährdungen bzw. krankheitsfördernde betriebliche Bedingungen identifiziert und abgestellt bzw. Ressourcen dagegen aufgebaut werden. Um die Arbeitsfähigkeit der BEM-Berechtigten zu verbessern, muss die Balance von Arbeitsanforderungen und individuellen Leistungsvoraussetzungen wiederhergestellt werden, so dass weder eine Über- noch eine Unterforderung gegeben ist. Wichtige Hinweise können in diesem Prozess die Gefährdungsbeurteilungen liefern.

Im Gegensatz zum Arbeitsschutz setzt das BEM beim Individuum an, welches bereits von Arbeitsunfähigkeit betroffen ist. Dennoch muss ein »funktionierendes« BEM auch die beiden anderen Säulen Arbeitsschutz und Betriebliche Gesundheitsförderung integrieren, da geeignete Maßnahmen aus diesen Bereichen bereits einem BEM-Anspruch vorbeugen können.

Das BEM ist eine zentrale Handlungssäule im BGM, die auch den demografischen Wandel in den Betrieben berücksichtigt. Statistiken der Krankenkassen zeigen den Zusammenhang zwischen Alter und Arbeitsunfähigkeit. Wer z.b. im Alter aufgrund nachlassender Körperkraft weniger gut heben oder tragen kann, läuft Gefahr, bei nächster Gelegenheit arbeitsunfähig zu werden. Hier kann frühzeitig auch präventiv bei der Arbeitsgestaltung etwas getan werden. Spätestens aber dann, wenn derjenige arbeitsunfähig geworden ist, muss eine Möglichkeit zur Anpassung der Arbeitsanforderungen und zur Eingliederung an seinen Arbeitsplatz bzw. in den Betrieb gefunden werden.

2.3. Betriebliche Gesundheitsförderung

Die Betriebliche Gesundheitsförderung (BGF) in der oben gezeigten Darstellung ist freiwillig und damit die »Kür« für die Unternehmen. Dennoch besteht eine gesetzliche Regelung. Durch den § 20 Sozialgesetzbuch V (SGB V) können die Krankenkassen Maßnahmen zur primären Prävention und Gesundheitsförderung durchführen.

Der § 20b SGB V, zuletzt geändert am 1.10.2016, verpflichtet die Krankenkassen, Leistungen zur Gesundheitsförderung in den Betrieben durchzuführen. Dabei sollen insbesondere der Aufbau und die Stärkung gesundheitsförderlicher Strukturen in den Unternehmen berücksichtigt werden. Die gesundheitliche Situation der Versicherten soll einschließlich ihrer Risiken und Potenziale erhoben und Vorschläge zur Verbesserung der gesundheitlichen Situation sowie zur Stärkung der gesundheitlichen Ressourcen und Fähigkeiten entwickelt und umgesetzt werden. Die Ausgaben der Krankenkassen für die Wahrnehmung ihrer Aufgaben nach dieser Vorschrift und nach den §§ 20a bis 20c sollen insgesamt seit dem Jahr 2016 einen Betrag in Höhe von 7 Euro pro Versicherten umfassen. Ziel ist es, den Beschäftigten durch Initiativen und Maßnahmen verhältnis- und verhaltensorientiert zu ermöglichen, ihre Gesundheitsressourcen aufzubauen, um damit ihre Gesundheit zu erhalten. Dies ist eine gute Unterstützung für Betriebe und Beschäftigte, die Gesundheit von Mitarbeiterinnen und Mitarbeitern über die drei Handlungsfelder zu fördern und umfassende Maßnahmen zu initiieren und nachhaltig zu gestalten.

2.4. Rechtliche Grundlagen als solides Fundament für das Betriebliche Gesundheitsmanagement

Insgesamt bieten die rechtlichen Grundlagen den Unternehmen und allen betrieblichen Akteurinnen und Akteuren gute Möglichkeiten, die Gesundheit und Arbeitsfähigkeit der Beschäftigten zu erhalten und zu fördern. Grundvoraussetzung ist, dass das BGM zu einer Aufgabe für alle im Betrieb wird. Das bedeutet, dass Geschäftsführung, Führungskräfte, Interessenvertretung und Beschäftigte sowie weitere beteiligte Akteurinnen und Akteure (z.b. Betriebsärzte, Fachkräfte für Arbeitssicherheit u.a.) ihre Entscheidungen und ihr Verhalten im Hinblick auf das Kriterium der Gesundheitsförderlichkeit im Sinne der Ottawa-Charta der WHO überprüfen, anpassen und in den Mittelpunkt ihres Handelns stellen.

Aufbauend auf dem betrieblichen Arbeitsschutz gilt es, mit der aktiven Beteiligung alternder Arbeitnehmer und Arbeitnehmerinnen Betriebliche Gesundheitsförderung kontinuierlich weiterzuentwickeln und im Gesundheitsmanagement effektiv und effizient zu verzahnen. Dies umfasst alle Bereiche von der Ermittlung der Gefahren und Gefährdungen und ihrer Bekämpfung und Reduzierung bis hin zur Suche nach gesundheitsförderlichen Potenzialen der Arbeit, ihrem Ausbau und ihrer Nutzung. Ein umfassender Arbeitsschutz sowie das Betriebliche Eingliederungsmanagement sind für den Arbeitgeber Pflicht, sie bieten umfassende und vielfältige Möglichkeiten einer menschengerechten Gestaltung in der Arbeitswelt. Die Unternehmen können beim dritten Handlungsfeld der BGF Leistungen der Krankenkassen in Anspruch nehmen.

Das hier beschriebene BGM mit der Verzahnung von Arbeitsschutz, BEM und BGF (Leistung der Krankenkassen) bietet eine gute Möglichkeit für eine betriebliche Gesundheitspolitik mit klaren Strukturen und Prozessen. Qualitätsmanagement, kontinuierliche Verbesserungsprozesse und Zielvereinbarungen erleichtern den Aufbau von Strukturen und Prozessen, welche die Arbeitsfähigkeit und Gesundheit der Beschäftigten erhalten, fördern und wiederherstellen. Betriebs-und Personalräte haben durch ihre Mitbestimmungs- und Initiativrechte eine wichtige Stellung und Funktion und können dadurch Strukturen und Prozesse in den Handlungsfeldern initiieren und begleiten. Tarifverträge und Betriebs- bzw. Dienstvereinbarungen unterstützen die betriebliche Arbeit und sind für die Geschäftsleitung und die Interessenvertretungen verbindlich. Sie sorgen damit für eine klare, langfristige gemeinsame Arbeitsgrundlage.

Durch die aktuellen Entwicklungen der Arbeitsgesellschaft verbunden mit der Frage nach Arbeitskräftesicherung ergeben sich für Unternehmen deutliche Anreize, in gute Arbeitsbedingungen zu investieren, die es Beschäftigten länger als bislang erlauben, gesund, kompetent und motiviert am Erwerbsleben teilzuhaben. Zum einen steigt in einer von Digitalisierung und technologischem Fortschritt geprägten Arbeitswelt der Bedarf an qualifizierten und flexiblen Fachkräften, zum anderen werden durch den demografischen Wandel viele Fachkräfte altersbedingt ausscheiden. Durch diese Entwicklungen sowie angesichts einer permanenten Restrukturierung in den Betrieben und immer älter werdenden Belegschaften steigt der Bedarf an einem umfassenden Arbeitsschutz, an einem gut etablierten und präventiv ausgerichteten Betrieblichen Eingliederungsmanagement und Betrieblicher Gesundheitsförderung und damit konsequenterweise an einem ganzheitlichen und umfassenden Betrieblichen Gesundheitsmanagement. Wichtig sind dabei systematische und nachhaltige gesundheitsförderliche Strukturen und Prozesse, die Beschäftigte als aktive Akteure und Akteurinnen mit einbeziehen. Unternehmen und betriebliche Interessenvertretungen, die dies erkennen und aktiv umsetzen, verfügen über ein zufriedenes, arbeitsfähiges Fachpersonal und damit über einen wesentlichen Wettbewerbsvorteil auch in Zeiten des digitalen und demografischen Wandels.

3. Vom BGM zum Arbeitsfähigkeitsmanagement: Wir bauen das Haus der Arbeitsfähigkeit

Ziel aller drei Handlungsfelder des BGM ist die Erhaltung und Förderung der Arbeitsfähigkeit, sodass die Beschäftigten die an sie gestellten Anforderungen optimal bewältigen können. Wird dieses Ziel erreicht, entsteht eine Win-Win-Situation für Unternehmen und Mitarbeiterinnen und Mitarbeiter. Das Unternehmen kann die Produktivität und Qualität der Produkte sowie der Dienstleistungen steigern, die Beschäftigten bleiben zu einer hohen Wahrscheinlichkeit bis zu ihrem Renteneintritt gesund und arbeitsbedingte Erkrankungen bleiben aus.

3.1. Was ist Arbeitsfähigkeit?

Arbeitsfähigkeit definiert das Verhältnis der individuellen Leistungsfähigkeit zur tatsächlichen, vom Unternehmen gestellten Arbeitsanforderung. Im Mittelpunkt steht das Potenzial (die Stärken und Schwächen) der Mitarbeiterinnen und Mitarbeiter, eine bestimmte Arbeitsaufgabe zu einem gegebenen Zeitpunkt zu bewältigen. Sind die vom Unternehmen gestellten Arbeitsanforderungen mit den individuellen Leistungsvoraussetzungen im Gleichgewicht, liegt eine gute Arbeitsfähigkeit und eine gute Produktivität und Qualität der Arbeit vor. Bei einem Ungleichgewicht ist die Arbeitsfähigkeit beeinträchtigt. Die langfristigen Folgen schlechter Arbeitsbedingungen sind Krankheit und die Gefahr eines dauerhaften Ungleichgewichts (vgl. Telmpel/Ilmarinen 2013).

Dies verdeutlicht die Notwendigkeit zu handeln, um die Arbeitsfähigkeit der Beschäftigten und die Produktivität sowie die Qualität der Arbeit nicht zu gefährden. Beide Seiten der »Waage« (vgl. Abbildung 2) bie-

Abbildung 2: Arbeitsfähigkeit – Balance zwischen Arbeitsanforderungen und individueller Leistungsfähigkeit

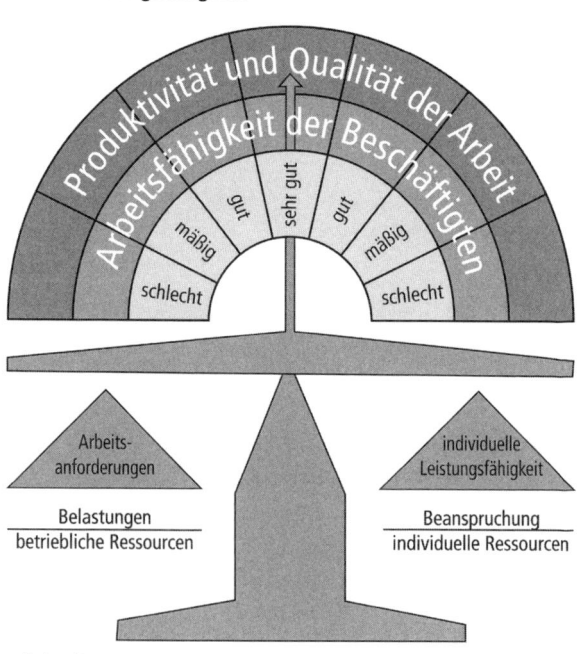

Quelle: Giesert/Reiter/Reuter 2013

ten hier Ansatzpunkte, um Maßnahmen zu entwickeln und umzusetzen. So können einerseits die Arbeitsanforderungen bzw. Belastungen angepasst werden und andererseits kann der Mitarbeiter bzw. die Mitarbeiterin gefördert und gestärkt werden. Dies ist z.b. durch den Abbau von bestimmten Belastungen oder durch den Aufbau von betrieblichen oder individuellen Ressourcen möglich.

3.2. Die Balance im Haus der Arbeitsfähigkeit herstellen

Eine wirksame und nachhaltige Handlungshilfe in diesem Gebiet ist das auf dem finnischen Arbeitsfähigkeitskonzept basierende »Haus der Arbeitsfähigkeit« (vgl. Tempel/Ilmarinen 2013). Es richtet den Blick auf die wesentlichen Faktoren, um Arbeitsfähigkeit wiederherzustellen, zu erhalten und zu fördern. Das Haus der Arbeitsfähigkeit hat vier Stockwerke und ist in eine Umwelt eingebunden (siehe Abbildung 3).

Das Fundament
Das Haus der Arbeitsfähigkeit steht auf dem Fundament des Betrieblichen Gesundheitsmanagements (vgl. Absatz 2). Das Arbeitsfähigkeitsmanagement greift von daher die auf einer rechtlichen Grundlage beruhenden Strukturen, Prozesse und Ergebnisse des Arbeitsschutzes, des Betrieblichen Eingliederungsmanagements und der Betrieblichen Gesundheitsförderung auf und integriert die Stockwerke bzw. Faktoren der Arbeitsfähigkeit in das umfassende Betriebliche Gesundheitsmanagement.

Erstes Stockwerk: Gesundheit
Das erste Stockwerk Gesundheit bildet die Grundlage für alle weiteren Stockwerke. Veränderungen der physischen, psychischen und sozialen Gesundheit der einzelnen Beschäftigten wirken sich unmittelbar auf ihre Arbeitsfähigkeit aus. Gesundheit schließt aber auch ihr Gegenteil, die Krankheit, mit ein. Für Unternehmen ist es zielführend, zu lernen, mit Einschränkungen und Krankheit umzugehen und für Rahmenbedingungen sowie Ressourcen zu sorgen, die es ermöglichen, dass alle Beschäftigten die an sie gestellten Arbeitsanforderungen bewältigen können. Dies gewinnt insbesondere vor dem Hintergrund des demografischen Wandels an Bedeutung: Die Belegschaften werden im Durchschnitt immer älter, was zu einer Zunahme von Einschränkungen führen wird.

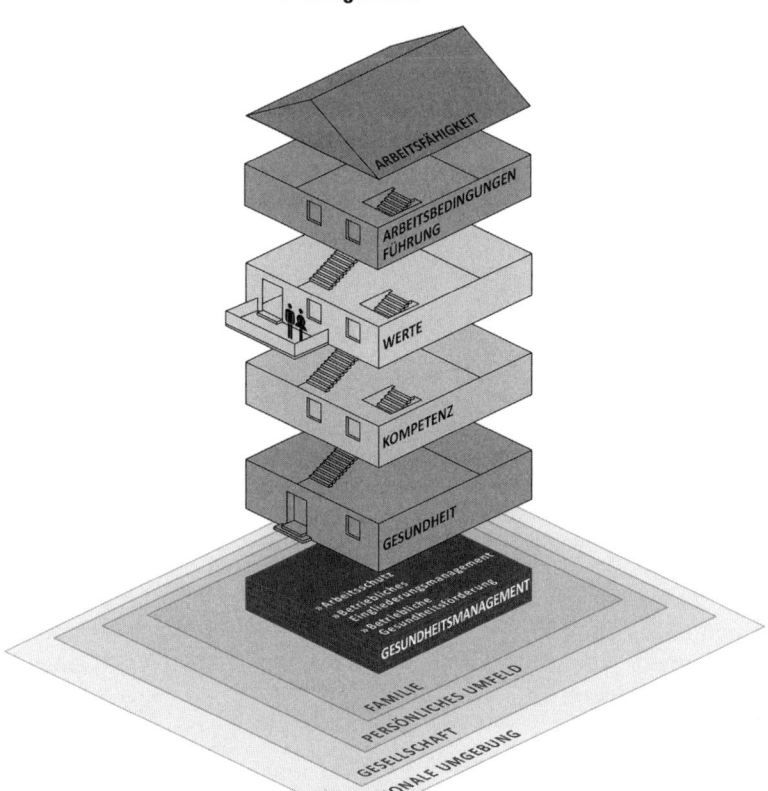

Abbildung 3: Das Haus der Arbeitsfähigkeit mit dem Fundament des Betrieblichen Gesundheitsmanagements

Quelle: Giesert/Liebrich/Reuter/Conrads 2014, modifiziert nach Ilmarinen

Zweites Stockwerk: Kompetenz
Das zweite Stockwerk Kompetenz beinhaltet die Qualifikation, das Wissen, die Erfahrungen und die Fähigkeiten und Fertigkeiten einer Person. Gemeint sind fachliche, methodische und soziale Kompetenzen. Im Zuge der sich fortlaufend verändernden Arbeitswelt ist lebenslanges Lernen notwendig und eine lernförderliche Gestaltung der Arbeit zum Erhalt und zur Förderung gesundheitsgerechter Arbeitsbedingungen unabdingbar. Die Missachtung von Kompetenzdefiziten kann zur Beeinträchtigung des individuellen Potenzials bis hin zur Erkrankung führen.

Drittes Stockwerk: Werte, Einstellungen, Motivation
Im dritten Stockwerk sind Werte, Einstellungen und Motivation untergebracht. Werte und Einstellungen prägen das Verhalten eines Menschen sowie seine Motivation. Dabei ist eine wertschätzende Führung im Unternehmen eine wichtige Unterstützung. Hier tauschen Beschäftigte und Unternehmen ihre – möglicherweise unterschiedlichen – Sichtweisen aus.

Viertes Stockwerk: Arbeitsbedingungen und Führung
Das vierte und auch bedeutendste Stockwerk des Hauses sind die Arbeitsbedingungen und die Führung. Darunter fallen alle körperlichen, psychischen und sozialen Arbeitsanforderungen bzw. -bedingungen (z.B. Arbeitsinhalte, klimatische Bedingungen, Betriebsklima).

Die größte Verantwortung in diesem Stockwerk tragen die Unternehmen mit den in ihnen agierenden Führungskräften, da diese schon allein aus ihrer Rolle heraus für eine gute Arbeitsgestaltung und gesundheitsgerechte Führung verantwortlich sind.

Die Faktoren außerhalb des Hauses
Das Umfeld des Hauses bilden außerbetriebliche Faktoren wie Familie, persönliches Umfeld und gesellschaftliche Rahmenbedingungen. Diese haben ebenfalls Einfluss auf die Arbeitsfähigkeit.

Alle Faktoren der Arbeitsfähigkeit sind eng miteinander verbunden und stehen in Wechselwirkungen zueinander. So kann sich beispielsweise eine gesundheitliche Einschränkung auf die Motivation von Beschäftigten auswirken, gute Arbeitsbedingungen oder wertschätzendes Führungsverhalten können einen starken positiven Einfluss auf die Gesundheit ausüben.

4. Arbeitsfähigkeitsmanagement im betrieblichen Alltag

Um ein Arbeitsfähigkeitsmanagement auf dem Fundament eines Betrieblichen Gesundheitsmanagements zu etablieren, ist es notwendig, alle oben beschriebenen Faktoren in die Entwicklung, Umsetzung und Evaluierung von Maßnahmen einfließen zu lassen. Hierbei stehen zwei zentrale Fragestellungen im Mittelpunkt:

- Was können die Beschäftigten tun, und
- was kann das Unternehmen gemeinsam mit den Führungskräften tun,

damit die Beschäftigten so lange und so gesund wie möglich sowie mit Freude ihrer Arbeit nachgehen können?

> **Definition Arbeitsfähigkeitsmanagement (Giesert/Reiter/Reuter 2013)**
> Ziel des Arbeitsfähigkeitsmanagements ist die mittel- und langfristige Sicherung der Balance zwischen den Arbeitsanforderungen des Betriebes und den Potenzialen der Beschäftigten. Es berücksichtigt alle Stockwerke des Hauses der Arbeitsfähigkeit
> - Gesundheit,
> - Kompetenz,
> - Werte,
> - Arbeitsbedingungen und Führung sowie das
> - Umfeld.
>
> Grundlage dafür ist ein Betriebliches Gesundheitsmanagement mit den drei Säulen Arbeitsschutz, BEM und Betriebliche Gesundheitsförderung, damit die Ziele »Erhalt und Förderung der Arbeitsfähigkeit« sowie auch die »Überwindung der Arbeitsunfähigkeit« erreicht werden. Bei allen Prozessen, Maßnahmen und Interventionen des Betrieblichen Gesundheitsmanagements müssen die Stockwerke des Hauses der Arbeitsfähigkeit und das Umfeld berücksichtigt werden. Eine kontinuierliche Erfassung und Evaluation von Ergebnissen, die die Wirksamkeit und Effizienz aller Strukturen, Prozesse, Einzelmaßnahmen und Instrumente in jeder der drei Säulen sowie deren Zusammenspiel misst, ist hierfür unumgänglich.

Um das Arbeitsfähigkeitsmanagement gerade im digitalen und demografischen Wandel nachhaltig im Unternehmen zu verankern, ist es notwendig, dieses Thema in den betrieblichen Alltag zu integrieren. Nur wenn die genannten Aspekte gelebt werden und in betriebliche Routinen so integriert sind, dass sie selbstverständlich zum »Tagesgeschäft« gehören, ist das Arbeitsfähigkeitsmanagement auch an der Basis und in der Kultur des Unternehmens angekommen und kann so seine positiven Effekte auf Gesundheit, Kompetenz, Werte, Arbeitsbedingungen und Führung sowie auf die Produktivität und Qualität nachhaltig entfalten.

Literatur

BAuA (2016): Arbeitszeitreport Deutschland 2016. Dortmund: Bundesanstalt für Arbeitsschutz und Arbeitsmedizin.

Giesert, M. (2012): Arbeitsfähigkeit und Gesundheit erhalten. In: AiB 2012, Heft 5, S. 336-340.

Giesert, M./Reiter, D./Reuter, T. (2013): Neue Wege im Betrieblichen Eingliederungsmanagement – Arbeitsfähigkeit wiederherstellen, erhalten und fördern. Ein Handlungsleitfaden für Unternehmen, betriebliche Interessenvertretungen und Beschäftigte. DGB Bildungswerk e.V., Düsseldorf.

Giesert, M./Liebrich, A./Reuter, T./Conrads, R. (2014): Arbeitsfähigkeitsmanagement im Demographischen Wandel. Ein Leitfaden für Unternehmen und Beschäftigte im Demographischen Wandel. Stadtbergen: INIFES.

Tempel, J./Ilmarinen, J. (2013): Arbeitsleben 2025: Das Haus der Arbeitsfähigkeit im Unternehmen bauen. Hamburg: VSA.

Matyssek, K. (2012): Führung und Gesundheit, 3. Aufl. Norderstedt: Books on Demand.

Rosenstiel, L. v. (2009): Motivation von Mitarbeitern. In: L. v. Rosenstiel/E. Regnet/M.E. Domsch (Hrsg.), Führung von Mitarbeitern, Stuttgart: Schäffer-Poeschl, S. 158-177.

Statistisches Bundesamt (2015): Bevölkerung Deutschlands bis 2060. 13. koordinierte Bevölkerungsvorausberechnung, Wiesbaden.

Ulich, E./Wülser, M. (2010): Gesundheitsmanagement in Unternehmen. Wiesbaden: Gabler.

Weißbuch »Arbeiten 4.0« (2017): Diskussionsentwurf, hrsg. vom BMAS, Berlin.

WHO (World Health Organization) (1986): Ottawa-Charta zur Gesundheitsförderung [URL: www.euro.who.int/__data/assets/pdf_file/0006/129534/Ottawa_Charter_G.pdf?ua=1, abgerufen am 24.1.2017].

Joachim E. Fischer
Arbeit 4.0: Messung von Arbeitsfähigkeit im Alltag
Die nächsten Schritte

Das Wichtigste in Kürze

Das Konzept des Hauses der Arbeitsfähigkeit mit seinen vier Stockwerken Gesundheit, Kompetenz, Werte-Motivation und Arbeitsumgebung bietet auch mehr als 20 Jahre nach seiner Formulierung einen Ausgangspunkt für die Gestaltung von Arbeit im Kontext von Globalisierung und Digitalisierung. Der Begriff Arbeitsfähigkeit beschreibt konzeptionell die Balance zwischen externen Arbeitsanforderungen und subjektiven Bewältigungspotenzialen. Daher ist Arbeitsfähigkeit extern nicht beobachtbar. Sie steht aber auf der betrieblichen Ebene im Zusammenhang zur Produktivität und beim Individuum im Zusammenhang zur Gesundheit. Das Messen der Arbeitsfähigkeit ist sowohl für die individuelle Beratung einzelner Beschäftigter als auch für das Ableiten von Maßnahmen für die Gestaltung der Arbeit bedeutsam. Ein einfach anzuwendendes Fragebogen-Instrument ist daher wünschenswert.

Im Folgenden wird gezeigt, wie durch wenige Ergänzungen und Veränderungen das bekannte und in viele Sprachen übersetzte Instrument des Arbeitsbewältigungsindex (Work Ability Index, WAI) sinnvoll modifiziert und verkürzt werden kann und wie daraus für die Praxis managementtaugliche Kennziffern resultieren. Der Beitrag schließt mit einem Ausblick auf weitere wünschenswerte Ergänzungen, welche teilweise bereits in der kürzlich von Ilmarinen vorgestellten Version 2.0 des WAI enthalten sind (vgl. Tempel/Ilmarinen 2013). Der Text ist bewusst so verfasst, dass ihn möglichst auch statistische Laien verstehen. Die hier nur jeweils kurz gestreiften eigenen Analysen werden derzeit zur wissenschaftlichen Veröffentlichung in der gebotenen methodologischen Tiefe aufbereitet.

Arbeit 4.0: Messung von Arbeitsfähigkeit im Alltag

Hintergrund und Herausforderung

Arbeiten 4.0 beschreibt die Herausforderungen und Chancen einer sich rasch verändernden Arbeitswelt, in der die Digitalisierung Arbeitsplätze mit repetitiven manuellen und geistigen Tätigkeiten überflüssig machen wird (BMAS 2015). Roboter mit komplexen mechanischen und taktilen Fähigkeiten oder Computerprogramme werden zahlreiche, heute noch von Menschen ausgeführte Arbeiten auf Maschinen verlagern. Dies ist in der Menschheitsgeschichte keine unbekannte Entwicklung, in vergleichbarer Weise verlagerte die Industrialisierung Arbeitskräfte aus der Landwirtschaft in die Fertigung. Längst schweißen in modernen Automobilfabriken Roboter Karosserien zusammen und nicht länger Facharbeiter. Wertschöpfung findet heute in komplexen ineinandergreifenden Wertschöpfungsketten statt, dort wo Menschen neue Verfahren entwickeln, verbessern, wo Menschen soziale Beziehungen gestalten, wie etwa in der Bildung oder im Gesundheitssektor, und immer weniger arbeitsplatzgebunden in repetitiver manueller oder administrativer Tätigkeit.

Das Internet erleichtert in einer globalisierten Welt die Verlagerung von repetitiver Wertschöpfung in andere Erdteile mit geringerem Lohnniveau – die Möglichkeiten reichen vom Nähen von Kleidern in Vietnam und von der Montage der iPhones in China bis zum Outsourcen von App-Programmierung. In der alten Welt nimmt die verbleibende Lebenserwartung nach dem 60. Geburtstag in der Gesamtbevölkerung bisher stetig zu – gleichwohl mit Unterschieden zwischen Männern, Frauen und Berufen – und stellt die Finanzierung der Rentensysteme vor neue Herausforderungen (Altgeld 2014; Finkelstein et al. 2015; BMAS 2015). Dieser demografische Umbau legt als politische Lösung nahe, das Eintrittsalter in die Rente zu erhöhen. Diese einfache, auf einer Exceltabelle nachvollziehbare Lösung leugnet jedoch die sozialen, gesundheitlichen und lebensphasengerechten Veränderungen des Menschen im Verlauf eines Berufslebens. Daher greift für die betriebswirtschaftliche Planung sowohl das einfache Zählen von Köpfen im Rahmen einer Demografie-Analyse als auch das von Abwesenheitstagen aufgrund von Krankheit viel zu kurz, wenn es um die Beurteilung des Gesundheitszustandes einer Belegschaft und der damit verbundenen Wertschöpfungspotenziale geht.

Hier bietet das aus den finnischen Langzeitstudien bereits vor über 30 Jahren in ersten Ansätzen entwickelte Konzept des Hauses der

Arbeitsfähigkeit und das damit verknüpfte Messverfahren des Arbeitsbewältigungsindex Ansatzpunkte sowohl für die Beratung von einzelnen Beschäftigten als auch insbesondere für die Gestaltung von Arbeitsumgebungen und Arbeitsverhältnissen (Ilmarinen et al. 1997; Ilmarinen 2011). Das Konzept des Hauses der Arbeitsfähigkeit mit seinen vier Stockwerken Gesundheit, Kompetenz, Werte-Motivation und Arbeitsumgebung geht über die reine Betrachtung der Arbeitsumgebung aus Sicht des Arbeitsschutzes weit hinaus. Aus der Tradition des Arbeitsschutzes und der Arbeitswissenschaft resultiert die Vorgehensweise, über äußerlich beobachtbare Eigenschaften des Arbeitsplatzes oder der Arbeitsumgebung, etwa im Rahmen von Gefährdungsbeurteilungen, verbindliche Ableitungen für eine optimale Gestaltung der Verhältnisse treffen zu können.

Diese Vorgehensweise lässt jedoch außer Acht, dass optimale Produktivität erst dann entsteht, wenn die Potenziale und Möglichkeiten des einzelnen Beschäftigten bzw. der Beschäftigten in ihrem Team bestmöglich abgestimmt und bezogen sind auf die Anforderungen der Arbeit – und wenn die dafür vorhandene Arbeitsumgebung, einschließlich ihrer Prozesse und der Beziehungen (etwa Führung) die Arbeit unterstützen (Oldenburg/Ilmarinen 2010; Ilmarinen 2011). Dabei wird das entscheidende Bindeglied zwischen den persönlichen Voraussetzungen der Gesundheit und der Kompetenz und den Arbeitsumgebungen, das im Haus der Arbeitsfähigkeit mit Werten, Einstellungen und Motivation beschriebene 3. Stockwerk, häufig nicht berücksichtigt und nur indirekt in Mitarbeiterumfragen über verwandte Konstrukte wie etwa Mitarbeiterzufriedenheit gemessen. Mit etwas zufrieden sein heißt aber noch lange nicht, sich dafür zu begeistern, daran Freude zu haben oder einen Sinn in der Tätigkeit zu finden. Schon 2011 schrieb Ilmarinen, dass im dritten Stockwerk des Hauses der Arbeitsfähigkeit die Seele der Arbeitsfähigkeit wohne (Ilmarinen 2011).

Bislang haben jedoch diese Erkenntnisse noch wenig Eingang in das betriebswirtschaftliche Berichtswesen von Unternehmen gefunden. Die gesundheitsbezogene Produktivität einer Belegschaft wird fast immer noch anhand der nachlaufenden Indikatoren Fehlzeiten und Fluktuation bemessen. Der Arbeitsbewältigungsindex (Tuomi/Ilmarinen et al. 1998) ist zwar in zahlreiche Sprachen übersetzt (z.B. de Zwart et al. 2002), er ist bislang aber kaum in Managementsysteme zur Steuerung der Gestaltung von Arbeitsumgebungen integriert. Da gleichzeitig umfangreiche Forschungsarbeiten die hohe prognostische Güte etwa des Arbeitsbe-

Arbeit 4.0: Messung von Arbeitsfähigkeit im Alltag

wältigungsindex für die Vorhersage von Langzeiterkrankungen belegen (Alavinia et al. 2009; Bonsdorff et al. 2011; Vänni et al. 2015; Reeuwijk et al. 2015; Schouten et al. 2016), klafft hier eine Lücke der Translation von der Forschung in die Praxis. Der vorliegende Beitrag gibt einen Überblick über den aktuellen Diskussionsstand und zeigt anhand von realisierten Praxisbeispielen auf, wie der bestehende Arbeitsbewältigungsindex sinnvoll modifiziert, ergänzt und in der Gestaltung von Arbeitsumgebungen und Arbeitsbedingungen eingesetzt werden kann.

Messen von Arbeitsfähigkeit

Das Konzept des Hauses der Arbeitsfähigkeit versteht die Arbeitsfähigkeit als das Ausmaß, in dem es gelingt, die Balance zwischen den Anforderungen der Arbeit und den Potenzialen des Einzelnen zur Bewältigung herzustellen (Ilmarinen 2011). Arbeitsfähigkeit ist ein dynamisches Konzept an der Schnittstelle von Umgebungsfaktoren und internen Faktoren. Logischerweise kann Arbeitsfähigkeit daher nicht durch äußere Beobachtung ermittelt werden, sondern bedarf zwingend der Befragung der Betroffenen.

Produktivität kann zwar bei Einzelpersonen unter in heutigen Unternehmen selten anzutreffenden Bedingungen objektiv gemessen werden, etwa Umsatz je Mitarbeiter bei Telefonwerbung, aber selbst eine solche objektive Produktivitätsmessung erlaubt keine Aussage darüber, in welchem Verhältnis die beobachtete Produktivität zum Wertschöpfungspotenzial des jeweiligen Beschäftigten steht. Ilmarinen entwickelte den Arbeitsbewältigungsindex (WAI) ursprünglich in Finnland als Fragebogeninstrument mit 51 Items (Tuomi et al. 1998). Der WAI wurde zum einen in Langzeitstudien eingesetzt zur Klärung der Frage, welche Arbeitsbedingungen mit dem WAI zusammenhängen (d.h. statistisch gesprochen als abhängige Variable) (van den Berg et al. 2008), wie auch zur Klärung der Frage, ob der WAI in Zusammenhang mit späteren Ereignissen steht (d.h. als Prognosevariable nutzbar ist) (z.B. Bonsdorff et al. 2011; Reeuwijk et al. 2015). Als Prognosevariable sagte der WAI etwa spätere krankheitsbedingte Frühverrentung vorher (Roelen et al. 2014). Eine koreanische Arbeitsgruppe kalibrierte daran sogar einen Algorithmus für das biologische Alter (Cho et al. 2010).

Die Entwickler unterschieden sieben Dimensionen, namentlich die heutige Arbeitsfähigkeit im Vergleich zur besten je erreichten (0-10

Punkte), die Arbeitsfähigkeit im Vergleich zu den psychischen und körperlichen Anforderungen (2-10 Punkte), das Ausmaß gesundheitlicher Einschränkungen anhand vom Arzt diagnostizierter Erkrankungen (1-7 Punkte), die erlebte Einschränkung der Arbeitsfähigkeit durch Erkrankung (1-6 Punkte), die krankheitsbedingte Abwesenheit von der Arbeit in den vergangenen zwölf Monaten (1-5 Punkte), die Voraussage über die Entwicklung der eigenen Arbeitsfähigkeit in den nächsten zwei Jahren (1-7 Punkte) sowie die psychische Gestimmtheit (1-4 Punkte, Summe 7-49 Punkte). Die Erstautoren schlagen folgende Einteilung vor: ausgezeichnet (WAI 44-49 Punkte), gut (WAI 37-43 Punkte), mäßig (WAI 28-36 Punkte), schlecht (WAI 7-27 Punkte) (Schouten et al. 2016). In einer eigenen empirischen Studie an 33.500 Beschäftigten aus größeren deutschen Unternehmen (>1500 MA) in den Jahren 2009 bis 2016 (mittleres Alter 41,1 Jahre, 33% gewerblich Beschäftigte, 81% Männer) betrug der mittlere WAI 40,3 Punkte (Standardabweichung 5,3 Punkte); davon entfielen auf die Kategorien »ausgezeichnet« 28%, »gut« 52%, »mäßig« 17% und »schlecht« 3% (Abbildung 1).

Abbildung 1: Mittelwerte sowie 25. und 75. Perzentile des WAI für 33.500 Beschäftigte (33% direkt Beschäftigte) in Abhängigkeit vom Alter
Die Abbildung zeigt, dass der WAI nicht nur vom Alter, sondern auch vom Haupttätigkeitsmerkmal abhängt. Das einfache Berichten von Mittelwerten ohne Angabe von Alter und Tätigkeit hat daher beschränkte Aussagekraft.

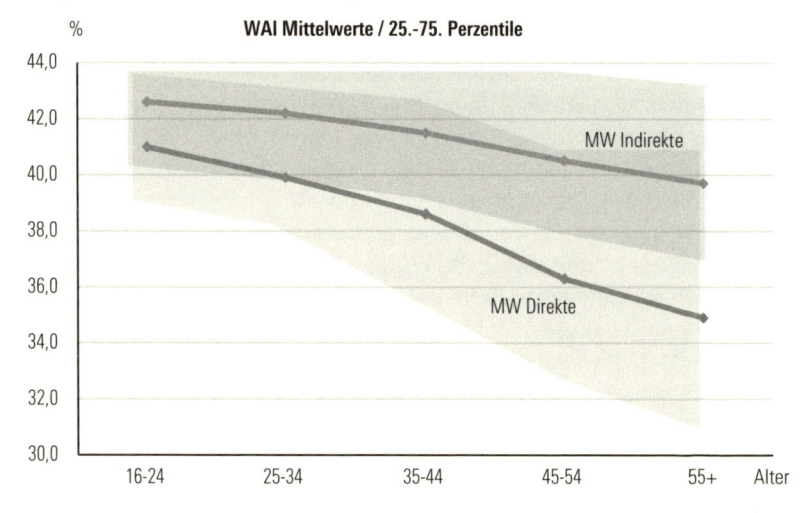

Diese Werte liegen im Bereich anderer Validierungsstudien (z.B. Schouten et al. 2016). Für Deutschland liegt eine Kurzform mit weniger Diagnosen vor, welche die Ausfüllzeit verkürzt (Hasselhorn/Freude 2007). Das Instrument ist inzwischen in über 20 Sprachen verfügbar. Querschnitt- wie auch Längsschnittstudien haben aufgezeigt: Erstens, ungünstige Arbeitsbedingungen sind assoziiert mit niedrigeren Werten im WAI (z.B. van den Berg et al. 2008); zweitens, niedrigere Werte im WAI sind assoziiert mit mittel- und langfristigen Gesundheitseffekten, von Langzeiterkrankung bis hin zu eingeschränkter Lebensqualität oder Gesundheit im Rentenalter (z.B. Reeuwijk et al. 2015). So betrug beispielsweise in einer niederländischen Studie das Risiko einer Langzeiterkrankung von über sechs Wochen Dauer bei Beschäftigten in der Kategorie »schlecht« 60% im Vergleich zur Kategorie mit »ausgezeichnet« von 2% (Schouten et al. 2016). Stark vereinfacht gesagt verdreifacht sich das Risiko von Kategorie zu Kategorie. Der WAI erscheint also einerseits als etabliertes Instrument, um als abhängige Variable Zusammenhänge zwischen förderlichen und ungünstigen Arbeitsbedingungen zu erforschen, und andererseits als Fragebogeninstrument, um zumindest in Populationen Vorhersagen über die zukünftige Gesundheit zu treffen.

Herausforderungen beim Einsatz des WAI

Warum also wird der WAI nicht großflächig und regelmäßig in Unternehmen zur Steuerung und zum Management gesundheitsbezogener Ressourcen und Verhältnisse eingesetzt? Diese Frage haben wir uns in den vergangenen sechs Jahren wiederholt vorgelegt und versucht, ausgehend vom WAI schrittweise ein Instrument zu erarbeiten, das für den Einsatz im Alltag und in der Praxis tauglich ist. Unter Leitung des Lehrstuhls für Gesundheitsmanagement an der Friedrich-Alexander-Universität Erlangen-Nürnberg legte sich eine interdisziplinäre Projektgruppe die gleichen Fragen vor (Amler et al. 2015) und untersuchte systematisch die existierenden Instrumente weltweit zur Beschreibung von Arbeitsfähigkeit und Produktivität im Hinblick darauf, welche geeignet sein könnten, die Effekte von Frühintervention für den Erhalt oder die Wiederherstellung der Arbeitsfähigkeit messbar zu machen.

Die Expertengruppe kam zur Empfehlung, dass besonders zwei existierende Messinstrumente, namentlich der WAI und der sehr viel kürzere, in den USA von Reilly und Kollegen entwickelte Work Productivity and Activity Impairment Questionnaire (WPAI, Reilly et al. 1993), so weiterentwickelt werden sollten, dass daraus ein optimiertes Instrument entsteht, das die Stärken beider Instrumente vereint. Die Pluspunkte des WAI seien, so die Wissenschaftler, seine prädiktive Kriteriumsvalidität (d.h. der WAI sagt etwa zukünftige Langzeiterkrankung voraus, z.b. Schouten 2016) sowie seine weite Verbreitung und Akzeptanz einschließlich der Anwendung bei bestimmten Erkrankungen wie etwa rheumatischen Erkrankungen (Leggett et al. 2016). Als weiterer Vorteil galt die 2015 scheinbar vorliegende freie Verfügbarkeit – in Wirklichkeit liegen die Urheberrechte beim FIOH – und das Vorliegen internationaler Vergleichswerte. Kritisiert wurde die fragliche Änderungssensitivität (d.h. reagiert der WAI empfindlich genug, um Verbesserungen oder Verschlechterungen anzuzeigen, etwa nach Maßnahmen?), die als willkürlich angesehene Gewichtung der Komponenten und die große Heterogenität des Konstrukts. Mit Letzterem ist gemeint, dass verschiedene nicht zwingend miteinander eng verbundene Themen in einem Instrument zusammengepackt sind. Statistisch zeigt dies eine sogenannte konfirmatorische Faktoranalyse: Im WAI steckt mehr als ein latentes Konstrukt. So gruppieren sich etwa die drei Fragen zu den »Psychischen Leistungsreserven«, die je nach Analyse mit bis zu vier Punkten in den Gesamt-WAI in unseren Daten gemeinsam mit Fragen nach Freude und erlebter Sinnhaftigkeit der Arbeit einfließen, oder mit den die Stimmung abgebildeten Fragen, etwa des SF-12 Fragebogens, der Kurzform des etablierten SF-36 Fragebogens. Beides sind krankheitsübergreifende Messinstrumente zur Erfassung der gesundheitsbezogenen Lebensqualität von Patienten (vgl. hierzu auch Bullinger/ Kirchberger/Ware 1995). Ferner stellen die Strukturgleichungsmodelle infrage, ob die Abfrage der diagnostizierten Erkrankungen (in der deutschen Kurzversion von Nübling immerhin 14 Fragen) wesentlich zur prognostischen Güte des Instruments beiträgt.

Tatsächlich zeigte eine Studie in den Niederlanden, dass ohne Verlust der diagnostischen Güte auf die Diagnoseliste verzichtet werden kann, wenn es darum geht, den WAI als Prognose für Langzeiterkrankung (d.h. mehr als sechs Wochen in den nächsten 24 Monaten) einzusetzen (Schouten et al. 2016). In derselben Studie wurde ferner untersucht, ob das einfache Item, nämlich die Frage nach der selbst eingeschätzten Arbeitsfähigkeit aktuell im Vergleich zur jemals besten erreichten, ausreichend ist, die im Original die Antwortoptionen 0 (völlig arbeitsun-

Arbeit 4.0: Messung von Arbeitsfähigkeit im Alltag

fähig) bis 10 (derzeit die beste Arbeitsfähigkeit) umfasst. Leider sagte die Einzelfrage spätere Langzeiterkrankungen deutlich schlechter vorher als das verkürzte Instrument. Wir fragten uns, ob dies nicht mindestens zum Teil an einem ungünstigen Antwortformat läge? Auf dem Hintergrund der Forschung von Gigerenzer bezüglich der Darbietung von Fragen in natürlich nachvollziehbaren Einheiten (Gigerenzer/Hoffrage 1995) überprüften wir unsere eigenen ersten Daten. Diese zeigten, dass etwa 90% der Teilnehmer entweder 9 oder 10 ankreuzen. Praktisch bedeutet das, dass die Frage damit sehr wenig Unterscheidung ermöglicht. Eine Frage, die sehr wenig Unterscheidung bietet, kann logischerweise auch keine guten Vorhersagen machen.

Auf der Suche nach einer geringen Veränderung, die zwar noch die ursprüngliche Rechenlogik der Auswertung erhalten würde, aber eine bessere Unterscheidung beinhaltete, griffen wir auf die Forschung zum SF-12 zurück (Ware et al. 1996). Die ursprüngliche Version enthielt bei zwei Fragen eine dreistufige Antwortoption. Die Erweiterung des Antwortformats auf fünf Optionen (publiziert als Version SF-12 V2) verbesserte die psychometrischen Eigenschaften bedeutsam. Angewandt auf den WAI schrieben wir die Antwortformate auf die Frage nach der aktuellen Arbeitsfähigkeit um auf 0% bis 100% und fügten die zusätzliche Antwortoption 95% zwischen 90% und 100% ein.

Welche Eigenschaften nun weist der WPAI, der »Fragebogen zur Beeinträchtigung der Arbeitsproduktivität und Aktivitäten« auf, der das Instrument vom WAI unterscheidet? Die interdisziplinäre Expertengruppe (Amler et al. 2015) beurteilte das Instrument als eines der am besten erforschten, dessen psychometrische Gütekriterien vielfach untersucht und als insgesamt gut eingestuft sind. Positiv wurde ferner hervorgehoben, dass das Instrument den Präsentismus erfragt, also das Phänomen, dass Beschäftigte trotz Krankheit am Arbeitsplatz erscheinen. Weitere Pluspunkte aus Sicht der Arbeitsgruppe war, dass das Instrument praktikabel und frei verfügbar ist, sowie eine Quantifizierung der Ergebnisse in Geldwert ermöglicht. Die fünf eigentlichen Items fragen bezogen auf die letzten sieben Tage, wieviele Stunden Arbeitszeit die befragte Person wegen gesundheitlicher Probleme versäumt hat, wieviele Stunden Arbeitszeit aus anderen Gründen versäumt wurden, wieviele Stunden tatsächlich gearbeitet wurden, wie stark sich gesundheitliche Probleme auf die Produktivität bei der Arbeit ausgewirkt haben (0-10-Skala) und wie stark gesundheitliche Probleme andere tägliche Aktivitäten einschränkten (0-10-Skala). Das Geschickte an dem Fragebogen ist einerseits die Eingrenzung auf die letzten sieben Tage, die bei normalem Erinnerungshorizont einigermaßen unverfälschte Aussagen erbringen dürften. Zum anderen greifen die letzten beiden Fragen, allerdings in größerer Differenzierung durch die 0-10-Skala, sehr gut bewährte Fragen in Anlehnung an die Wortwahl des SF-12 auf (Ware et al. 1996). In der Stärke des Instruments liegt auch schon sein Nachteil: Wird der Fragebogen beispielsweise als Teil einer Mitarbeiterumfrage gerade während der Erkältungszeit angeboten, werden sich andere Werte ergeben als kurz vor den Sommerferien.

Wünschenswert wäre also im günstigsten Fall ein Instrument, das ähnlich wie der WAI einen größeren Zeithorizont erfasst, jedoch zusätzlich den Präsentismus berücksichtigt, gewisse psychometrische Schwächen des WAI verbessert und eine deutlich geringere Anzahl an Items aufweist. Hier erscheint nach den Daten der holländischen Studie und eigenen Auswertungen für den Einsatz in Gesundheitsumfragen in Unternehmen oder etwa im Rahmen von psychischen Gefährdungsbeurteilungen der Verzicht auf die Abfrage spezifischer Diagnosen der sinnvollste Verkürzungsschritt (Tabelle 1).

Tabelle 1: Vorgeschlagene Kurzform des WAI (11 bzw. 12 Items)
mit veränderten Antwortoptionen zur Frage des Präsentismus

	Angaben zur Tätigkeit	
1	Sind Sie bei Ihrer Arbeit...	vorwiegend geistig tätig? vorwiegend körperlich tätig? etwa gleichermaßen geistig und körperlich tätig?
	Gesundheit und Arbeitsfähigkeit	
2	Wenn Sie an Ihre beste je erreichte Arbeitsfähigkeit denken – wie hoch ist dann Ihre aktuelle Leistungsfähigkeit?	arbeitsunfähig 10% ... 80%, 90%, 95%, 100%
	Arbeitsfähigkeit in Bezug auf die Arbeitsanforderungen	
3	Wie hoch ist Ihre derzeitige Arbeitsfähigkeit im Vergleich zu den körperlichen Anforderungen an Ihrem Arbeitsplatz?	ausgezeichnet sehr gut gut weniger gut schlecht
4	Wie hoch ist Ihre derzeitige Arbeitsfähigkeit im Vergleich zu den psychischen Anforderungen an Ihrem Arbeitsplatz?	

Arbeit 4.0: Messung von Arbeitsfähigkeit im Alltag

	Gesundheit und Gesundheitserwartungen	
5	Für wie wahrscheinlich halten Sie es, dass Sie bei Ihrer aktuellen Gesundheit Ihre jetzige Arbeit auch in den nächsten zwei Jahren ausüben?	unwahrscheinlich nicht sicher ziemlich sicher gar nicht
6	Wie viele Tage waren Sie im letzten Jahr aus gesundheitlichen Gründen arbeitsunfähig?	1-3 Tage, bis 5 Tage, bis 10 Tage bis 15 Tage, bis 30 Tage mehr als 30 Tage
7 (P)	An wie vielen Tagen sind Sie im letzten Jahr zur Arbeit gegangen, obwohl Sie nicht gesund waren?	
8 (P)	Wenn Sie zur Arbeit kamen, obwohl Sie nicht ganz gesund waren... ... hatte ich Mühe, das Arbeitspensum zu bewältigen. ... fiel es mir schwerer als sonst, fehlerfrei zu arbeiten. ... hatte ich weniger Freude an meiner Arbeit. ... fiel es mir schwerer als sonst, mich zu konzentrieren.	stimme voll zu stimme überwiegend zu weder noch, stimme eher nicht zu stimme überhaupt nicht zu
9	Beeinträchtigt Sie derzeit eine Erkrankung, Verletzung oder starke psychische Belastung bei der Arbeit?	Keine Beeinträchtigung/Erkrankung Ich kann meine Arbeit ausführen, habe aber Beschwerden. Ich muss manchmal langsamer arbeiten oder meine Arbeitsmethode ändern. Ich bin oft gezwungen, langsamer zu arbeiten oder meine Arbeitsmethode zu ändern. Ich kann wegen meiner gesundheitlichen Situation nur Teilzeit arbeiten.
	Leistungsreserven	
10	Haben Sie in der letzten Zeit Ihre täglichen Aufgaben mit Freude erledigt?	gar nicht selten ab und zu häufig sehr häufig
11	Waren Sie in letzter Zeit aktiv und rege?	
12	Waren Sie in der letzten Zeit zuversichtlich, was die Zukunft betrifft?	

Basierend auf Tuomi et al. 1998 und Hasselhorn/Freude 2007. Mit freundlicher Genehmigung des Finnish Institute of Occupational Health. Fragen 7 und 8 beziehen sich auf den Präsentismus im engeren Sinne. In der Kurzversion als Screening-Instrument im Rahmen der psychischen Gefährdungsbeurteilung verzichten wir auf Frage 8 mit den vier aus der Stanford Presentism Scale abgeleiteten Items und schätzen die Einschränkung durch Präsentismus aus Frage 9.

Messen gesundheitsbezogener Produktivität und Ansätze für ein optimiertes WAI-Kurzinstrument

Ausgehend von diesen Überlegungen haben wir 2012 erstmals eine auf 10 Items verkürzte Version des WAI (Tabelle 1) eingesetzt, ergänzt um die Frage nach dem Präsentismus sowie Einschränkungsfragen aus der Stanford Presentism Scale zusammen mit einem ursprünglich für die Otto-Gruppe entwickelten 20 Item-Instrument zur Erfassung der arbeitsbezogenen Gesundheit und der erlebten Arbeitsbedingungen. Letzteres Instrument enthielt für jedes postulierte Konstrukt wie etwa Führung jeweils nur zwei bis drei Items, die bewusst so gewählt wurden, dass sich die Itemschwierigkeit unterschied: Illustriert am Beispiel Führung erfragt das schwierige Item, ob die Führungskraft Begeisterung für die Arbeit wecken kann, das einfache Item erfragt Selbstverständliches, nämlich, ob sich die Führungskraft fair und gerecht verhält. Gerade eine solche Auswahl von Items mit unterschiedlicher Schwierigkeit hilft sogenannte Decken- oder Bodeneffekte zu vermeiden. Beispielsweise stimmen rund mehr als die Hälfte aller Teilnehmer der Frage nach der fairen und gerechten Führungsperson voll und ganz zu. Daher vermag diese Frage allein bei der Hälfte der Teilnehmer nicht weiter zu unterscheiden. Das sehr viel »schwierigere« Item jedoch, die Frage nach dem Wecken von Begeisterung, wird wiederum von dieser Hälfte Zustimmender bei »fair und gerecht« sehr unterschiedlich beantwortet. Zusammen reichen so zwei Fragen aus, ein breites Spektrum an Führungsqualität abzudecken. Zwar ist ein Instrument mit zwei Fragen je Konstrukt nicht geeignet für die individuelle Diagnose und Beratung von Einzelpersonen, bei der Anwendung in Gruppen von mindestens zehn Personen jedoch ergeben sich erstaunlich effiziente, psychometrisch stabile Aussagen.

Die Längsschnittdaten (n = 2785) aus zwei Befragungswellen mit diesem Instrument im Abstand von 24 Monaten beim Pharmaunternehmen AbbVie (2012 noch Abbott sowie 2014) haben wir Strukturgleichungsmodellen unterworfen. Das Modell fand die in der Abbildung gezeigten fünf voneinander unabhängigen Konstrukte, namentlich die Belastungen oder Ressourcen aus dem privaten Bereich, die arbeitsbezogenen Ressourcen, die arbeitsbezogenen Belastungen, ein Konstrukt, das die Items zu Freude, Sinnhaftigkeit und Zuversicht vereint, das Konstrukt subjektive Gesundheit und ein Konstrukt Produktivität, in welchem sich die Items des verkürzten WAI wiederfinden, sowie

Arbeit 4.0: Messung von Arbeitsfähigkeit im Alltag

Abbildung 2: Vereinfachte Darstellung des Strukturgleichungsmodells

Wirkmodell
Pfadbeschriftung: Änderungen je 10% Änderung in Ausgangsfaktor

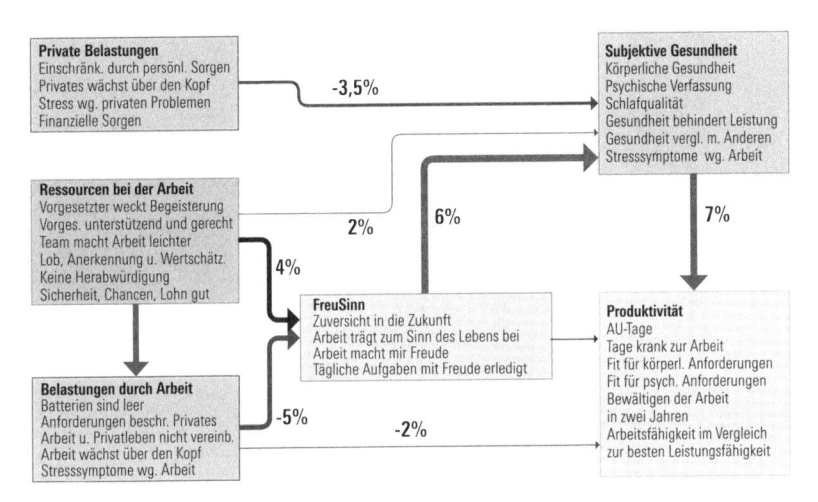

Private Belastungen Einschränk. durch persönl. Sorgen Privates wächst über den Kopf Stress wg. privaten Problemen Finanzielle Sorgen	−3,5%			Subjektive Gesundheit Körperliche Gesundheit Psychische Verfassung Schlafqualität Gesundheit behindert Leistung Gesundheit vergl. m. Anderen Stresssymptome wg. Arbeit
Ressourcen bei der Arbeit Vorgesetzter weckt Begeisterung Vorges. unterstützend und gerecht Team macht Arbeit leichter Lob, Anerkennung u. Wertschätz. Keine Herabwürdigung Sicherheit, Chancen, Lohn gut	4%	2%	6%	7%
		FreuSinn Zuversicht in die Zukunft Arbeit trägt zum Sinn des Lebens bei Arbeit macht mir Freude Tägliche Aufgaben mit Freude erledigt		Produktivität AU-Tage Tage krank zur Arbeit Fit für körperl. Anforderungen Fit für psych. Anforderungen Bewältigen der Arbeit in zwei Jahren Arbeitsfähigkeit im Vergleich zur besten Leistungsfähigkeit
Belastungen durch Arbeit Batterien sind leer Anforderungen beschr. Privates Arbeit u. Privatleben nicht vereinb. Arbeit wächst über den Kopf Stresssymptome wg. Arbeit	−5%	−2%		

Die Darstellung enhält die abgekürzten Formulierungen der Items aus der Kombination von Kurzform des WAI und Gesundheitsumfrage (n = 2785, longitudinale Daten 2012-2014). Die Prozentangaben übersetzen die standardisierten Koeffizienten des Strukturgleichungsmodells in die zu erwartende Veränderung in Prozent entlang des Pfeils je 10% Veränderung im Ausgangskonstrukt (z.B. 10% mehr Ressourcen bei der Arbeit erhöhen FreuSinn um 4% und vermindern das Erleben von arbeitsbezogenen Belastungen um 6%).

die Frage nach dem Präsentismus. Dabei ordnen sich die Fragen zur Gestimmtheit aus dem WAI zum Konstrukt Freude-Sinnhaftigkeit-Zuversicht, kurz FreuSinn, zu. FreuSinn scheint zwischen den erlebten Arbeitsbedingungen und der subjektiven Gesundheit zu vermitteln. Die subjektive Gesundheit ist der wichtigste Prädiktor für das Konstrukt Produktivität (Abbildung 2).

Das dritte Stockwerk renoviert

Dieser Befund erinnert an Ilmarinens Aussage, dass im dritten Stockwerk des Hauses der Arbeitsfähigkeit »die Seele der Arbeitsfähigkeit wohne« (Ilmarinen 2011), und dass möglicherweise der Seele der Arbeitsfähigkeit als Bindeglied zwischen Arbeitsbedingungen und der

Abbildung 3: Zusammenhang zwischen erlebter Sinnhaftigkeit und WAI (n = 5463)

Meine Arbeit trägt dazu bei, dass ich mein Leben als sinnvoll erlebe (n = 5463)

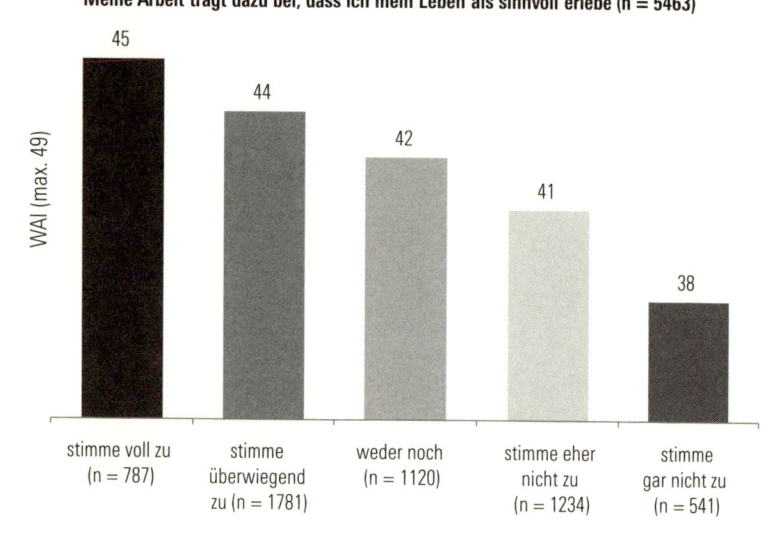

WAI (max. 49)

stimme voll zu (n = 787)	stimme überwiegend zu (n = 1781)	weder noch (n = 1120)	stimme eher nicht zu (n = 1234)	stimme gar nicht zu (n = 541)
45	44	42	41	38

Gesundheit wie auch der Produktivität bislang zu wenig Aufmerksamkeit geschenkt wurde. Auch wir hatten bei der Entwicklung des Kurzfragebogens für die Otto-Gruppe die klassischen Items zur Mitarbeiterzufriedenheit evaluiert, diese jedoch bei der finalen Auswahl für die Kurzform zugunsten der viel unterscheidungsmächtigeren Fragen nach der erlebten Freude bei der Arbeit und der erlebten Sinnhaftigkeit verworfen. Erste Untersuchungen an über 5000 Personen, denen wir die Frage nach der erlebten Sinnhaftigkeit der Arbeit vorlegten, zeigen einen bedeutsamen Zusammenhang zum WAI (Abbildung 3).

Abbildung 4 zeigt in der vertikalen Achse das Ausmaß des Zusammenhangs (standardisiertes Beta) zwischen der erlebten Sinnhaftigkeit der Arbeit und verschiedenen Skalen zur Messung von Aspekten der psychischen Gesundheit sowie des diastolischen Blutdrucks. Die horizontale Achse zeigt die Alterskategorie. Mit zunehmendem Alter nimmt der Zusammenhang zwischen Sinnhaftigkeit und Indikatoren der psychischen Gesundheit zu, um in der höchsten Altersgruppe dann abzufallen. Dafür findet sich hier erstmals ein Zusammenhang mit dem diastolischen Blutdruck, bei erhöhten Werten ein Risikofaktor für Herz-Kreislauf-Erkrankungen. Könnte es also sein, dass in einer älter werdenden Belegschaft die Bedeutung des dritten Stockwerks

Arbeit 4.0: Messung von Arbeitsfähigkeit im Alltag

Abbildung 4: Zusammenhang zwischen erlebter Sinnhaftigkeit und Gesundheit

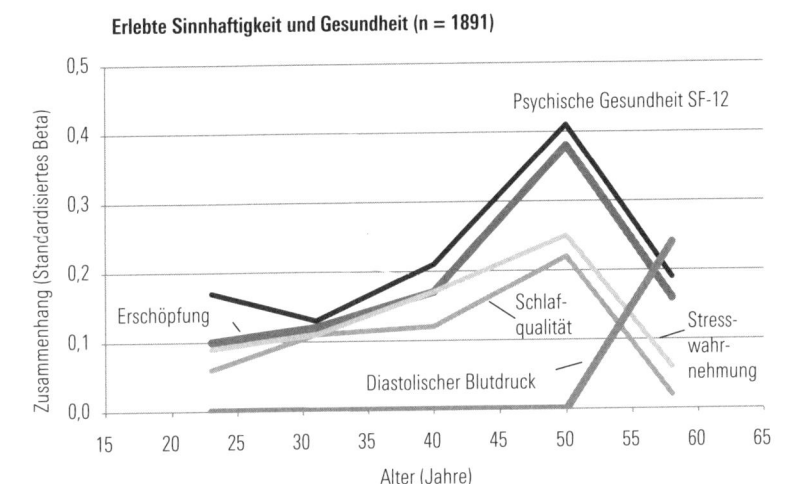

Erlebte Sinnhaftigkeit und Gesundheit (n = 1891)

[Diagramm: Zusammenhang (Standardisiertes Beta) auf der vertikalen Achse (0,0–0,5) gegen Alter (Jahre) von 15 bis 65 auf der horizontalen Achse; Kurven für Psychische Gesundheit SF-12, Erschöpfung, Schlafqualität, Diastolischer Blutdruck und Stresswahrnehmung]

Die vertikale Achse zeigt den Betrag der Stärke des Zusammenhangs für die jeweilige Alterskategorie. Je älter die Untersuchten, desto stärker der Zusammenhang zwischen erlebter Sinnhaftigkeit und Indikatoren der psychischen Gesundheit. Erst im letzten Arbeitsjahrzehnt findet sich ein Zusammenhang zu biologischen Indikatoren (diastolischer Blutdruck), während der Zusammenhang zur psychischen Gesundheit abnimmt.

der Arbeitsfähigkeit mit dem Alter zunimmt, um im letzten Jahrzehnt vor der Pensionierung möglicherweise einer Resignation zu weichen, mit biologischer Auswirkung des Mangels an Freude und Sinnhaftigkeit?

Wir werden in den kommenden Jahren den nunmehr deutlich größeren Datensatz einschließlich prospektiver Daten aus Wiederholungsuntersuchungen komplexeren Analysen unterwerfen, etwa auch Mehrebenenmodellen, um diese Fragen besser aufklären zu können. In Mehrebenenmodellen ist es möglich, die Aussagen der anderen Mitglieder einer Arbeitsgruppe als Durchschnittsbeurteilung, etwa des Betriebsklimas, zu wählen, und dann dieses sowie die individuelle Abweichung von der Durchschnittsbeurteilung als Prognoseindikatoren einzusetzen. Derartige Analysen erst ermöglichen es, die Fragebogenuntersuchungen angelastete Subjektivität in Richtung unterstützender Hinweise für kausale Vermutungen mindestens teilweise aufzulösen.

Der modifizierte WAI in der Praxis zur Berechnung der gesundheitsbedingten Produktivitätsverluste

Gesundheitsbedingte Produktivitätsverluste setzen sich aus drei Komponenten zusammen, die auch den theoretischen Hintergrund der Fragen für den WPAI abgaben: 1) der tatsächlichen krankheitsbedingten Abwesenheit von der Arbeit, 2) der Einschränkung der Produktivität durch Krankheitssymptome bei der Arbeit, dem klassischen Präsentismus, sowie 3) der vom klassischen Präsentismus nicht scharf abgrenzbaren Einschränkung der Produktivität an subjektiv gesunden Arbeitstagen, bei denen jedoch gemessen durch den WAI gegenüber dem nach Alter, Geschlecht und Haupttätigkeitsmerkmal zu erwartenden Benchmark ein Defizit vorliegt. Diese drei Komponenten sind in ähnlicher Logik wie etwa im WPAI, Health and Labor Questionnaire (HLQ) oder dem Work Limitations Questionnaire (WLQ) zu einer Maßzahl zu kombinieren, die die gesundheitsbedingten Produktivitätsverluste in einer dem Management vertrauten Einheit darbietet. In Zusammenarbeit mit Unternehmen der Automobilindustrie, der chemischen Industrie und der IT-Branche haben wir dafür eine Vorgehensweise vorgeschlagen, die beispielsweise Basis der Zusammenhangsanalysen zwischen dem Business Health Culture Index der SAP (SAP 2015) und der Profitabilität ist, oder die bei der AbbVie als den Leistungsindikatoren für das Management eingesetzt wird. Für diesen Beitrag wird auf die genaue Darlegung der Formel verzichtet. Zwar wurde sie im Expertenkonsens ermittelt, etwa wie die Berechnung des Normverbrauchs für Automobile in der EU, doch es fehlt die Kalibrierung der Komponentengewichtung anhand tatsächlicher Produktivitätskennziffern aus Unternehmen. Daher eignet sich die Darstellung aktuell vor allem zum Vergleich von Abteilungen eines Unternehmens untereinander.

Ein weiteres zu lösendes Problem ist die Darstellung und Skalierung der Befunde. Keine Rohskala irgendeines Fragebogens mit mehreren Dimensionen weist eine einheitlich interpretierbare Metrik auf. 70% auf der einen Skala sind angeblich schlecht, 50% auf der anderen Skala ein guter Wert. Derartige Ungereimtheiten sind Managern, die zahlreiche Zahlen intuitiv und rasch erfassen müssen, nur schwer nahezubringen. Viele Unternehmen behelfen sich daher mit der Umrechnung in Prozent Zielerreichung, Schulen behelfen sich mit einem über alle Fächer einheitlichen Noten- oder Punktesystem. Wir haben daher den Weg gewählt, alle unsere Skalen so zu rekalibrieren, dass sie dem

Arbeit 4.0: Messung von Arbeitsfähigkeit im Alltag

Abbildung 5: Darstellung der Dimensionen der Gesundheitsumfrage
nach Kalibrierung auf einheitliche Populationsmittelwerte und Standardabweichungen, Vergleich der Daten eines Unternehmens im Abstand von 2 Jahren

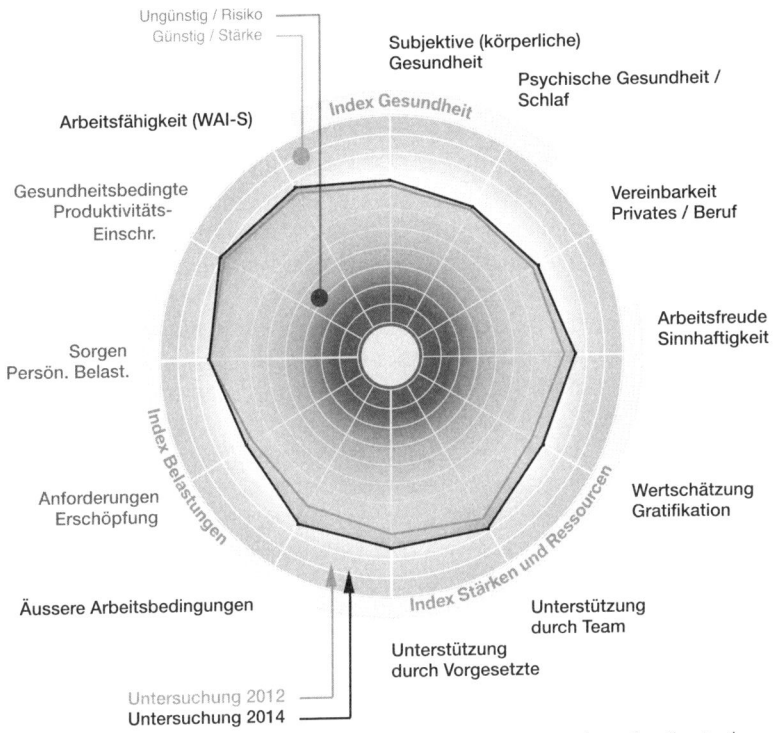

Hinweis: Auch bei den in grauer Schrift dargestellten Belastungsfaktoren werden außen die günstigen Bedingungen dargestellt. Ein hoher Wert bedeutet z.B. wenig Sorgen.

Punktesystem der reformierten Oberstufe in Deutschland entsprechen. 15 Punkte sind darin der beste zu erzielende Wert, 3-5 Punkte als individuelles Ergebnis besser zu vermeiden. Für Gruppendurchschnitte ist ein Wert von 13 Punkten oder mehr ein überragendes Ergebnis. Ordentliche Unternehmen sollten Gruppendurchschnitte von 10 Punkten vergleichbar einer 2 minus erreichen. Man macht sich zusätzlich die Mühe, die Veränderungen auf den Skalen vergleichbar zu kalibrieren: Praktisch gelingt das, wenn die Skala so transformiert wird, dass gleiche Unterschiede in der Darstellung auch tatsächlich vergleichbaren Effektstärken entsprechen (d.h. hier Kalibrieren auf eine Standardabweichung von etwa zwei Punkten, so dass ein Ring Unterschied in der grafischen Darstellung einer mittleren Effektstärke nach Cohen von etwa 0,4-0,5 Standardabweichungen entspricht) (Cohen 1988; Lakens 2013).

Leistungsindikatoren und datengestützte Ableitungen für das Management

Die Standardisierung nach Alter, Geschlecht und Tätigkeit erlaubt, den Unterschied einer Gruppe von Beschäftigten unabhängig von deren Zusammensetzung im Vergleich zum Benchmarkerwartungswert von genau gleichaltrigen Beschäftigten mit exakt gleicher Verteilung von Geschlecht und Tätigkeitsmerkmalen zu ermitteln. Damit liegt eine über alle Abteilungen eines Unternehmens einheitliche Bewertungskennzahl vor, die das Potenzial gegenüber einem realistisch erreichbaren Ziel und real existierenden Abteilungen aufzeigt. Werden parallel zum modifizierten WAI andere Instrumente eingesetzt, welche die psychosozialen Bedingungen der Arbeit beschreiben (etwa der COPSOQ, Copenhagen Psychosocial Questionnaire), die subjektive Gesundheit (etwa der SF-12 oder Instrumente aus der Familie der Gesundheitsfragebögen(PHQ) für Patienten, z.B. Depression) und das individuelle Gesundheitsverhalten, so lassen sich, in Anwendung der epidemiologischen Rechenverfahren zur Ermittlung des attribuierbaren Risikos, erstmals für die jeweilige individuelle Arbeitsgruppe aufgrund der vorliegenden Befragungsergebnisse gruppenspezifische Vorhersagen machen, welcher Faktor den größten Beitrag für den Unterschied der beobachteten Arbeitsfähigkeit zum Erwartungswert ausmacht. Dies erlaubt dem Management eine gruppenspezifische Maßnahmenableitung. So ist es unserer Ansicht nach ein bedeutsamer Unterschied, ob empirisch in einer Arbeitsgruppe die Menge der Arbeit oder die mit der Arbeit verbundene subjektive Stressbelastung die Gruppenarbeitsfähigkeit einschränkt. Selbstverständlich bedarf ein solches Analyseinstrument und Auswertungssystem Verfahren, die sicherstellen, dass einzelne Ausreißer in den Daten die Beurteilung nicht verzerren. Daher eignet sich dieses Auswertungssystem ab Gruppengrößen von zehn Personen, stabil werden die Ergebnisse ab 25 Personen. Die Abbildung 5 zeigt ein Beispiel der Visualisierung der Auswertung.

Schlussfolgerungen und Ausblick

Das hier in ersten Ansätzen skizzierte Instrument eines verkürzten WAI bereitet möglicherweise einen Weg für den routinemäßigen Einsatz im Alltag. Es ergänzt den WAI um den Aspekt des Präsentismus. Durch den Vergleich mit einer nach Alter, Geschlecht und Tätigkeit (gewerblich, indirekt) standardisierten Benchmark erlaubt das Instrument mindestens den Vergleich von Abteilungen innerhalb von Unternehmen anhand einer standardisierten Kennziffer. Voraussetzung für eine solche Nutzung ist eine IT-technische Unterstützung, die hohe Standards an Datensicherheit erfüllt, und die Darbietung der Ergebnisse in für das Management leicht verständlichen Visualisierungen. Die Kurzform des WAI mit 11 Items eignet sich ferner auch als Baustein etwa in der betriebsärztlichen Beratung für den Erhalt der Arbeitsfähigkeit. In Kombination mit der Gesundheitsumfrage als Screening-Verfahren kann das Instrument auch im Rahmen von psychischen Gefährdungsbeurteilungen eingesetzt werden. Dann erlaubt es, im Gegensatz zu den spät nachlaufenden Arbeitsunfähigkeitszahlen, eine Frühprognose zukünftiger gesundheitsbezogener Produktivität. Dies bietet die Chance, das Thema der gesundheitsbezogenen Produktivität in die Betrachtungsperspektive des Topmanagements zu heben. Parallel zum Aufsuchen der besten Praxisanwendungen sind dazu weitere theoretische, statistische und gesundheitsökonomische Analysen erforderlich, die auf den jetzt vorliegenden und in den nächsten Jahren zu generierenden prospektiven Daten aufbauen.

Literatur

Alavinia, S.M./van den Berg, T.I.J./van Duivenbooden, C./Elders, L.A.M./Burdorf, A. (2009): Impact of work-related factors, lifestyle, and work ability on sickness absence among Dutch construction workers. In: Scandinavian Journal of Work, Environment & Health, 35, S. 325-333.

Altgeld, T. (2014): Zukünftiger Stellenwert des Betrieblichen Gesundheitsmanagements. In: Badura, B./Ducki, A./Schröber, H./Klose, J./Meyer, M., Fehlzeiten-Report 2014. Erfolgreiche Unternehmen von morgen – gesunde Zukunft heute gestalten. Heidelberg: Springer Medizin Verlag.

Amler, N./Felder, S./Mau, W./Merkesdal, S./Schöffski, O. und Mitglieder der Arbeitsgruppe (2015): Instrumente zur Messung von Effekten einer Frühintervention auf den Erhalt bzw. die Wiederherstellung der Arbeitsfähigkeit in Deutschland – Stellungnahme einer interdisziplinären Arbeitsgruppe. In: Gesundheitswesen (EFirst). http://doi.org/10.1055/s-0041-110678

BMAS (Bundesministerium für Arbeit und Soziales) (Hrsg.) (2015): Grünbuch Arbeiten 4.0. Berlin.

Bonsdorff, M.E. von/Kokko, K./Seitsamo, J./Bonsdorff, M.B. von/Nygård, C.-H./Ilmarinen, J./Rantanen, T. (2011): Work strain in midlife and 28-year work ability trajectories. In: Scandinavian Journal of Work, Environment & Health, 37, S. 455-463.

Bullinger, M./Kirchberger, I./Ware, J. (1995). Der deutsche SF-36 Health Survey. Übersetzung und psychometrische Testung eines krankheitsübergreifenden Instruments zur Erfassung der gesundheitsbezogenen Lebensqualität. Zeitschrift für Gesundheitswissenschaften, 3, 21-36.

Cho, I.H./Park, K.S./Lim, C.J. (2010): An empirical comparative study on biological age estimation algorithms with an application of Work Ability Index (WAI). Mechanisms of Ageing and Development, 131, S. 69-78.

Cohen, J. (1988): Statistical Power Analysis for the Behavioral Sciences. New York, NY: Routledge Academic.

de Zwart, B.C.H./Dresen, M.H.W.F./van Duivenbooden, J.C. (2002): Testretest reliability of the Work Ability Index questionnaire. In: Occupational Medicine, 52, S. 177-181.

Finkelstein, L.M./Truxillo, D.M./Fraccaroli, F./Kanfer, R. (Hrsg.) (2015): Facing the challenges of a multi-age workforce: a use-inspired approach. Routledge, New York.

Gigerenzer, G./Hoffrage, U. (1995): How to improve Bayesian reasoning without instruction: frequency formats. In: Psychological Review, 102, S. 684-704.

Hasselhorn, H.M./Freude, G. (2007): Der Work Ability Index – ein Leitfaden. Bremerhaven, Wirtschaftsverlag NW.

Ilmarinen, J. (2011): Arbeitsfähig in die Zukunft. In: Giesert (Hrsg.): Arbeitsfähig in die Zukunft – Willkommen im Haus der Arbeitsfähigkeit. Hamburg: VSA.

Ilmarinen, J./Tuomi, K. et al. (1997): Changes in the work ability of active employees over an 11-years period. In: Scandinavian Journal of Work, Environment & Health, 23 (Suppl 1): 49-57.

Lakens, D. (2013): Calculating and reporting effect sizes to facilitate cumulative science: a practical primer for t-tests and ANOVAs, Front Psychol. 2013, e863, S. 1-12.

Leggett, S./van der Zee-Neuen, A./Boonen, A./Beaton, D./Bojinca, M./Bosworth, A. et al. (2016): Content validity of global measures for at-work productivity in patients with rheumatic diseases: an international qualitative study. In: Rheumatology (Oxford, England), 55, S. 1364-1373.

Oldenbourg, R./Ilmarinen, J. (2010): Für eine lebenslaufbezogene Arbeitsfähigkeitspolitik. In: G. Naegele (Hrsg.), Soziale Lebenslaufpolitik, Wiesbaden: VS Verlag für Sozialwissenschaften.

Reeuwijk, K.G./Robroek, S.J.W./Niessen, M.A.J./Kraaijenhagen, R.A./Vergouwe, Y./Burdorf, A. (2015): The Prognostic Value of the Work Ability Index for Sickness Absence among Office Workers. In: PloS One, 10(5), e0126969.
Reilly, M.C./Zbrozek, A.S./Dukes, E.M. (1993): The validity and reproducibility of a work productivity and activity impairment instrument. In: PharmacoEconomics; 4, S. 353-65.
Roelen, C.A.M./van Rhenen, W./Groothoff, J.W./van der Klink, J.J.L./Twisk, J.W.R./Heymans, M.W. (2014): Work ability as prognostic risk marker of disability pension: single-item work ability score versus multi-item work ability index. In: Scandinavian Journal of Work, Environment & Health, 40, S. 428-431.
SAP (2015): Integrated Report. Zugriff 18.9.2016 unter: http://go.sap.com/integrated-reports/2015/de.html
Schouten, L.S./Bültmann, U./Heymans, M.W./Joling, C.I./Twisk, J.W.R./Roelen, C.A.M. (2016): Shortened version of the work ability index to identify workers at risk of long-term sickness absence. In: European Journal of Public Health, 26, S. 301-305.
Tempel, J./ Ilmarinen, J. (2013): Arbeitsfähigkeit 2025. Hamburg: VSA.
Tuomi, K./Ilmarinen, J./Jahkola, A./Katajarinne, L./Tulkki, A. (1998): Work Ability Index (WAI). Helsinki: Finnish Institute of Occupational Health.
van den Berg, T./Elders, L./de Zwart, B./Burdorf, A. (2008): The effects of work-related and individual factors on the work ability index: A systematic review. Occupational and Environmental Medicine, 66, S. 211-220.
Vänni, K./Virtanen, P./Luukkaala, T./Nygård, C.-H. (2015): Relationship Between Perceived Work Ability and Productivity Loss. International Journal of Occupational Safety and Ergonomics, 18, S. 299-309.
Ware, J./Kosinski, M./Keller, S. D. (1996): A 12-Item Short-Form Health Survey: construction of scales and preliminary tests of reliability and validity. In: Medical Care, 34(3), S. 220-233.

Instrumente

Anja Liebrich/Tobias Reuter/
Marianne Giesert
**Arbeitsfähigkeit messen
und fördern – Methoden und
Instrumente rund um das
Arbeitsfähigkeitskonzept**

1. Einleitung

Die Definition von Arbeitsfähigkeit, wie sie diesem Buch zugrunde liegt, wurde von den Forschungsarbeiten des Finnischen Instituts für Arbeitsmedizin (FIOH) geprägt. Diese dort seit den 1980er Jahren entstandenen Forschungsarbeiten basieren auf dem Verständnis, dass Arbeitsfähigkeit »die Summe von Faktoren [ist], die eine Person in einer bestimmten beruflichen Situation in die Lage versetzen, gestellte Aufgaben erfolgreich zu bewältigen« (Ilmarinen/Tempel 2002: 166).

Die Entwicklung einer Maßzahl für die Arbeitsfähigkeit begann mit einer Anfrage eines finnischen Versicherungsträgers nach der Möglichkeit, für spezifische Tätigkeiten Altersgrenzen für den Renteneintritt zu bestimmen. Für die Entwicklung des Fragebogens, der den Verbleib in der Erwerbstätigkeit über mehrere Jahre prognostiziert, wurden Daten von rund 6500 Beschäftigten analysiert. Es entstand der Work Ability Index WAI, der anhand von sieben Dimensionen einen Wert ermittelt. Dieser zeigt an, inwieweit Arbeitnehmende aufgrund ihrer persönlichen Voraussetzungen und ihrer Arbeitsbedingungen in der Lage sind, ihre Arbeit zu verrichten (vgl. Tempel/Ilmarinen 2013). Wesentlich ist, dass es sich hierbei um eine Maßzahl handelt, die weder die Gesundheit noch die Leistungsfähigkeit eines Arbeitnehmenden abbildet. Es handelt sich um einen Kennwert, der die Entsprechung von individuellen Fähigkeiten und Fertigkeiten mit den Arbeitsbedingungen in den Fokus rückt. Es steht das Potenzial eines Menschen im Mittelpunkt, zu einem bestimmten Zeitpunkt eine bestimmte Arbeitsanforderung zu erfüllen – sprich: zu bewältigen (ebd.).

In Finnland folgten in den 1990er bis 2000er Jahren unterschiedliche Forschungsprogramme, um den Umgang mit und die Aussagekraft des

Arbeitsfähigkeit messen und fördern – Methoden und Instrumente

WAI umfassend zu erforschen (ebd.). Seitdem wird dieser Index weltweit in der betriebsärztlichen Betreuung und der betrieblichen Gesundheitsförderung diverser Unternehmen und Berufsgruppen wie auch in der Forschung verwendet (WAI-Netzwerk 2015).

Im deutschen Sprachraum ist der WAI auch unter den Begriffen »Arbeitsfähigkeitsindex« oder »Arbeitsbewältigungsindex« (ABI) bekannt (Hasselhorn/Freude 2007). In Deutschland wird er seit etwa 30 Jahren in der betriebsärztlichen Betreuung, in betriebsepidemiologischen Erhebungen und in verschiedenen Forschungs- und Umsetzungsprojekten eingesetzt (ebd.).

Zur Verbreitung der deutschen Fassung, die auf der 1998 veröffentlichten zweiten überarbeiteten Auflage des englischen Originals von Tuomi basiert, trägt das WAI Netzwerk, ein Zusammenschluss von interessierten Personen und Institutionen aus Forschung und Praxis, bei. Die Koordination dieses von 2003 bis 2015 durch die Initiative Neue Qualität der Arbeit (INQA) und der Bundesanstalt für Arbeitsschutz und Arbeitsmedizin (BAuA) geförderten Netzwerks an der Bergischen Universität Wuppertal wird seit 2016 in ehrenamtlicher Arbeit durch das IAF Institut für Arbeitsfähigkeit koordiniert.

Der Work Ability Index hat sich seit seinen Anfängen in Finnland zu einem weltweit anerkannten und häufig genutzten Instrument zur Erfassung der Arbeitsfähigkeit entwickelt. Er wurde in mehr als 26 Sprachen übersetzt (Ilmarinen 2009). Bedeutend bei seiner Anwendung ist, dass er in seiner Interpretation Hinweise darauf gibt, welche Zielsetzung bei der Arbeit rund um die Arbeitsfähigkeit verfolgt werden sollte: die Arbeitsfähigkeit wiederherstellen, verbessern, unterstützen oder erhalten. Auskünfte darüber, mit welchen Tätigkeiten und Maßnahmen dies erfolgen sollte, finden sich hier nicht. Die Ableitung zielführender Vorgehensweisen soll das Ergebnis eines im Rahmen des Instrumenteneinsatzes geführten Dialogprozesses sein. Rund um die Gestaltung dieses Dialogprozesses sind im deutschen Sprachraum unterschiedliche Methoden und Instrumente entstanden, die auf Basis des WAI bzw. einzelner WAI-Skalen strukturierte Vorgehensweisen präsentieren, die die Ableitung von betrieblichen und individuellen Maßnahmen in verschiedenen Anwendungskontexten unterstützen. Ebenso hat sich die Kombination mit anderen Instrumenten in der Praxis bewährt, so z.B. die informatorische Ergänzung der Gefährdungsbeurteilung psychischer Belastung durch die Indizes des WAI als Beanspruchungsmaße, die hilfreiche Hinweise auf die menschengerechte Arbeitsgestaltung liefern.

Ausgehend von einer kurzen Darstellung des Work Ability Indexes stellt dieser Beitrag die bekanntesten Verfahren »rund um den WAI« vor. Tabelle 1 (S. 58ff.) gibt einen Überblick über die unterschiedlichen Instrumente, die sich in diesem Kontext im deutschen Sprachraum bis dato entwickelt haben. Detailliertere Informationen und Praxiserfahrungen finden sich auch in den weiteren Beiträgen des vorliegenden Bandes.

2. Die Grundlage – der Work Ability Index – Arbeitsbewältigungsindex

Der Fragebogen erhebt die subjektive Einschätzung des aktuellen Verhältnisses der betrieblichen Anforderungen zur individuellen oder kollektiven Leistungsfähigkeit. Dieses Ergebnis stimmt in hohem Maße mit der Einschätzung und Bewertung von Arbeitsmedizinern und Arbeitswissenschaftlern überein (Tempel/Ilmarinen, 2013) und kann somit als aussagekräftiges Maß für die Arbeitsfähigkeit interpretiert und zur evidenzbasierten Ableitung von Maßnahmen zur Verbesserung der betrieblichen Situation herangezogen werden.

Das Instrument besteht aus insgesamt zehn Fragen und einer Diagnoseliste, die in sieben sogenannte WAI-Dimensionen münden. Jede Antwort entspricht einem bestimmten Punktwert, der in die Bildung einer gemeinsamen Maßzahl einfließt. Dieser so ermittelte Arbeitsbewältigungsindex bzw. WAI-Index kann die Werte von 7 bis 49 annehmen. Bedeutend ist, dass sich für alle Werte – ob hohe oder niedrige – Ziele für Maßnahmen im Hinblick auf Arbeitsfähigkeit ableiten lassen: Eine geringe Arbeitsfähigkeit (7-27) sollte Maßnahmen zur Wiederherstellung der Balance nach sich ziehen, eine mäßige (28-36) stellt die Verbesserung in den Mittelpunkt, und eine gute (37-43) rückt unterstützende Aspekte in den Fokus. Selbst bei einem Indexwert, der auf eine sehr gute Arbeitsfähigkeit hinweist (44-49), sollten Aktivitäten zur Erhaltung dieser Situation in die Wege geleitet werden. Dies verdeutlicht, dass die Passung zwischen individuellen Fähigkeiten und Fertigkeiten mit den Arbeitsbedingungen nicht von alleine entsteht und aufrecht erhalten bleibt, sondern das Ergebnis eines stetigen Prozesses der Auseinandersetzung und Optimierung der (Arbeits-)Situation ist.

Das Ergebnis bzw. die daraus abgeleiteten Ziele geben Auskunft über die Ziele von Verbesserungsmaßnahmen, deren inhaltliche Ausrichtung und Gestaltung müssen aus der konkreten Arbeitssituation abgeleitet werden. Hierzu gibt der Index keine Auskunft – jedoch liefert das von Ilmarinen und Tuomi entwickelte Förderkonzept vier Handlungsfelder, aus deren dialogischer Betrachtung Maßnahmen zur Wiederherstellung, Verbesserung, Unterstützung und Erhaltung der Arbeitsfähigkeit abgeleitet werden können: (1) Gesundheit inkl. physischer, psychischer und sozialer Leistungsfähigkeit, (2) Arbeitsinhalt und Arbeitsumgebung, (3) professionelle Kompetenz sowie (4) Arbeitsorganisation und Führung. Der WAI dient dazu, die Arbeitsfähigkeit eines Menschen durch geeignete Aktivitäten und Maßnahmen zu unterstützen – unabhängig vom Alter oder Ausgangswert des Indexes. Um dies nachhaltig zu gewährleisten, ist beim Einsatz des Index jedoch ein ganzheitliches Vorgehen nötig, das Präventionsansätze im Betrieb multidimensional verzahnt und verstetigt.

Der WAI liegt als Kurz- und Langversion vor. Die Kurz- und Langversion unterscheiden sich ausschließlich in der Dimension 3 (Anzahl der aktuellen ärztlich diagnostizierten Krankheiten) des Verfahrens. In der Langversion werden 51 Krankheiten, in der Kurzversion 13 Krankheitsgruppen erfasst. Daher ist die Langversion hauptsächlich für den Einsatz im betriebsärztlichen Kontext gedacht.

3. Instrumente und Methoden rund um das Arbeitsfähigkeitskonzept

Seit der Entwicklung des WAI in Finnland sind viele Instrumente und Methoden entwickelt worden, die einzelne Skalen bzw. auch den vollständigen Indexwert als Basis eines Prozesses zur Unterstützung der Arbeitsfähigkeit von Beschäftigten einsetzen. Nachfolgend werden die im deutschsprachigen Raum am weitesten verbreiteten Ansätze kurz vorgestellt.

3.1 ABI-Dialog/WAI-Gespräch

Der ABI-Dialog ist historisch gesehen das erste Instrument, das den WAI als Ausgangspunkt zur Interventionsplanung verwendet. Er wird vor allem in der betriebsärztlichen Praxis angewendet. Ausgehend vom individuellen Indexwert erfolgt eine gemeinsame Auseinandersetzung mit der eigenen Arbeitsfähigkeit. Arbeitsmediziner greifen bei der Anwendung dieses Instrumentes gerne auf die Langversion des WAI zurück, da diese über einen ausführlicheren Fragekatalog hinsichtlich medizinisch relevanter Diagnosen verfügt: So können Doppelerfassungen ver-

Tabelle 1: WAI-Instrumentenfamilie im Überblick
modifiziert nach Ebner 2013, S. 138-139

	ABI-Dialog/ WAI-Gespräch	ArbeitsbewältigungsCoaching® (ab-c)	Arbeitsfähigkeits-Coaching® (AFCoaching)
Fassung des WAI-Fragebogens	WAI kurz oder lang	WAI kurz oder lang	Dimension 1 und 2 des WAI
Methodisches Vorgehen	quantitativ & qualitativ	quantitativ & qualitativ	qualitativ
Anforderungen an die durchführende Person (Kenntnisse und Kompetenzen)	Arbeitswissenschaft/ Gesundheitswissenschaften, Gesprächsführung, ggf. quantitative Datenauswertung (für Unternehmensbericht)	Arbeitswissenschaft/ Gesundheitswissenschaften, Organisationsentwicklung, qualitative & quantitative Datenauswertung, Gesprächsführung, Moderation erforderlich: Teilnahme an Anwenderschulung ArbeitsbewältigungsCoaching® (2 Tage)	Arbeitswissenschaft/ Gesundheitswissenschaften, Organisationsentwicklung, Grundlagen BGM, insbesondere BEM, Gesprächsführung, Moderation erforderlich: Teilnahme an Anwenderschulung »Qualifizierung zum AFCoach«
Ergebnisse	Individueller WAI-Wert (auch mehrfach erhoben: Zeitverlauf), Aufbau einer betrieblichen Datenbank möglich	Datensatz mit anonymisierten WAI-Ergebnissen (auf Gruppenebene analysierbar), qualitative Aussagen der MA (Förderbedarf zum Erhalt der Arbeitsfähigkeit), Maßnahmenkatalog (nach Workshop)	Individuelle Werte der WAI-Dimensionen 1 und 2, Analyse von Ressourcen und Defiziten aller Faktoren des Hauses der Arbeitsfähigkeit, Analyse der Rahmenbedingungen, Maßnahmenkatalog, Maßnahmenumsetzung

Arbeitsfähigkeit messen und fördern – Methoden und Instrumente

ABI PLUS™	RADAR / WAI 2.0	Anerkennender Erfahrungsaustausch	INQA-Instrumente Offensive Mittelstand
WAI kurz sowie 63 weitere Items	Modifizierter WAI (Personen-RADAR) mit 26 Items	Keine explizite Verwendung des WAI/ basiert auf dem finnischen Arbeitsfähigkeitskonzept	Keine explizite Verwendung des WAI/basiert auf dem finnischen Arbeitsfähigkeitskonzept
quantitativ & qualitativ	quantitativ & qualitativ	qualitativ	quantitativ & qualitativ
Arbeitswissenschaft/ Gesundheitswissenschaften Organisationsentwicklung, qualitative & quantitative Datenauswertung, Gesprächsführung, Moderation	Arbeitswissenschaft/Gesundheitswissenschaften, Gesprächsführung, ggf. quantitative Datenauswertung (für Unternehmensbericht) erforderlich: Teilnahme an Facilitatoren-schulung WAI 2.0	Qualifizierte Führungskräfte (insbesondere Gesprächsführung, Möglichkeiten im Haus der Arbeitsfähigkeit)	Qualifizierte Akteurinnen und Akteure in Unternehmen; für die Anwendung der Instrumente der Offensive Mittelstand ist eine Berater/innenausbildung notwendig
Individuelle Werte von 8 Skalen, darunter auch des WAI, Analyse der einzelnen Faktoren des Arbeitsfähigkeitskonzeptes	Analyse der einzelnen Faktoren des Arbeitsfähigkeitskonzeptes, Work Well-Being Index, geschätzter Arbeitsfähigkeitsindex, Maßnahmenkatalog	Stärken und Verbesserungsbereiche auf individueller und betrieblicher Ebene, Maßnahmenkatalog auf betrieblicher Ebene	Stärken und Verbesserungsbereiche vor allem auf betrieblicher Ebene, teilweise auch auf individueller Ebene (je nach Instrument)

	ABI-Dialog/ WAI-Gespräch	Arbeits- bewältigungs- Coaching® (ab-c)	Arbeitsfähigkeits- Coaching® (AFCoaching)
Effektivster Anwendungs- bereich (wo liegt der größte Nutzen?)	Primär-, Sekundär-, Tertiärprävention, Rehabilitation (Prozessbegleitung notwendig)	Primär- und Sekundärprävention	Sekundär- und Tertiärprävention (insbes. fallbezo- genes AFCoaching), Rehabilitation, Primärprävention (bei Verknüpfung mit dem BGM)
Zeitaufwand	Einzelgespräch ca. 30-45 Min./MA 15 Min. Dokumentati- on pro MA ggf. Zeit für das Erstellen eines Unter- nehmens-berichts	Einzelgespräche 60 Min./MA Gesprächsdokumen- tation durch Berater/Berate- rin: 10-15 min Erstellung Arbeits- bewältigungsbericht betrieblicher Work- shop (4 Std.) Voraussetzung ist die Sensibilisierung der Entscheider/-innen im Unternehmen	Fallbezogenes AFCoaching: 2 bis 10 Coaching- sitzungen à 60 min Voraussetzung ist die Einführung eines um- fassenden BEM mit dem Rahmenkonzept AFCoaching
Materialien	WAI-Fragebogen, Auswertungsschema, optional WAI-Soft- ware	WAI-Fragebogen, Dokumente zur Erfas- sung und Kodierung der persönlich-ver- traulichen Gespräche, Auswertungsdaten- bank	Umfassende Dokumente zu allen Coachingschritten im »Arbeitsfähigkeits- buch« (Erläuterungen zum Verlauf, Da- ten-schutzerklärung, Coachingvertrag etc.)
Eignung für KMU	Gut geeignet für KMU	Gut geeignet für KMU	Rahmenkonzept und fallbezogenes AFCoa- ching gut geeignet für mittlere und große Unternehmen, bei kleinen Unter- nehmen nur fallbezo- genes AFCoaching

Arbeitsfähigkeit messen und fördern – Methoden und Instrumente

ABI PLUS™	RADAR / WAI 2.0	Anerkennender Erfahrungsaustausch	INQA-Instrumente Offensive Mittelstand
Primär- und Sekundärprävention	Primär- und Sekundärprävention	Primär- und Sekundärprävention, Tertiärprävention	Primär- und Sekundärprävention
Bearbeitung des Fragebogen 10-15 Min. inkl. Instruktion/MA Gesamtauswertungsdauer ca. 1-3 Tage (automatisierter Prozess)	Bearbeitung Personen-Radar: ca. 15 Min./MA Betriebs-Radar mit Steuerungsgruppe ca. 2 Tage	Pro Gespräch ca. 30 Minuten pro MA ggf. Zeit zur anonymisierten Auswertung	Je nach Instrument. Für die Erhebung der Stärken und Verbesserungsbereiche ca. 60 Minuten.
ABI plus TM Fragebogen bzw. Onlinetool	WAI 2.0 Fragebogen bzw. Onlinetool	Keine spezifischen Dokumente notwendig – Gesprächsinhalte sollten schriftlich fixiert werden	Je nach Instrument existieren Fragebögen, Checklisten, Self-Assessment-Unterlagen
Gut geeignet für KMU	Gut geeignet für KMU	Gut geeignet für KMU	Teilweise spezifische Aufarbeitung der Themen für KMU

	ABI-Dialog/ WAI-Gespräch	Arbeits- bewältigungs- Coaching® (ab-c)	Arbeitsfähigkeits- Coaching® (AFCoaching)
Alleinstellungsmerkmal gegenüber den anderen Formen	Individuums-zentriert, leicht integrierbar in betriebsärztliche Arbeit, anlassbezogen	Ableitung von Maßnahmen auf Organisationsebene	Professionalisierung d. BEM, fallbezogenes Vorgehen, Einbeziehung auch von außerbetriebl. Akteuren, Berücksichtigung d. Umfelds (persönl. Umfeld, regionale Umgebung)

MA = Mitarbeiter/in

mieden werden – zudem berichten Ärztinnen und Ärzte von einer guten Möglichkeit, über das Thema »Arbeit, Alter und Gesundheit« zu sprechen (Ebner 2013: 132). Wenn der Dialog mit anderen Experten, z.B. Arbeitspsychologen oder Arbeitswissenschaftlern, geführt wird, kommt meist die Kurzversion des Fragebogens zum Einsatz.

Ausgehend von der Ermittlung des individuellen Indexwertes – der Fragebogen kann hierfür alleine oder aber auch mit Unterstützung des Betriebsarztes bzw. der Betriebsärztin ausgefüllt werden – wird ein Dialog über die aktuelle Arbeitssituation initiiert. Grundsätzlich gilt, dass den Mitarbeiterinnen und Mitarbeitern der Indexwert mitgeteilt wird, diese ihn dann auf ihre Plausibilität hin überprüfen und im Dialog ihre Sichtweisen, Ideen und Wünsche in den Gesprächsprozess einbringen können (Tempel/Ilmarinen 2013: 158f.). Im Mittelpunkt des Gesprächs stehen die Fragen »Wie steht es um die aktuelle Balance zwischen dem, was bei der Arbeit von Ihnen verlangt wird (Produktivität und Qualität der Arbeit), und dem, was Sie persönlich leisten können (Lebensqualität und Wohlbefinden?« (Tempel/Ilmarinen 2013: 158).

Im Mittelpunkt stehen die individuellen Handlungsmöglichkeiten und -spielräume der Beschäftigten, die Auslotung von Vorgehensweisen und Unterstützungsmöglichkeiten, um die eigene Arbeitsfähigkeit zu unterstützen. Für ein solches Gespräch wird ein Zeitrahmen von 15 bis 30 Minuten anberaumt. Durch den ABI-Dialog ist ein individuelles Vorgehen sehr gut möglich – Personen werden für die eigene Arbeitsfähigkeit sensibilisiert, und durch die gemeinsame Auslotung von Handlungs-

Arbeitsfähigkeit messen und fördern – Methoden und Instrumente

ABI PLUS™	RADAR / WAI 2.0	Anerkennender Erfahrungsaustausch	INQA-Instrumente Offensive Mittelstand
Kennwerte für alle Ebenen des Arbeitsfähigkeitskonzeptes	Durch Betriebs-Radar strukturierter Dialog- und Priorisierungsprozess auf Unternehmensebene	Speziell für Führungskräfte entwickelt	Niederschwelliges Angebot für zahlreiche betriebliche Akteure und Entscheidungsträger

möglichkeiten und Vorgehensplanung wird die Selbstwirksamkeitserwartung der Personen gestärkt. Es steht die Interaktion zwischen dem Interviewer und der einzelnen Person im Vordergrund – aus diesem Grund ist dieses Instrument sehr personenabhängig, was Vor- und Nachteile mit sich bringen kann.

3.2 Arbeitsbewältigungs-Coaching ®

Das Arbeitsbewältigungs-Coaching (ab-c) wurde im Projekt »Partizipation und Interdisziplinarität für eine zukunftsfähige Arbeitsforschung (PIZA)« entwickelt. Dieses Instrument nutzt den WAI als Einstieg für die Förderung der individuellen und betrieblichen Arbeitsförderung (Ebner 2013: 134).

Im Rahmen einer Prozessberatung werden die zwei Elemente des ab-c, das »persönlich-vertrauliche ab-c« und der »betriebliche Arbeitsbewältigungsworkshop«, verwirklicht. Ersteres beinhaltet ein ca. einstündiges Gespräch mit möglichst jedem Beschäftigten eines Unternehmens bzw. der involvierten Organisationseinheit in einem vertraulichen Rahmen. Ausgangspunkt des Gespräches ist die Ermittlung des persönlichen Arbeitsbewältigungsindex, der die Basis der Generierung persönlicher und betrieblicher Maßnahmen zur Unterstützung des eigenen Arbeitsfähigkeitszieles dient. Auch werden individuelle und betriebliche Förderthemen benannt, die erste Umsetzungsschritte dieser Maßnahmen beinhalten. Meist wird dieses Gespräch durch externe Beraterinnen und Berater durchgeführt (Gruber/Frevel 2012).

Im Betrieblichen Arbeitsbewältigungsworkshop entwickeln betriebliche Akteurinnen und Akteure auf Grundlage eines Arbeitsbewältigungsberichtes Maßnahmen zur betrieblichen Förderung der Arbeitsfähigkeit der Belegschaft. In diesem Bericht wird neben der personalwirtschaftlich relevanten Kennzahl über den durchschnittlichen Arbeitsbewältigungsindex der Gesamtbelegschaft bzw. der betrachteten Unternehmenseinheit ein Überblick über die Arbeitsbewältigungskonstellation im Gesamtbetrieb ggf. auch auf kleinere Ebenen heruntergebrochen (Gruppengröße von mind. zehn Personen). Darüber hinaus sind die in den Gesprächen genannten Förderthemen anonymisiert und nach Häufigkeit der Nennungen enthalten. Diese verdeutlichen die aus Sicht der Teilnehmenden relevanten Aspekte, die ihre Arbeitsbewältigung positiv beeinflussen (ebd.: 29). Ziel des Workshops ist ein auf dieser Grundlage entwickelter umsetzungsreifer Maßnahmenplan, der der Belegschaft als Ergebnis des Prozesses zurückgemeldet wird.

Als weiterer Schritt ist eine überbetriebliche Herangehensweise, z.B. durch kommunale Gesundheitsförderungsprogramme oder überbetriebliche Arbeitskreise denkbar.

Der ab-c-Prozess dient der Förderung der Selbstregulation der Beschäftigten sowie der Unterstützung von Personalverantwortlichen bei der Entwicklung geeigneter Maßnahmen (Ebner 2013: 135). Anders als in klassischen Coachingansätzen erfolgt pro Coachingprozess jeweils nur ein Gespräch mit einzelnen Teilnehmenden bzw. mit den Entscheidungsträgern im Arbeitsbewältigungsworkshop.

3.3 Arbeitsfähigkeitscoaching®

Das Arbeitsfähigkeitscoaching® wurde im Kontext des in Deutschland gesetzlich verankerten Betrieblichen Eingliederungsmanagements entwickelt (Reuter/Liebrich/Giesert 2016: 272). Dieses Rahmenkonzept ist darauf ausgelegt, Strukturen und Prozesse auf betrieblicher, überbetrieblicher und individueller Ebene so zu gestalten, dass der betriebliche Eingliederungsprozess nachhaltig begleitet und unterstützt wird. Darüber hinaus unterstützt das individuelle Vorgehen die Stärkung der Handlungskompetenz und Selbstwirksamkeit des BEM-Berechtigten (Giesert/Reuter 2015). Auf betrieblicher Ebene werden Strukturen und Prozesse erarbeitet bzw. optimiert, um das Handlungsfeld BEM im Betrieblichen Gesundheitsmanagement fest zu verankern (Liebrich/Giesert/Reuter 2015: 73). Dabei ist ein umfassender Datenschutz, der den betrieblichen AkteurInnen Handlungssicherheit gibt und eine Vertrauenskultur beim Umgang mit sensiblen Daten schafft, zu gewährleisten. Um die gestalteten Strukturen und Prozesse zu unterstützen, wird auf überbetrieblicher Ebene ein BEM-Unterstützungsnetzwerk an der Schnittstelle zu externen AkteurInnen (z.b. Integrationsämter, Krankenkassen, Rentenversicherer) etabliert (ebd.). Auf individueller Ebene werden BEM-Berechtigte durch einen qualifizierten AFCoach in ihrer aktiven Rolle bei der Wiederherstellung, dem Erhalt und der Förderung ihrer Arbeits- und Beschäftigungsfähigkeit begleitet. Der durch sieben Elemente gekennzeichnete individuelle Coachingprozess ist durch eine intensive Auseinandersetzung mit der eigenen Arbeitsfähigkeit gekennzeichnet. Kernstück ist die gemeinsame Entwicklung von Maßnahmen mit den BEM-Berechtigten und den betrieblichen Akteurinnen und Akteuren (z.b. Führungskräfte und Interessenvertretung), damit sie in ihrer Umsetzung der betrieblichen Realität entsprechen.

Begleitet werden die Einführung sowie die Verstetigung des AFCoachings durch ein Evaluationskonzept, das einen systematischen Verbesserungsprozess auf der Grundlage relevanter Kennzahlen ermöglicht.

Das AFCoaching unterstützt eine ganzheitliche Verankerung des Arbeitsfähigkeitskonzeptes auf allen Ebenen. Durch die gezielte Einbindung wichtiger Akteurinnen und Akteure in die Entscheidungsprozesse der Eingliederung – insbesondere der BEM-Berechtigten selbst – ist das AFCoaching als echter partizipativer Ansatz zu werten (Liebrich/ Reuter 2012).

3.4 ABI plus™
Der Arbeitsbewältigungsindex Plus™ wurde in Österreich im Rahmen des Programms »Fit in die Zukunft – Arbeitsfähigkeit erhalten« für die Allgemeine Unfallversicherungsanstalt (AUVA) und die Pensionsversicherungsanstalt (PVA) entwickelt. Er besteht aus 74 Items, die in acht Skalen zusammengefasst werden. Das Instrument erhebt somit neben dem Work-Ability-Index (Kurzform) Daten im Rahmen der Freiburger Beschwerdeliste zur Einschätzung der eigenen Kompetenz, Fähigkeit und Fertigkeiten, Werte und Einstellungen, zur Einschätzung der Zusammenarbeit und der Führung, zu Arbeitsanforderungen, Handlungsspielräumen sowie zur erlebten Belastung. Die Angaben von demografischen Variablen zu Alter, Geschlecht, Arbeitszeit, Wegzeiten zur Arbeit etc. runden das Bild ab (vgl. Kloimüller et al., o.J.).

Die erhobenen Daten werden im Rahmen eines zusammenfassenden Berichtes den Unternehmen zur Verfügung gestellt. Dabei findet eine

Differenzierung nach den Sozialvariablen nur bei einer Gruppengröße von mindestens 15 Personen statt (vgl. ebd.). Die Anwendung des Fragebogens ist im Rahmen einer Prozessbegleitung bzw. in Projekten mit innerbetrieblicher Projektstruktur vorgesehen. Es sollte mindestens zweimal befragt werden – anfangs zur Analyse der Ist-Situation und dann zur Bewertung und Überprüfung des Erfolges von im Prozess abgeleiteten Maßnahmen. Mit diesem Instrument lassen sich neben den WAI zusätzliche Kennwerte für die Aspekte »Werte«, »Kompetenz« sowie »Arbeitsbedingungen und Führung« ableiten – analog zum finnischen Arbeitsfähigkeitsmodell. Diese werden zur gezielten Förderung der Arbeitsbewältigung eingesetzt (Tempel/Ilmarinen 2013: 239).

3.5 Radar-Prozess (WAI 2.0 oder Arbeitsfähigkeit 2.0)

Die Radar-Methode – oder auch WAI 2.0 bzw. Arbeitsfähigkeit 2.0 – wurde im Rahmen des finnischen Programms »Good Work – Longer Career« von 2010 bis 2013 entwickelt. (Tempel/Ilmarinen 2013). Sie besteht aus dem »Personen-Radar« und dem »Betriebs-Radar«. Es ist ein Instrument, das Kennzahlen zu allen Aspekten des Arbeitsfähigkeitskonzeptes erhebt (Personen-Radar), und ein Dialogprozess (Betriebs-Radar), der die wichtigsten Handlungsfelder und Maßnahmen priorisiert (vgl. Ilmarinen et al. 2016).

Der validierte »Personen-Radar« (Ilmarinen et al. 2015) umfasst insgesamt 23 geschlossene Fragen, die sich auf die Dimensionen (1) Gesundheit und Leistungsfähigkeit, (2) Kompetenz, Erfahrungen, Lernen, (3) Werte, Einstellungen und Motivation, (4) Arbeit, Arbeitsbedingungen, Arbeitsorganisation und Führung, (5) Familie sowie soziales und regionales Umfeld sowie (6) geschätzte Arbeitsbewältigungsfähigkeit und Work Well-being Index (WWBI) verteilen. Drei offene Fragen, die aus dem Konzept des Anerkennenden Erfahrungsaustausches stammen (Geißler et al. 2007), schließen den Erhebungsbogen ab. Dieser Fragebogen, der von Mitarbeiterinnen und Mitarbeitern ausgefüllt wird, ermöglicht Aussagen über die Einschätzung der Arbeitsbedingungen (Workplace Well-being Index), das aktuelle Wohlbefinden bei der Arbeit (Work Well-being Index) sowie die geschätzte Arbeitsbewältigungsfähigkeit (»Work Ability estimate«). Die Skala der erhobenen Daten reicht – im Gegensatz zum ursprünglichen WAI bei allen Fragen von 0 (»extrem schlecht«) bis 10 (»extrem gut«). Dabei sind Werte von 0 bis 4,99 als »kritisch«, Werte von 5 bis 6,99 als »mäßig«, Werte von 7 bis 8,99 als gut und Werte von 9 bis 10 als »ausgezeichnet« zu bewerten, sodass eine sehr differenzierte Aussage über die Einschätzung der Beschäftigten möglich ist. Die Ergebnisse des Personen-Radars dienen neben weiteren Ergebnissen (z.b. der Gefährdungsbeurteilung, Altersstrukturanalysen, Gesundheitsbericht) als Grundlage für den »Betriebs-Radar«.

Der »Betriebs-Radar« moderiert den Dialog über die Bewertung der Ergebnisse und die daraus abzuleitenden Maßnahmen (Tempel/Ilmarinen 2013: 242). Durchgeführt wird er von einer Steuerungsgruppe, die von externer Seite durch Berater/innen (»Facilitatoren« = Unterstützer) unterstützt wird. Darin sollten unterschiedliche betriebliche Akteurinnen und Akteure, z.B. Arbeitgeber und Arbeitnehmervertretung, Personalentwicklung, Betriebsmediziner, Sicherheitsfachkräfte gleichberechtigt zusammenarbeiten. Auf Grundlage der oben skizzierten Ergebnisse (Personen-Radar mit weiteren Daten) wird ein systematischer Dialog geführt, der auch zum besseren Verständnis der anderen Sichtweisen dient. Ein systematischer Priorisierungsprozess legt zunächst fest, in welchem Stockwerk (Handlungsfeld) des Hauses der Arbeitsfähigkeit begonnen wird, um anschließend die wesentlichen Verbesserungsmaßnahmen nach Wichtigkeit, Dringlichkeit und Machbarkeit zu priorisieren. Nach der Umsetzung und Evaluation des ersten Stockwerks können die weiteren Handlungsfelder entsprechend der Priorisierung angegangen werden. Durch diesen Prozess können sich Betriebe zunächst auf ein Handlungsfeld und auf wenige wesentliche Verbesserungsmaßnahmen konzentrieren. Die Praxis zeigt, dass es Betrieben dadurch besser gelingt, von der Analyse ins tatsächliche »Tun« zu kommen.

4. Instrumente und Methoden, die auf dem Arbeitsfähigkeitskonzept basieren

Es braucht nicht immer eine Maßzahl wie den WAI, um die Arbeitsfähigkeit von Arbeitnehmerinnen und Arbeitnehmern in Unternehmen zur unterstützen und zu fördern, wie die beiden nachfolgenden Ansätze zeigen.

4.1 Anerkennender Erfahrungsaustausch

Der Anerkennende Erfahrungsaustausch ist ein Dialoginstrument für Führungskräfte, das bei der Reflektion der Arbeitsfähigkeit die Anwesenheitszeiten der Mitarbeiterinnen und Mitarbeiter in den Fokus stellt. In erster Linie dreht es sich um die Anerkennung der Leistung der Gesunden und hat somit einen positiven Einfluss auf die gesamte Belegschaft (Geißler et al.: 160). Das Instrument besteht aus drei Elementen: (1) den systematischen, anerkennenden Mitarbeitergesprächen, (2) der strukturierten Auswertung des Erfahrungsaustauschs mit allen gesund(et)en Gesprächspartnern sowie (3) einer festgelegten betrieblichen Kommunikationsstrategie für die Ergebnisse und Maßnahmenableitung.

Das Mitarbeitergespräch findet normalerweise als Vier-Augen-Gespräch zwischen der Mitarbeiterin bzw. dem Mitarbeiter und der Führungskraft statt. Ziel ist, die Person mit ihrer Arbeitsleistung zu würdigen. Ebenfalls sollte deutlich werden, dass die subjektiven Erfahrungen und die Einschätzung der eigenen Arbeitssituation wichtig sind, und dass die Führungskraft sich aufrichtig für diese interessiert. In diesem Gespräch werden die Stärken und Schwachpunkte im Unternehmen und in der Arbeit aus Sicht des Gesprächspartners thematisiert. In einer schriftlichen Gesprächsnotiz – die lediglich bei der Führungskraft und dem Mitarbeiter bzw. der Mitarbeiterin verbleibt – werden Inhalte und Ergebnisse festgehalten. Diese dienen der Erinnerungsstütze für eine strukturierte, anonymisierte und unabhängige Auswertung der genannten Aspekte, um Rückschlüsse auf die Stärken und Schwächen des Unternehmens und die darin gestalteten Arbeitsbedingungen zu ziehen (ebd.: 168). Diese sollte im nächsten Schritt in Form von Maßnahmen-Workshops bearbeitet werden, um konkrete Handlungen daraus ableiten zu können.

4.2 Das Haus der Arbeitsfähigkeit als Basis für die Initiative Neue Qualität der Arbeit (INQA)

Die Initiative Neue Qualität der Arbeit bietet Unternehmen und Beschäftigten Unterstützung und Wissen im Kontext gezielter Veränderungsprozesse der Arbeitskultur zur Wettbewerbssteigerung an. So ist auch das Motto der Initiative »Zukunft sichern – Arbeit gestalten« zu verstehen (vgl. www.Inqa.de). Die zentrale Frage lautet, wie die Arbeitsbedingungen gesund, sicher und motivierend und für Unternehmen und Institutionen auch in Zukunft rentabel gestaltet werden können. INQA wurde 2002 vom Bundesministerium für Arbeit und Soziales ins Leben gerufen.

Zur Systematisierung der Aktivitäten, Hilfestellungen und Unterstützung dienen folgende vier an das Haus der Arbeitsfähigkeit angelehnte personalpolitische Handlungsfelder: (1) Personalführung, (2) Chancengleichheit und Diversity, (3) Gesundheit und (4) Wissen und Kompetenz. Die seitdem entwickelten Angebote beinhalten Instrumente zur Erfassung der Ist-Situation der Unternehmen über Handlungshilfen bis hin zu Beratungs- und Auditierungsprogrammen.

Besonders zu erwähnen sind die Unternehmenschecks und Potenzialanalysen der Offensive Mittelstand. Diese wurden als gemeinsame Praxisstandards entwickelt und von der »Offensive Mittelstand – Gut für Deutschland«, einem eigenen ständigen Netzwerk unter dem Dach der »Initiative Neue Qualität der Arbeit« (INQA), veröffentlicht. Ziel ist es, auch kleine und mittlere Unternehmen zu unterstützen, ihre Potenziale zu überprüfen und auszuschöpfen.

Die mittlerweile sieben Instrumente umfassende Methodenfamilie beinhaltet »Checks« zu den Themen (1) Guter Mittelstand, (2) Personalführung, (3) Gesundheit, (4) Wissen und Kompetenz, (5) GDA-ORGACheck als Standard für die Arbeitsschutzorganisation sowie systematische Potenzialanalysen mit den Themenfeldern (6) Innovation sichert Erfolg sowie (7) Betriebliche Bildung (vgl. www.offensivemittelstand.de/om-praxisstandards/). Sie dienen der Selbstbewertung von Unternehmen zu diesen spezifischen Aspekten nachhaltiger Unternehmensführung. Jeder dieser Praxisstandards ist modular aufgebaut und formuliert Handlungsbedarfe, die in der Reflexion der spezifischen Situation des eigenen Unternehmens ermittelt werden. Auf der Grundlage dieser Handlungsbedarfe werden in einem zweiten Schritt Maßnahmen priorisiert und festgelegt, die im Unternehmen umgesetzt werden sollen. Nach dieser Selbstbewertung kann die Durchführung des Checks somit die damit verbundene systematische und strukturierte Arbeitsweise durch eine Selbsterklärung dokumentiert werden (vgl. INQA-Unternehmenscheck »Guter Mittelstand«: 5).

5. Fazit

Seit den ersten Studien rund um eine Maßzahl, die die subjektive Einschätzung der eigenen Arbeitsfähigkeit erlaubt, hat sich viel getan. Das finnische Arbeitsfähigkeitskonzept hat in vielen Unternehmen im deutschsprachigen Raum Fuß gefasst – und dabei haben alle der hier besprochenen Instrumente ihren Anteil. Sie mögen unterschiedliche Zielgruppen bedienen, den Indexwert als Ganzes oder ausgewählte Skalen verwenden – oder auch »nur« die Philosophie des Arbeitsfähigkeitskonzeptes durch eine systematische Vorgehensweise greifbar machen – gemeinsam ist ihnen die Initiierung eines umfassenden Dialoges um menschen- und gesundheitsgerechte Arbeitsbedingungen und die Ableitung von Maßnahmen, die dieses Ziel konsequent verfolgen. Alle Instrumente sind gut und einfach handhabbar und erzielen nachvollziehbare Ergebnisse. Die Verantwortung für die Umsetzung dieser Maßnahmen und somit für die Förderung der Arbeitsfähigkeit obliegt allen an diesem Prozess Beteiligten – auf Arbeitgeber- wie auf Arbeitnehmerseite.

Auch wenn jedes dieser hier vorgestellten Instrumente unterschiedliche Schwerpunkte setzt, haben sie ein gemeinsames Ziel: die Unterstützung von Unternehmen und Beschäftigten bei der Verbesserung der Arbeits- und Beschäftigungsfähigkeit. Dabei räumen sie den Beschäftigten eine aktive Rolle bzgl. der Gestaltung der eigenen Arbeits- und Lebenssituation ein. Betriebliche Arbeitsbedingungen, in denen Fähigkeiten, Fertigkeiten und Bedarfe in gesunder Relation zu den Anforderungen der Arbeitsaufgabe stehen, werden gemeinsam mit ihnen, nicht über sie hinweg gestaltet. Dieser partizipative Ansatz, der sich durch alle Ansätze der »WAI-Instrumentenfamilie« zieht, ist vor allem für die Nachhaltigkeit der von ihnen angestoßenen Veränderungs- und Verbesserungsprozesse entscheidend. Nur so kann es gelingen, die Förderung der Arbeitsfähigkeit in Unternehmen zu leben.

Literatur

Ebner, M. (2013): WAI & Co. in der Praxis. In: Bundesanstalt für Arbeitsschutz und Arbeitsmedizin (Hrsg.), Why WAI – Der Work Ability Index im Einsatz für Arbeitsfähigkeit und Prävention – Erfahrungsberichte aus der Praxis. Dortmund: Bundesanstalt für Arbeitsschutz und Arbeitsmedizin, S. 131-139.
Geißler, H./Bökenheide, T./Geißler-Gruber, B./Schlünkes, H. (2007): Faktor Anerkennung. Betriebliche Erfahrungen mit wertschätzenden Dialogen. Frankfurt a.M./New York.
Giesert, M./Reuter, T. (2015): Qualifizierung betrieblicher AkteurInnen – Kooperation und Handlungskompetenz. In: J. Prümper/T. Reuter/A. Sporbert (Hrsg.), BEM-Netz – Betriebliches Eingliederungsmanagement erfolgreich umsetzen. Berlin: HTW, S. 63-68.
Gruber, B./Frevel, A. (2012): Arbeitsbewältigungs-Coaching – Der Leitfaden zur Anwendung im Betrieb, 2. Auflage. Bundesanstalt für Arbeitsschutz und Arbeitsmedizin, Dortmund.
Hasselhorn, H.M./Freude, G. (2007): Der Work Ability Index. Ein Leitfaden (Schriftenreihe der Bundesanstalt für Arbeitsschutz und Arbeitsmedizin

Sonderschrift, Bd. 87). Bremerhaven: Wirtschaftsverlag NW Verlag für neue Wissenschaft.
Ilmarinen, J. (2009): Work ability – a comprehensive concept for occupational health research and prevention. Scandinavian journal of work, environment & health, 35 (1), S. 1-5.
Ilmarinen, J./Frevel, A./Tempel, J. (2016): Arbeitsfähigkeit 2.0: Der »Radar-Prozess« zur Erhaltung und Förderung der Arbeitsfähigkeit und des Arbeits-Wohlbefindens. In: F. Knieps/H. Pfaff (Hrsg.), Gesundheit und Arbeit. Zahlen, Daten, Fakten. BKK Gesundheitsreport 2016. Berlin: MWV (Medizinisch Wissenschaftliche Verlagsgesellschaft).
Ilmarinen, J./Tempel, J. (2002): Arbeitsfähigkeit 2010 – was können wir tun, damit Sie gesund bleiben? Hamburg: VSA.
Ilmarinen, V./Ilmarinen, J./Huuhtanen, P./Louhevaara, V./Näsman, O. (2015): Examining the factorial structure, measurement invariance and convergent and discriminant validity of a novel self-report measure of work ability: work ability – personal radar. Ergonomics 2015; 58(8): S. 1445-1460.
INQA-Unternehmenscheck »Guter Mittelstand« [URL: https://www.offensive-mittelstand.de/om-praxisstandards/, abgerufen am 12.1.2017].
Kloimüller, I./Klausz, G./Czeskleba, R. (o.J.): Das Haus der Arbeitsfähigkeit bauen – eine Bauanleitung, um Arbeitsfähigkeit zu erhalten und zu fördern [URL: http://www.abiplus.net/start/wp-content/uploads/2012/11/HdA_Bauanleitung_A4_end.pdf, abgerufen am 16.12.2016].
Liebrich, A./Reuter, T. (2012): Neue Wege im Betrieblichen Eingliederungsmanagement. In: R. Bruder/M. von Hauff (Hrsg.), Arbeit im Wandel. Aufgaben der Arbeitswissenschaft im 21. Jahrhundert. Stuttgart: Ergonomia Verlag, S. 231-252.
Liebrich, A./Giesert, M./Reuter, T. (2015): Das Arbeitsfähigkeitscoaching. In: J. Prümper/T. Reuter/A. Sporbert (Hrsg.), BEM-Netz – Betriebliches Eingliederungsmanagement erfolgreich umsetzen. Berlin: HTW, S. 73-78.
Reuter, T./Liebrich, A./Giesert, M. (2016): Das Handlungsfeld Betriebliches Eingliederungsmanagement im Betrieblichen Gesundheitsmanagement – Erfahrungen und Ergebnisse aus Forschung und Praxis. In: M. Pfannstiel/H. Mehlich (Hrsg.), Betriebliches Gesundheitsmanagement. Konzepte, Maßnahmen, Evaluation. Wiesbaden: Springer, S. 267-280.
Tempel, J./Ilmarinen, J. (2013): Arbeitsleben 2025 – Das Haus der Arbeitsfähigkeit im Unternehmen bauen. Hamburg: VSA.
Tuomi, K. (1998): Work ability index. In: Occupational health care, Bd. 19, 2. überarb. Aufl., Helsinki: Finnish Institute of Occupational Health.
WAI-Netzwerk am Institut für Sicherheitstechnik Bergische Universität Wuppertal (2015): WAI-Manual. Anwendung des Work Ability Index [URL: http://www.arbeitsfaehig.com/de/wai-manual-347.html, abgerufen am 12.1.2017].

Alexander Frevel/Juhani Ilmarinen/Jürgen Tempel/ Kerstin Thönnessen
Arbeitsfähigkeit 2.0: Der »Radar-Prozess« zur Erhaltung und Förderung der Arbeitsfähigkeit und des Arbeits-Wohlbefindens[1]

Im Arbeitsleben ist Arbeitsfähigkeit das wichtigste Kapital der Menschen

Arbeitsfähigkeit (Work Ability) ist keine Eigenschaft der Beschäftigten, sondern bedeutet den Grad der Passung und die Stabilität der Balance zwischen den personenbezogenen Aspekten Gesundheit, Kompetenz und persönliche Werte einerseits und den Arbeitsanforderungen und -bedingungen andererseits. Arbeitsfähigkeit ist nicht per se stabil, sondern verändert sich im Lebensverlauf. Die individuellen und organisatorischen Einflussgrößen sind vielfältig. Die im Folgenden genannten Stichworte verdeutlichen die Bandbreite.

Individuelle Einflussgrößen
- Zuwachs an Erfahrung, Wissen, Können, Sozialkompetenz, Methodenkompetenz
- biologisches Altern – nachlassende Kraft, Beweglichkeit, Sinneswahrnehmungen
- Lebensstil
- Gesundheitszustand
- Lernanregungen
- …

---

[1] Dieser Artikel ist die überarbeitete und erweiterte Fassung des Beitrags von Ilmarinen et al. im BKK-Gesundheitsreport 2016 (s. Knieps/Pfaff 2016: 222-228).

Organisatorische Einflussgrößen
- globaler Wettbewerb, neue Produkte und Dienstleistungen
- Technologische und technische Veränderungen, Digitalisierung der Produkte und Prozesse
- Veränderungen in der Aufbau-/Ablauforganisation
- Gestaltung der Arbeitszeit
- Wertschätzende Führung
- ...

Person und Organisation[2] können die Arbeitsfähigkeit aktiv beeinflussen – und sollten dies möglichst systematisch tun, um die menschlichen Ressourcen zu stärken und die Arbeit förderlich zu gestalten. Die Vielseitigkeit möglicher Maßnahmen zur Förderung der Arbeitsfähigkeit ist umfangreich erforscht (als Überblick siehe Tempel/Ilmarinen 2013). Pro-aktive Ansätze sind erfolgreicher als reaktive, ganzheitliche haben größere Wirkungen als Einzellösungen, alterns- und geschlechtersensible Maßnahmen, die verschiedene Lebensphasen beachten, sind sinnvoller als eine verkürzende Sichtweise von Gleichartigkeit (Wallin/Hussi 2011). Erforderlich ist eine gute Zusammenarbeit zwischen verschiedenen Akteurinnen und Akteuren im Betrieb.

Neue Herausforderungen

Die Globalisierung, neue Technologien, Digitalisierung und der demografische Wandel bedeuten große Herausforderungen für Betriebe und für Beschäftigte. Insgesamt wird sich das Arbeitsleben in den nächsten Jahrzehnten drastisch ändern. Viele Tätigkeiten von heute werden verschwinden, neue Aufgaben werden entstehen. Die älteren Beschäftigten sollten dabei ebenso gute Chancen für Entwicklungsmöglichkeiten haben wie die jüngeren. Lebenslanges Lernen bietet Chancen für neue Tätigkeiten (INQA 2016) und für altersgerechte Berufsverläufe (s. Frevel/Geißler in diesem Band).

Globalisierung bedeutet auf dem Arbeitsmarkt in allen Branchen einen wachsenden Rationalisierungsdruck. Die Folgen sind nicht unbekannt: Belegschaftsabbau, Fusionierung und Outsourcing heißen die

---

[2] Mit »Organisation« werden hier als Allgemeinbegriff Unternehmen, Betriebe, Verwaltungen und weitere Institutionen benannt, die eine »rechtliche Einheit« bilden.

häufig gewählten Strategien. Für die Beschäftigten haben diese Entwicklungen beträchtliche Auswirkungen wie zum Beispiel steigende Arbeitsintensität, Arbeitsplatzverlust, Entgelteinbußen. Deshalb steigen oft die Unsicherheit und Unzufriedenheit der Beschäftigten. Ihre Werte und Einstellungen wie auch Engagement und Motivation werden durch solche Veränderungen infrage gestellt und in der Folge instabil.

Ein länger andauerndes Ungleichgewicht zwischen menschlichen Ressourcen und Arbeitsanforderungen kann einen negativen Einfluss auf die Gesundheit der Beschäftigten haben. Fehlzeiten und Arbeitsunfähigkeitsraten können steigen; die Produktivität des Betriebes und die Qualität der Arbeit werden darunter leiden.

Entwicklung des Konzepts »Arbeitsfähigkeit 2.0«

Die Entwicklungen am FIOH (Finnish Institute of Occupational Health) seit den 1980er-Jahren und die internationale Verbreitung des Konzepts der Arbeitsfähigkeit waren zunächst geprägt vom Instrument »Work Ability Index« (WAI) (Tuomi et al. 1998). Zunehmend wurde das Konzept weiterentwickelt – von einem Messinstrument für individuelle Beanspruchung und persönliche Ressourcen hin zu einer Ausgangslage für Beratungen zur individuellen und organisatorischen Förderung der Arbeitsbewältigungsfähigkeit. Als Beispiel aus Deutschland sei das Arbeitsbewältigungs-Coaching® (Gruber/Frevel 2012; siehe auch den Beitrag von Gruber/Kühl in diesem Band) genannt.

Vor einigen Jahren wurde in Finnland eine grundsätzliche Weiterentwicklung aufgrund der internationalen Erfahrungen begonnen. In gut hundert Projekten in der finnischen Technologieindustrie wurde ein überarbeitetes Konzept der Arbeitsfähigkeit erprobt, geprüft und umgesetzt. Das Konzept wurde modernisiert: »Arbeitsfähigkeit 2.0«. Das modernisierte Modell »Haus der Arbeitsfähigkeit« (Abbildung 1) zeigt, dass eine nachhaltige Balance zwischen den menschlichen Ressourcen und den Arbeitsanforderungen erforderlich ist. Dies bedingt zielgerichtete Maßnahmen und deren Umsetzung in allen Dimensionen der Arbeitsfähigkeit.

Arbeitsfähigkeit 2.0: Der »Radar-Prozess«

Abbildung 1: Das modernisierte Haus der Arbeitsfähigkeit

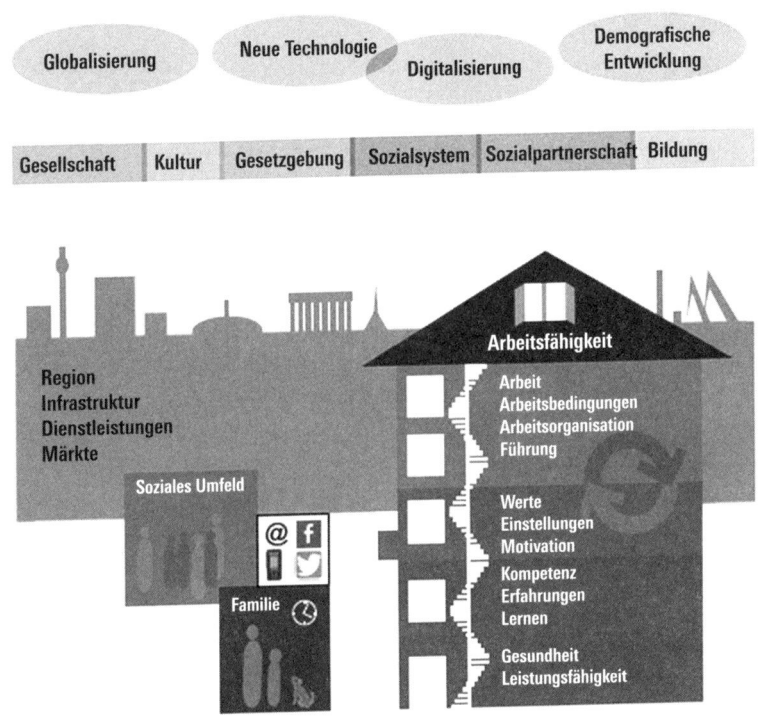

© Juhani/Ilmarinen 2016/Graphic design Milja Ahola

Konzept »Arbeitsfähigkeit 2.0«

Arbeitsfähigkeit ist abhängig von den Einflussgrößen Gesundheit, Kompetenz, Werte, Arbeitsgestaltung und Führung sowie – quasi als 5. Stockwerk – Familie und persönliche Netzwerke sowie Lebensgewohnheiten inklusive Hobbys.

Es ist schwierig, alle Dimensionen der Arbeitsfähigkeit gleichzeitig zu beeinflussen. Die Betriebe und Beschäftigten haben selten genug zeitliche und menschliche Ressourcen für eine ganzheitliche und gleichzeitige Umsetzung. Deshalb ist in der Organisation festzulegen, was das Wichtigste und das Nötigste ist, was getan werden soll. An dieser Verständigung sollten die unterschiedlichen Auffassungen und Interessenlagen von Beschäftigten, Führungskräften, betrieblichen Interessenvertretungen und weiteren Expertinnen und Experten wie z.B. Präventiv- und Sicherheitsfachkräfte beteiligt sein. Ein gemeinsamer Entscheidungsprozess von allen wichtigen Akteurinnen und Akteuren ist wünschenswert. Dafür braucht man einen guten Dialog zwischen den beteiligten Personen.

Arbeitsfähigkeit 2.0 hat dafür zwei neue Methoden entwickelt: das Personen-Radar und das Betriebs-Radar. Personen-Radar ist die Erhebung mit einem Befragungsinstrument, das alle Stockwerke des Hauses der Arbeitsfähigkeit be(rück)sichtigt und evaluiert. Das Betriebs-Radar ist ein Dialoginstrument für die Priorisierung der wichtigsten Handlungsfelder und Maßnahmen. Die Methoden sollen kombiniert benutzt werden, um eine bestmögliche Wirkung zu garantieren.

Personen-Radar

Die Fragen im Personen-Radar beziehen sich auf die verschiedenen Stockwerke des Hauses der Arbeitsfähigkeit und die Rahmenbedingungen wie Familie und Umfeld. Wie im WAI ist die Anzahl der Fragen gering gehalten (zwei bis fünf Fragen pro Stockwerk). Insgesamt hat das Instrument 23 geschlossene Fragen. Die Ergebnisse lassen sich in drei Indexwerten ausdrücken:

- Einschätzung zu den Arbeitsbedingungen (Workplace Well-being Index; Fragen 1-17)
- Einschätzung zur Arbeitsfähigkeit (Work Ability Estimate; 18-23)
- Einschätzung zum Arbeits-Wohlbefinden (Work Well-being Index; 1-23).

Die Fragen sind von 0 (null = extrem schlecht) bis 10 (extrem gut) Punkten skaliert. Die Kategorisierung in den Mittelwerten lautet: 0-4,99 Punkte »kritisch«, 5,00-6,99 »mäßig«, 7,00-8,99 »gut« und 9,00-10 Punkte »ausgezeichnet«.

- Ein Mittelwert von 7,0 Punkten ist als Grenze zwischen Stärken und Schwächen in der Stabilität des Hauses der Arbeitsfähigkeit gewählt worden.

Drei offene Fragen, die aus dem Konzept des Anerkennenden Erfahrungsaustausches stammen (Geißler et al. 2007), schließen den Erhebungsbogen ab:

- Was gefällt Ihnen am besten bei Ihrer Arbeit?
- Was stört Sie am meisten?
- Bitte stellen Sie sich jetzt vor, dass plötzlich eine Fee vor Ihnen steht und sagt: »Du hast einen Wunsch an das Unternehmen frei! Ent-

scheide spontan, was du dir wünschst, um deine Arbeit gut ausführen zu können, und schreibe das hier auf.«
Das Instrument »Personen-Radar« ist wissenschaftlich überprüft (validiert) worden (Ilmarinen et al. 2015).

Betriebs-Radar

Das Betriebs-Radar ist ein Dialog- und gemeinsamer Entscheidungsprozess durch Beschäftigte des Betriebes. Sie bilden eine Projekt- oder Steuerungsgruppe. Die Ergebnisse der Ist-Analyse im Personen-Radar werden nach arbeitswissenschaftlichen Grundlagen ausgewertet, der Steuerungsgruppe vorgestellt und fachlich erläutert. Weitere Grundlagen für die Bewertung der Ausgangssituation sind betriebliche Kenndaten (z.b. Gefährdungsbeurteilung, Gesundheits-/Anwesenheitsquote, Altersstruktur etc.). Jede beteiligte Person bringt zudem die eigenen Erfahrungen und Kenntnisse in den Dialog ein.

Die Teilnehmenden der Steuerungsgruppe beurteilen die Ergebnisse aus ihrer persönlichen fachlichen Sicht. Durch das gemeinsame Verstehen der Ergebnisse entwickelt sich im Dialog auch ein Verstehen des Verstehens der Anderen. Die Verständigung über mögliche Maßnahmen zur Verbesserung des Arbeitswohlbefindens durch Gestaltung der Bedingungen geschieht durch systematisches Priorisieren: Die Steuerungsgruppe legt fest, in welchem Stockwerk und dort in welchem Handlungsfeld begonnen werden soll, welche Ziele vereinbart werden sowie welche Maßnahmen – bewertet nach Wichtigkeit, Dringlichkeit und Machbarkeit – zur Umsetzung gelangen sollen.

Mithilfe des Dialoges wird eine gemeinsame Entscheidung der Projektgruppe getroffen. Der Beratungsprozess ist klar strukturiert:
1. Zuerst werden die Stockwerke nach dem Handlungsbedarf priorisiert.
2. Beginnend mit dem wichtigsten Stockwerk werden entlang der Ergebnisse aus dem Personen-Radar und weiteren betrieblichen Daten Handlungsfelder identifiziert und priorisiert.
3. Die dritte Phase dient der Erarbeitung und Priorisierung von Maßnahmen im wichtigsten Handlungsfeld.
4. Der Prozess schließt mit einem vorläufigen Plan[3] mit konkreten und messbaren Zielen der gewählten Maßnahmen und Beschreibungen

---
[3] Selbstverständlich bedarf die endgültige Entscheidung über die Maßnahmen der formalen Zustimmung der Leitung (Geschäftsführung, Vorstand, ggf.

der notwendigen Aufgaben bzw. des weiteren Verfahrens zu deren Umsetzung.

x. ... Auf diese Art werden alle relevanten Themen zur Förderung der Arbeitsfähigkeit und des Arbeits-Wohlbefindens systematisch bearbeitet.

Die Steuerungsgruppe braucht normalerweise zwei Tage für den Einstieg in den Dialogprozess bis zur Verständigung über die ersten Maßnahmen. Die weiteren Dialoge können eigenständig durchgeführt werden – allerdings ist manchmal eine externe Unterstützung hilfreich.

Dialog in der Steuerungsgruppe

Betriebliche Steuerungsgruppen sollten nicht zu groß sein, um im Dialog alle Beteiligten ausreichend wahrnehmen zu können und zu Wort und Gehör kommen zu lassen. Die Besetzung soll zugleich auch so geschehen, dass unterschiedliche und alle relevanten Gruppen vertreten sind:
- Beschäftigte verschiedener Qualifikationen und Tätigkeiten aus allen Abteilungen,
- betriebliche Interessenvertretung (Betriebs-/Personalrat oder Beschäftigtenvertretung sowie Schwerbehindertenvertretung)
- Führungskräfte einschließlich Geschäftsführung/Vorstand
- betriebliche Expertinnen und Experten/Beauftragte (Betriebsärztlicher Dienst, Betriebliches Gesundheitsmanagement, Ergonomie, Personalwesen ...).

Eine Größe von ca. 16 Personen ist nicht unüblich. Die Steuerungsgruppe stützt sich auf das Modell vom »Haus der Arbeitsfähigkeit« und organisiert gemeinsam Maßnahmen zur Stabilisierung oder Verbesserung der Arbeitsbewältigung. Sie hat ein Mandat für die Aufstellung eines (vorläufigen) Maßnahmenplanes und begleitet/betreut – so weit möglich – dessen Umsetzung. Die Umsetzung und Durchführung der Maßnahmen erfordert den üblichen Entscheidungs- und Mitbestimmungsweg, kann aber aufgrund des bestehenden Konsenses in der Regel ziemlich schnell realisiert werden.

Externe Beraterinnen und Berater (Facilitatoren = Unterstützer) moderieren den Dialog im Betriebs-Radar; sie unterstützen bei der Prio-

---

Aufsichtsrat) und der betrieblichen Interessenvertretung.

Arbeitsfähigkeit 2.0: Der »Radar-Prozess«

risierung und der Entwicklung von Maßnahmen. Sie begleiten die Organisation so lange, bis diese selbständig weiterarbeiten kann und will.

Die Steuerungsgruppe arbeitet mit Mitteln des Dialogs (Bohm 2002; Isaacs 2002). Ein Dialog ist der offene Austausch von Gedanken und Ideen. Dialog bedeutet eine gleichberechtigte Beteiligung in einem Prozess des Nachdenkens und des miteinander Vertrautwerdens in Bezug auf anstehende Fragen und Aufgaben. Im »freien Sinnfluss« werden die Wahrnehmungen der Situation zusammengeführt. Es wird ein »großes Bild« entworfen, zu dem jede/jeder einen Teil des Bildes beitragen kann, selbst wenn es unvollständig ist oder unbedeutend erscheinen mag. Im gelingenden Dialog entwickeln sich ein gemeinsames Verständnis der Situation und ein Einvernehmen über erforderliche und mögliche Lösungen.

Im Unterschied zur Diskussion (im Wortsinn des lateinischen discutere – zerteilen, zerlegen), in dem jede/r Argumente »ins Feld« führt, um zu gewinnen, führt der Dialog weiter. Hier ist es möglich, Unterschiede zuzulassen und als Gewinn für die eigene Meinungsbildung zu betrachten. Im Dialog wird das Gespräch auch in schwierigen Situationen fortgesetzt.

Die Gruppe wird erfahrungsgemäß ein hohes Maß an Verschiedenartigkeit abbilden: Menschen mit unterschiedlicher Herkunft, Erfahrungen, Wissen, Können, Haltungen, Einstellungen, Verhaltensweisen, Motiven, Talenten, Freunden, Netzwerken …, Macher und Denker, Strategen und Taktiker, Extrovertierte und Introvertierte. Jede und jeder ist einzigartig. Jedes Individuum ist es wert, gesehen, gehört und beachtet zu werden.

Die Summe der Gedanken und Gefühle, Hinweise und Bedenken, Vorschläge und Verwerfungen, Einigungen und Diskrepanzen sind das Außergewöhnliche dieser Gruppe. Sie wird etwas Besonderes schaffen können, wenn sie den Dialog nutzt, um wirklich gute Entwicklungen im Unternehmen auf den Weg zu bringen.

Alle Beteiligten betreten ein Feld, das ihnen vermeintlich vertraut ist und das zugleich nicht jeder und jedem vollständig bekannt ist. Jede Person hat eine individuelle Wahrnehmung der betrieblichen Situation. Aufgrund eigener Erfahrungen und Deutungsmuster wird üblicherweise die Realität gefiltert und damit subjektiv fragmentiert. Die Gruppe kann im Dialog diese Deutungen anreichern und zu einem gemeinsamen, neuen Ganzen fügen, wenn die Personen bereit sind, zuzuhören und die eigenen Annahmen (zumindest vorläufig) zu suspendieren bzw. zu hinterfragen.

Im Dialog werden gegebenenfalls die bekannten Pfade der Wahrnehmung und Entscheidung verlassen. Die Teilnehmenden erkunden das ganze Feld förderlicher Arbeitsbedingungen, indem sie sich gegenseitig auf besonders Interessantes, Schönes, Gutes hinweisen – oder auf Hindernisse, Stolperstellen, Gefahrenpunkte. Niemand hat einen vollständigen Überblick, aber gemeinsam können sie ein größeres, breiteres, tieferes Verständnis erlangen.

Vieles wird von dem abhängen, was die Gruppe schließlich entscheidet, aber noch wichtiger wird es sein, dass die Belegschaft von dem ernsthaften Willen überzeugt wird, Veränderungen umzusetzen. Die Güte und Intensität der Umsetzung wird entscheiden, ob das Vertrauen der Beschäftigten vertieft oder manchmal auch wieder gewonnen werden kann. Insofern sind die wichtigsten *Bedingungen für einen gelingenden Dialog* zu bedenken und zu beherzigen:

- Neugierig sein = offen sein für die Erkundung der Deutung/Wahrnehmung der Anderen.
- Zuhören = mit Kopf und Herz die Wahrnehmungen und Aussagen der anderen in Respekt würdigen.
- Suspendieren = die eigenen (Vor-)Annahmen und »Gewissheiten« hinterfragen, die eigene Reaktion erkunden, bescheiden sein, »leer sein« für den Dialog.
- Artikulieren = ohne Befürchtung sagen, was man wirklich denkt.

Die grundlegenden *Prinzipien des Dialogs* lauten:

- Alle Teilnehmenden sind gleichberechtigt; hierarchische Autorität hat keinen Vorrang.
- Der Dialog lebt vom freien Fluss der Meinungen zwischen den beteiligten Personen. Es ist wichtig, dass sich alle beteiligen.
- Es gibt nur ethische/moralische Grenzen, aber keine inhaltlichen Tabus.
- Die Ziele sind eine bewusste Übereinkunft und ein gemeinsames Handeln.

Arbeitsfähigkeit 2.0: Der »Radar-Prozess« 81

Ergebnisse eines Radar-Prozesses[4]

In einem Montagebereich einer Stückgutproduktion in Deutschland wurde 2013 ein Radar-Prozess durchgeführt, der mit einer erneuten Erhebung (Personen-Radar) im Jahr 2015 evaluiert wurde.

Die Ergebnisse des Personen-Radars 2013 zeigten in den Einschätzungen zur Arbeitsfähigkeit sowohl Stärken als auch Schwächen. Die Merkmale, die besonders große Handlungsbedarfe zeigten (Mittelwerte unter 7,0 Punkten), wurden in den Stockwerken 4 (Arbeit) und 3 (Werte, Einstellungen, Motivation) gefunden. Andererseits gab es auch ausgeprägte Stärken wie z.B. Fachkompetenz, Engagement und Arbeitsmotivation. Insgesamt zeigte der Ist-Zustand des Hauses der Arbeitsfähigkeit mehr Schwächen als Stärken. Ein Förderungsprojekt zur Stabilisierung des Hauses der Arbeitsfähigkeit war sehr nötig.

Das Unternehmen hat durch organisatorische und Arbeit gestaltende Maßnahmen (u.a. Anpassungen in der Schichtarbeit) sowie durch höhere Achtsamkeit in der Personalführung offensichtlich viel bewegt und bewirkt.

Abbildung 2: Veränderungen der Arbeitsfähigkeit nach Stockwerken und Indexwerten (2013-2015)

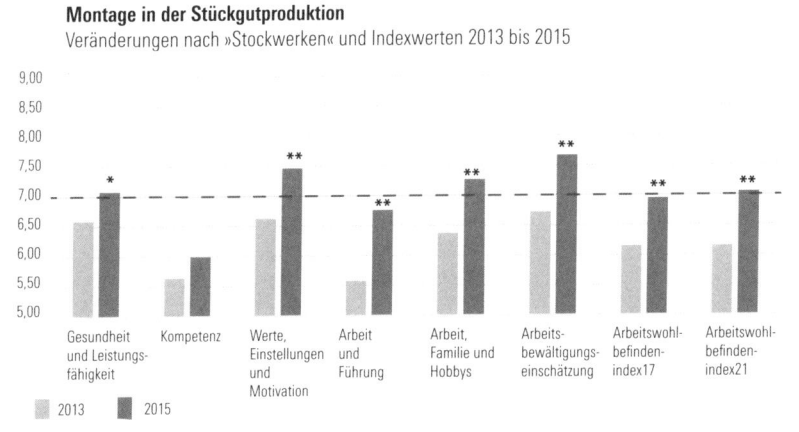

Montage in der Stückgutproduktion
Veränderungen nach »Stockwerken« und Indexwerten 2013 bis 2015

Die Unterschiede in den Mittelwerten sind statistisch bedeutsam* (signifikant) oder hoch bedeutsam** (hoch signifikant).

---

[4] Das Unternehmen hat der Verwendung der Daten zugestimmt.

In der Wiederholungsuntersuchung 2015 konnten in nahezu allen Aspekten Verbesserungen verzeichnet werden. Abbildung 2 zeigt die Veränderungen nach Stockwerken und Indexwerten im Vergleich von 2013 und 2015. Statistisch signifikante Fortschritte zeigten sich besonders im dritten und vierten Stockwerk sowie bei Familie und Umfeld. Die Steigerungen in den drei Indexwerten bedeuten, dass das Haus der Arbeitsfähigkeit deutlich stabiler geworden ist.

Auch die Ergebnisse nach Altersgruppen waren durchweg positiv. Der Work Well-being Index (Fragen 1-23) war in allen Altersgruppen verbessert und hat in allen Stockwerken mindestens den Grenzwert von 7,0 Punkten erreicht. Auch die Einschätzung zur Arbeitsfähigkeit zeigte eine signifikante Verbesserung (p = .55) in allen Altersgruppen (s. Abbildung 3).

Ein interessantes Ergebnis zeigte die Frage »Sind Sie in der Lage, Ihre derzeitige Arbeit bis zur Rente auszuführen?« Die Einschätzungen der Mitarbeiter hatten sich deutlich verbessert. War noch im Jahr 2013 fast die Hälfte der Beschäftigten sehr kritisch, zeigte sich im Jahr 2015 bei mehr als der Hälfte der Befragten eher eine positive Einschätzung (s. Abbildung 4).

Abbildung 3: Einschätzung zur Arbeitsbewältigung (Fragen 18-23) nach Altersgruppen (2013-2015)

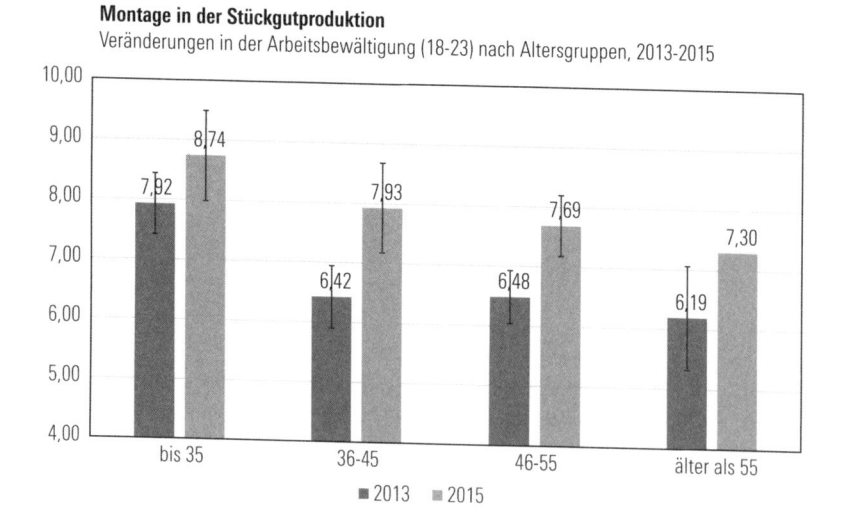

Montage in der Stückgutproduktion
Veränderungen in der Arbeitsbewältigung (18-23) nach Altersgruppen, 2013-2015

Altersgruppe	2013	2015
bis 35	7,92	8,74
36-45	6,42	7,93
46-55	6,48	7,69
älter als 55	6,19	7,30

Arbeitsfähigkeit 2.0: Der »Radar-Prozess«

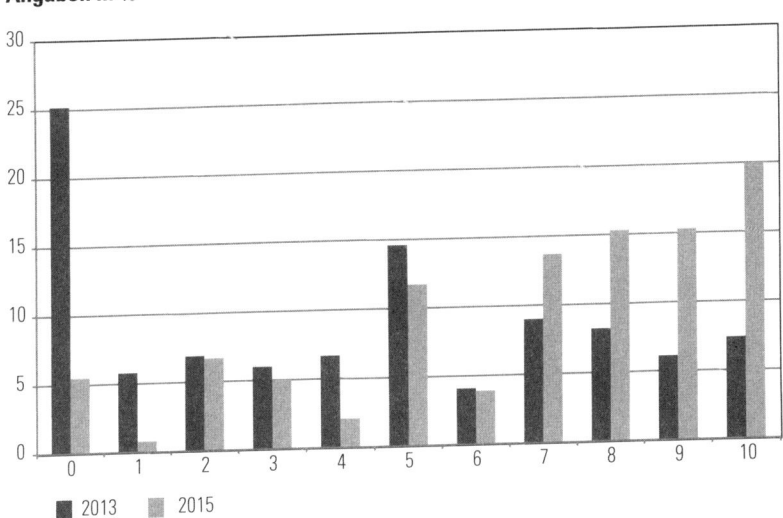

Abbildung 4: Frage »Arbeiten bis zur Rente«, Veränderungen 2013-2015, Angaben in %

■ 2013 ■ 2015

Zusammengefasst sind die Änderungen in Abbildung 5 dargestellt. Die Fragen sind nach Stockwerken angeordnet, so dass die Veränderungen in jedem Item betrachtet werden können.

- Im Jahr 2013 zeigten die Ergebnisse der Beschäftigten in der Stückgutproduktion sechs Stärken und 17 Schwächen.
- Zwei Jahre später war die Verteilung deutlich anders: 13 Stärken und zehn Schwächen.
- Und: Viele von den noch vorhandenen Schwächen zeigten schon eine signifikante Verbesserung gegenüber 2013, auch wenn das Niveau noch unter 7,0 Punkten lag.

Das Beispiel aus der Stückgutproduktion zeigt, dass das Haus der Arbeitsfähigkeit signifikant stabiler geworden ist, dass alle Altersgruppen durch die getroffenen Maßnahmen profitiert haben und dass insgesamt die vom Steuerkreis initiierten und im Betrieb umgesetzten Maßnahmen erfolgreich und wirksam waren. Inzwischen läuft die Anwendung der Radar-Methode in einem weiteren Produktionsbereich in eigener Regie des Betriebes.

Abbildung 5: Zusammenstellung der Fragen von 2013 und 2015 nach der Höhe der Mittelwerte (Rangfolge) aus der Gesamtstichprobe, Zuordnung zu den Stockwerken im Haus der Arbeitsfähigkeit

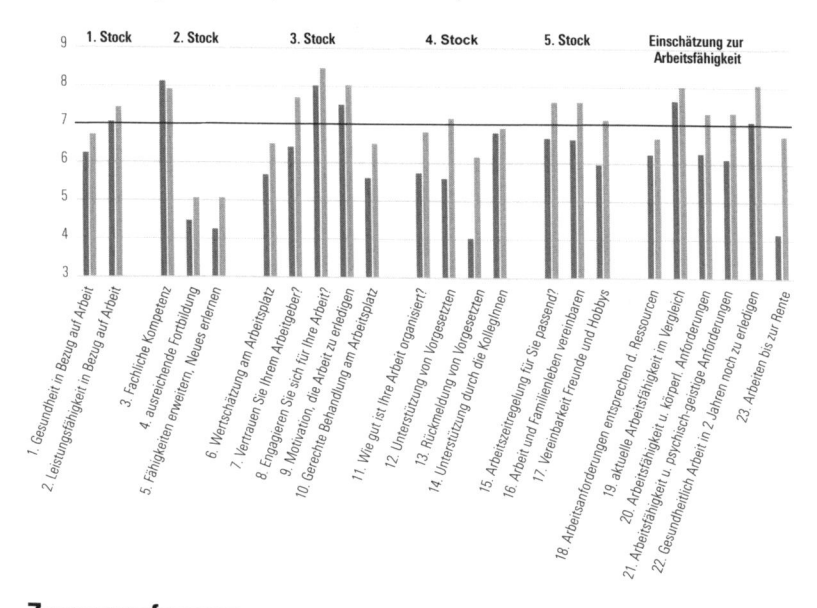

Veränderungen 2013-2015 (Mittelwerte für alle Items)

Zusammenfassung

»Arbeitsfähigkeit 2.0« mit den Methoden Personen-Radar und Betriebs-Radar bietet neue und wirksame Möglichkeiten zur Erhaltung und Förderung der Arbeitsfähigkeit und des Arbeitswohlbefindens (Work well-being). Im Radar-Prozess spielt die repräsentative Steuerungs-/Projektgruppe eine wichtige Rolle: Sie priorisiert die wichtigsten Handlungsfelder und Maßnahmen mithilfe des Dialogs. Sowohl die Ansichten der Beschäftigten aufgrund der Ergebnisse des Personen-Radars als auch das Erfahrungswissen der Beteiligten werden im Prozess berücksichtigt. Die externe Prozessbegleitung hilft beim Einstieg in den betrieblichen Dialog. Die Wirksamkeit der Maßnahmen kann überprüft werden.

In Deutschland laufen aktuell vier betriebliche Projekte. Die Anwendung der Radar-Methode wird in einer zweitägigen Qualifizierungsmaßnahme vermittelt.

Literatur

Bohm, David (2002): Der Dialog. Das offene Gespräch am Ende der Diskussionen. 3. Aufl., Stuttgart.

Geißler, Heinrich/Bökenheide, Torsten/Geißler-Gruber, Brigitta/Schlünkes, Holger (2007): Faktor Anerkennung. Betriebliche Erfahrungen mit wertschätzenden Dialogen. Frankfurt a.M./New York.

Gruber, Brigitta/Frevel, Alexander (2012): Arbeitsbewältigungs-Coaching®. Der Leitfaden zur Anwendung im Betrieb. Herausgegeben von der Initiative Neue Qualität der Arbeit (INQA). Bericht Nr. 38. 2., überarb. Auflage. Dortmund.

Ilmarinen, Ville/Ilmarinen, Juhani/Huuhtanen, Pekka/Louhevaara, Veikko/Näsman, Ove (2015): Examining the factorial structure, measurement invariance and convergent and discriminant validity of a novel self-report measure of work ability: work ability – personal radar. Ergonomics 2015; 58(8): 1445-1460.

INQA – Initiative Neue Qualität der Arbeit (Hrsg.) (2016): Kompetenz gewinnt. Wie wir Arbeits-, Wettbewerbs- und Veränderungsfähigkeit fördern können. Drittes Memorandum. Berlin.

Isaacs, William (2002): Dialog als Kunst gemeinsam zu denken. Köln.

Knieps, Franz/Pfaff, Holger (Hrsg.) (2016): Gesundheit und Arbeit. BKK-Gesundheitsreport 2016, Berlin.

Tempel, Jürgen/Ilmarinen, Juhani (2013): Arbeitsleben 2025. Das Haus der Arbeitsfähigkeit im Unternehmen bauen. Hamburg.

Tuomi, Kaija/Ilmarinen, Juhani/Jahkola, Antti/Katajarinne, Lea/Tulkki Arto (1998): Work Ability Index. 2., überb. Aufl., hrsg. vom Finnish Institute of Occupational Health. Helsinki.

Wallin, Marjo/Hussi, Tomi (2011): Best practices in Age management – evaluation of organisation cases. Final Report of the Finnish Institute of Occupational Health (FIOH). Helsinki.

Arbeitsfähigkeit 2.0 – Was macht das »neue« Instrument so besonders?
Interview mit Juhani Ilmarinen, geführt von Tobias Reuter

»Arbeitsfähigkeit 2.0« mit den Methoden *Personen-Radar* und *Betriebs-Radar* ist ein »neues« Instrument zur Erhaltung und Förderung der Arbeits- und Beschäftigungsfähigkeit sowie des Arbeitswohlbefindens (Work well-being) im Betrieb. Im Interview erläutert Prof. Dr. Juhani Ilmarinen (JIC, Vantaa, Finnland) welche Chancen der »neue« Ansatz »Arbeitsfähigkeit 2.0« den Betrieben bietet.

Sehr geehrter Herr Ilmarinen, seit den 1980er Jahren hat sich das Arbeitsfähigkeitskonzept international verbreitet. Vor allem das Instrument »Work Ability Index« (WAI) (auch »Arbeitsbewältigungsindex«, ABI, genannt) wird damit in Verbindung gebracht. Viele Betriebe, Beraterinnen und Berater und die Wissenschaft arbeiten mit dem WAI. Warum benötigen wir ein »neues« Instrument bzw. was war der Anlass?

Juhani Ilmarinen: Die Betriebe haben ein praxisnahes und schlankes Instrument zur Förderung der Arbeits- und Beschäftigungsfähigkeit sowie des Arbeitswohlbefindens gefordert, was sie in die Lage bringt, gezielt und priorisiert Verbesserungsmaßnahmen umzusetzen. Arbeitsfähigkeit und Arbeitswohlbefinden sind von vielen Faktoren abhängig. Jedoch überfordert es die Betriebe, wenn an zu vielen »Baustellen« gleichzeitig gearbeitet wird. Der neue Ansatz »Arbeitsfähigkeit 2.0« mit dem Personen-Radar und dem Betriebs-Radar greift dies auf und hilft Handlungsfelder und Maßnahmen im Dialog zu priorisieren.

Sie sprechen den Personen-Radar und Betriebs-Radar an. Wie unterscheiden sich diese vom Work Ability Index WAI?

Der Personen-Radar ist ebenso wie der WAI ein Fragebogen. Er ist absichtlich kurz gehalten und auf nur wenige Fragen beschränkt. Neu ist, dass alle Stockwerke des Hauses der Arbeitsfähigkeit sowie das

Arbeitsfähigkeit 2.0 – Was macht das »neue« Instrument so besonders?

Umfeld mit je zwei bis fünf Fragen abgefragt werden. Es werden Arbeitsbedingungen, die Arbeitsfähigkeit und das Arbeitswohlbefinden erhoben. Der Betriebs-Radar ist ein Dialog- und gemeinsamer Entscheidungsprozess durch Beschäftigte des Betriebes, welcher von einem sogenannten Facilitator moderiert wird. Ein solcher Prozess ist bisher beim WAI nicht vorgesehen.

Was ist das Ergebnis des Personen-Radars?

Die insgesamt 23 geschlossenen Fragen sind von 0 (null = extrem schlecht) bis 10 (extrem gut) Punkten skaliert. Mittelwerte von 0-4,99 Punkte sind als »kritisch«, 5,00-6,99 als »mäßig«, 7,00-8,99 als »gut« und 9,00-10 Punkte als »ausgezeichnet« zu beurteilen. Der Mittelwert von 7,0 Punkten ist als Grenze zwischen Stärken und Schwächen in der Stabilität des Hauses der Arbeitsfähigkeit gewählt worden. Damit ergibt sich ein erster guter Überblick, wo das Unternehmen bei den Faktoren der Arbeitsfähigkeit steht.

Können Sie den Betriebs-Radar kurz erläutern?

Grundlage des Betriebs-Radars sind die Ergebnisse des Personen-Radars, welche nach arbeitswissenschaftlichen Grundlagen ausgewertet werden. Diese werden der Steuerungsgruppe mit den beteiligten Beschäftigten ggf. mit weiteren Daten (z.B. der Gefährdungsbeurteilung, Altersstrukturanalysen) vorgestellt, fachlich erläutert und persönlich beurteilt. Es entwickelt sich ein Dialog mit dem Ziel, zunächst das wichtigste Handlungsfeld der Arbeitsfähigkeit und schließlich die wichtigsten Maßnahmen zu vereinbaren.

Das neue Instrument wurde in über 100 Betrieben der finnischen Technologie-Industrie (z.B. Elektronik, Maschinenbau, Metallindustrie, IT-Branche, Beratung) und aktuell in vier Betrieben in Deutschland erprobt. Welches Fazit ziehen Sie?

Die guten Ergebnisse in Finnland haben mich ermutigt, den Radarprozess auch in Deutschland einzuführen. Die Betriebe berichten, dass sie schneller und wirksamer zur Umsetzung kommen als früher. Die Priorisierung gemeinsam im Dialog spart Zeit und Kraft und die Maßnahmen werden konkreter. Auch die Wirksamkeit wird geprüft, was eine wichtige Voraussetzung für die Geschäftsführung ist. Die Radar-Methode scheint eine bessere Betriebskultur zu erzeugen. Die Ergebnisse zeigen auch, dass Mitarbeitende besser und länger arbeiten können. Insgesamt empfiehlt die Radar-Methode weniger, dafür aber das Wichtigste zu tun. Und das, was am wichtigsten ist, entscheiden wir im Betrieb zusammen. Die vorhandenen Ergebnisse in Deutschland sind eindrucksvoll. Auf der Jahreskonferenz des WAI-Netzwerks in Berlin 2017 erhalten Sie Einblick in diese Ergebnisse.

Welche Voraussetzungen muss ich als Betrieb erfüllen, um das neue Instrument Arbeitsfähigkeit 2.0 anzuwenden?

Zunächst müssen sich die Betriebsparteien einig sein, einen solchen Prozess zu beginnen und auch zu Ende zu führen. Geschäftsführung und Interessenvertretung müssen für den Dialogprozess offen sein und auch damit einverstanden sein, dass alle Beteiligten der Steuerungsgruppe egal welcher Hierarchie das gleiche Stimmrecht haben. Dazu kommt, dass der Prozess von einem qualifizierten Facilitator durchgeführt wird. Ziel ist es, dass das erste Handlungsfeld (Stockwerk) mit einem Facilitator und später die weiteren selbständig durch den Betrieb angegangen werden können. Es bietet sich an, dass die Betriebe ihre eigenen Facilitatoren qualifizieren oder externe Beratung hinzuziehen. Zuletzt ist das Instrument mit einer Lizenzgebühr von 4 Euro je Fragebogen und Beschäftigten mit einer Deckelung bis 1.000 Euro pro Betrieb/Standort verbunden.

Wie kann ich Facilitator werden?

Hierfür ist eine zweitägige Schulung notwendig. Diese führe ich selbst in Kooperation mit nationalen Partnerorganisationen durch, z.B. dem IAF Institut für Arbeitsfähigkeit in Mainz.[1] In dieser Veranstaltung werden die Teilnehmenden mit dem nötigen Handwerkszeug ausgestattet, um den Prozess zu begleiten.

Vielen Dank, Herr Ilmarinen, für dieses Gespräch!

---

[1] Weitere Informationen gibt es auf der Webseite www.arbeitsfaehig-in-die-zukunft.com oder telefonisch unter +49 (0)6131 6039840.

Renate Czeskleba/ Irene Kloimüller
Das Screening-Instrument »ABI Plus™« und »fit2work«
Erfahrungen aus Österreich

Einleitung

In Österreich etablierte sich vor einigen Jahren der Arbeitsbewältigungsindex Plus™ (ABI Plus™) als ein zentrales Screening-Instrument zur Messung und Evaluierung von Arbeitsfähigkeit. Damit liegt ein standardisiertes Vorgehen zur Förderung, Erhaltung und Wiederherstellung von Arbeitsfähigkeit in Unternehmen vor. Es wird seit 2009 verwendet und ist eine Weiterentwicklung des finnischen Arbeitsbewältigungsindex (ABI). Unternehmen nutzen den ABI Plus™, um Betriebliches Gesundheitsmanagement umzusetzen und Betriebliche Gesundheitsförderung, alternsgerechtes Arbeiten, Betriebliches Eingliederungsmanagement sowie auch den klassischen ArbeitnehmerInnenschutz voranzutreiben. Mit dem ABI Plus™ werden in der Regel nicht einzelne Personen, sondern Mitarbeitergruppen befragt, einerseits um Datenschutz zu gewährleisten und andererseits um Handlungsfelder identifizieren zu können. Mit dem ABI Plus™ hat das Modell »Haus der Arbeitsfähigkeit« (siehe dazu weiter unten) auch in Österreich große Bedeutung erlangt, denn die verschiedenen Ebenen des Hauses der Arbeitsfähigkeit werden mit dem ABI Plus™ darstellbar.

Im Rahmen des Arbeits- und Gesundheitsgesetzes ist der ABI Plus™ als standardisiertes Fragebogeninstrument in Unternehmen ab 50 MitarbeiterInnen vorgeschrieben und für Unternehmen ab 15 MitarbeiterInnen, die dies wollen, zu ermöglichen. Auf Basis der Ergebnisse sollen im Rahmen von fit2work Maßnahmen zur Förderung, zum Erhalt und zur Wiederherstellung von Arbeitsfähigkeit abgeleitet und umgesetzt werden. In Kleinstunternehmen, wo Befragungen aufgrund der notwendigen Vertraulichkeit nicht möglich sind, wird die Struktur des Hauses der Arbeitsfähigkeit dazu verwendet, um Auskünfte über Gesundheit, Kompetenzen, Werte/Motivation der MitarbeiterInnen sowie über die

Arbeitsbedingungen zu erlangen und darauf aufbauend präventive Maßnahmen umsetzen zu können.

Geschichte und Rahmenbedingungen des Arbeitsbewältigungsindex Plus™

Seit den frühen 1980er Jahren wurde der klassische ABI (englisch: Workability Index, WAI) in Finnland eingesetzt und mit Längsschnittstudien wissenschaftliche Grundlagen zu seiner nachvollziehbaren Wirksamkeit geschaffen. Auch heute ist für alle NutzerInnen des ABI die Validierung dieses Instruments – mit der zunehmenden Wahrscheinlichkeit von vorzeitigem, krankheitsbedingtem Verlust der Arbeitsfähigkeit, Verlust von Lebensqualität, Invalidität und Mortalität bei niedrigen ABI-Werten – von großer Bedeutung. Der ABI wird mittlerweile in vielen Ländern auf der ganzen Welt eingesetzt. Für Österreich wurde der ABI erstmals 1995 ins Deutsche übersetzt, wenige Jahre später von der Bundesanstalt für Arbeitsschutz und Arbeitsmedizin (BAuA) in Deutschland. Wie in vielen anderen Ländern gab es auch in Österreich bereits in den 90er Jahren im Zusammenhang mit der demografischen Entwicklung lebhafte Diskussionen über einen späteren Pensionsantritt. Diese wurden Anfang der 2000er Jahre intensiver. Offen blieb vorerst, ob ein gesetzlich vorgegebener späterer Pensionsantritt anzustreben sei oder der faktische Pensionsantritt nach hinten verlegt werden sollte. Letztlich entschied die Regierung, dass versucht werden solle, ArbeitnehmerInnen durch präventive Maßnahmen länger als bisher in Beschäftigung zu halten. Dies sollte durch Maßnahmen zur Förderung von Arbeits- und Beschäftigungsfähigkeit ermöglicht werden. Die Regierung setzte 2007/2008 zu verschiedenen Themen Präventionscluster ein, so zum Beispiel einen Cluster zur Prävention psychiatrischer und psychischer Erkrankungen in Unternehmen.

Der ABI Plus™ als Teil eines Programms

Die Allgemeine Unfallversicherung (AUVA) und die Pensionsversicherung (PVA) wurden 2007 von der Regierung ersucht, einen Präventionscluster zu leiten, der ein Programm mit Maßnahmen zur Förderung und zum Erhalt von Arbeitsfähigkeit in Unternehmen entwickeln sollte.
Auf diese Weise bekamen Dr.in Irene Kloimüller und wenige Monate später Renate Czeskleba als ihre Stellvertreterin den Auftrag, in 20

Das Screening-Instrument »ABI Plus™« und »fit2work«

Unternehmen über vier Jahre lang Arbeitsfähigkeit zu fördern und dazu das Wissen aus Finnlands nationalen Programmen, Forschungen und der Arbeit des FIOH (Finnish Institute of Occupational Health) zu nützen und weiterzuentwickeln. Das Programm wurde von 2008 bis 2012 umgesetzt und die Kosten von den beiden Versicherungsanstalten zur Gänze getragen. Das Programm hatte den Namen: »Fit für die Zukunft – Arbeitsfähigkeit erhalten«. Dieser Name sollte durchaus darauf hinweisen, dass Arbeitsbedingungen und private Ressourcen der MitarbeiterInnen in den begleiteten Unternehmen künftig besser zusammenpassen sollen (das englische »to fit« bedeutet u.a: »zusammenpassen«). An dem Programm nahmen insgesamt 20 Unternehmen aus Gesundheits- und Sozialbereich, Dienstleistungsbranche, Produktion, Verkauf, Bau und Tourismus teil. Begleitend zum Ablauf des Programms in den Unternehmen (Sensibilisierung – Analyse – Umsetzung von Maßnahmen – Evaluierung I – Umsetzung von Maßnahmen – Evaluierung II) wurden mit MitarbeiterInnen der Unternehmen 14 Future Circles (Thematische Inputs mit Erfahrungsaustausch) zu Arbeitsfähigkeitsthemen umgesetzt. 2008 fand darüber hinaus unter der Leitung des Österreichischen Produktivitäts- und Wirtschaftlichkeitszentrums (ÖPWZ), sowie der Arbeitsfähigkeiterhalten KG die erste von derzeit insgesamt neun Arbeitsfähigkeits-Enqueten statt. Diese Enquete gibt es bis heute, sie ist von Beginn an jedes Mal ausgebucht. Dass in der Steuergruppe des Gesamtprogramms »Fit für die Zukunft – Arbeitsfähigkeit erhalten« neben den Auftraggebern auch alle Sozialpartner vertreten waren, brachte dem Programm eine breite Akzeptanz ein.

Verwendung, Entstehung und Inhalte des Fragebogens ABI Plus™

Der ABI Plus™ wurde von der AUVA und der PVA in Auftrag gegeben und ist damit im Eigentum dieser beiden größten Sozial-Versicherungen des Landes. Kalkül sowohl auf der Seite der Auftraggeber als auch der AuftragnehmerInnen war von Anfang an, dass Unternehmen in ganz Österreich einen niedrigschwelligen und kostengünstigen Zugang zu diesem Fragebogeninstrument haben sollten. Noch heute werden bei Verwendung des ABI Plus™ nur die administrativen Kosten verrechnet und kein Gewinn erzielt. Der Fragebogen untersteht in der Handhabung der Arbeitsfähigkeiterhalten KG, deren Geschäftsführerinnen Irene Kloimüller und Renate Czeskleba sind. Er wird für Unternehmensbefragungen nur freigegeben, wenn die geplante Befragung Teil eines Managementkreislaufs mit Maßnahmenumsetzung ist.

Von insgesamt 12.355 MitarbeiterInnen der 20 Unternehmen des »Fit für die Zukunft – Arbeitsfähigkeit erhalten«-Programms haben über 60% an den Befragungen mit dem ABI Plus™ teilgenommen, 7.320 Datensätze konnten für die Entwicklung des Fragebogens herangezogen werden. Zum Supervisor des Programms wurde Prof. Juhani Ilmarinen bestellt, um die Entwicklung des Fragebogens ABI Plus™ in allen Phasen zu begleiten. Herz des neuen Fragebogeninstruments war und ist der finnische ABI, darüber hinaus sollten mittels standardisierter Fragen weitere Kennwerte entwickelt werden (zu Anforderungen und Handlungsspielräumen, Führung u.a.). Die Scores sollten, so der Programmauftrag, konkrete Hinweise auf notwendige Handlungsfelder und Maßnahmen in Betrieben ermöglichen. Ein Entwicklungsteam – bestehend aus ExpertInnen der Allgemeinen Unfallversicherung, der Pensionsversicherung, des Zentralen Arbeitsinspektorats (Bundesministerium für Arbeit, Soziales und Konsumentenschutz), der Sozialpartner und einiger erfahrener BeraterInnen – begleitete die Arbeit zur Erweiterung des finnischen ABI.

Im Zuge des Programms »Fit für die Zukunft – Arbeitsfähigkeit erhalten« konnte also von 2008 bis 2012 der Fragebogen – ABI Plus™ erarbeitet und erprobt werden. Er erfasst – mittels standardisierter Fragen in Bezug auf Gesundheit, Kompetenzen, Einstellungen und Zufriedenheit, Kooperation bzw. Zusammenarbeit, Führung, Anforderungen und Handlungsspielräume sowie Belastungen – die Dimensionen eines ganzheitlichen Arbeitsfähigkeitsmodells, des »Hauses der Arbeitsfähigkeit« (siehe Abbildung 1).

Es gibt kein »fixes« Wording, mit dem Arbeitsfähigkeit definiert wird. Das Modell »Haus der Arbeitsfähigkeit« selbst stellt einen großen Teil der Definition von Arbeitsfähigkeit dar und ist leicht verstehbar. Ergänzend ist jedoch darauf hinzuweisen, dass die ersten drei Ebenen (Gesundheit, Kompetenzen, Werte/Motivation) mit der vierten Ebene (die Arbeit und deren Rahmenbedingungen) zusammenpassen (miteinander in Balance stehen) müssen.

Wir führen hier zwei Definitionen zur Arbeitsfähigkeit an, die einander sehr ähneln und im Inhalt nicht widersprechen. Beide beziehen sich auf das Modell des Hauses der Arbeitsfähigkeit.

Beschreibung/Definition 1: *Ganzheitliche »Arbeits(bewältigungs-) fähigkeit« (kurz: Arbeitsfähigkeit) beschreibt, inwieweit ein/e ArbeitnehmerIn in der Lage ist, seine/ihre Arbeit angesichts von Arbeitsanforderungen, Gesundheit, mentalen Ressourcen, Qualifikationen, Werten*

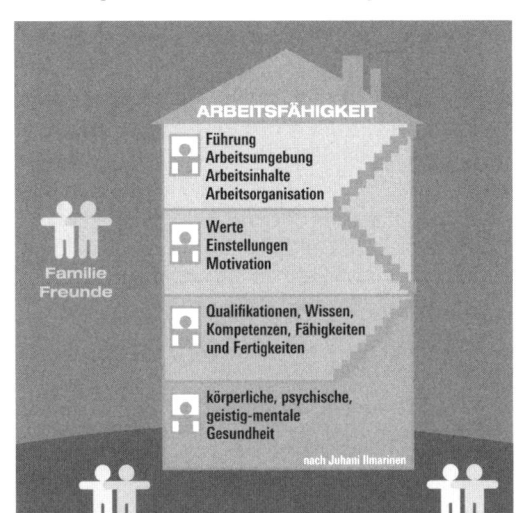

Das Screening-Instrument »ABI Plus™« und »fit2work«

Abbildung 1: Das Haus der Arbeitsfähigkeit nach J. Ilmarinen

Das Modell »Haus der Arbeitsfähigkeit« zeigt die Vielfalt der verschiedenen Ansatzpunkte für den Erhalt, die Wiederherstellung und die Förderung von Arbeitsfähigkeit auf. Arbeitsfähigkeit kann sich verbessern, wenn aufeinander abgestimmte Maßnahmen umgesetzt werden. Sowohl Arbeitsorganisation als auch individuelle Maßnahmen spielen hier eine Rolle.

und Einstellungen langfristig zu erfüllen. (Arbeitsanforderungen entsprechen der vierten Ebene im Haus der Arbeitsfähigkeit, Gesundheit der ersten Ebene, Mentale Ressourcen und Qualifikationen der zweiten Ebene und Werte und Einstellungen der dritten Ebene.)

Beschreibung/Definition 2: *Arbeitsfähigkeit ist die Übereinstimmung, die Balance, bzw. das Zusammenpassen zwischen dem, was ein Betrieb dauerhaft verlangt und als Rahmen zu Verfügung stellt, und dem, was eine Person unter den gegebenen Bedingungen nachhaltig leisten kann und will.*

Die Formulierung: »was der Betrieb dauerhaft verlangt und als Rahmen zur Verfügung stellt« entspricht der vierten Ebene im Haus der Arbeitsfähigkeit, die Formulierung: »was eine Person unter den gegebenen Bedingungen nachhaltig leisten kann und will« entspricht den ersten drei Ebenen: Gesundheit, Kompetenzen, Werte. Die Faktoren, die diese Übereinstimmung (siehe Beschreibung 2) beeinflussen, sind im Modell »Haus der Arbeitsfähigkeit« zusammengefasst. Arbeitsfähigkeit ist umso höher, je besser die Ausprägungen einzelner Dimensionen sind und je mehr die Arbeitsanforderungen mit den individuellen Ressourcen (Gesundheit, Qualifikation und Werte – die ersten drei Ebenen des Hauses der Arbeitsfähigkeit) zusammenpassen. Bei Arbeitsfähigkeit handelt es sich nicht um einen statischen Zustand, sondern um einen ständigen Adaptierungsprozess. Letztendlich begleitet uns dieser Adaptierungsprozess unser ganzes Arbeits-Leben lang.

Aufbau und Dimensionen des ABI Plus™

Der ABI Plus™ umfasst 74 Fragen, die in acht Skalen zusammengefasst werden. Sie sind validiert, das bedeutet, dass sie auch in Bezug auf die Arbeitsfähigkeit (den ABI-Wert), jeweils einen nachweislichen Einfluss haben. Die Score-Berechnungen wurden von Dr. Konrad Leitner, TU Berlin, durchgeführt. Es gab einen Erstdurchlauf des ABI Plus™ in den Jahren 2008/2009, die Erst-Evaluierung fand 2010 und die Zweit-Evaluierung 2011 statt. Die Befragungsergebnisse basieren wie oben erwähnt auf jeweils 7.320 Datensätzen.

In Abbildung 2 sind die Standardskalen zu sehen: Gesundheitliche Arbeitsbewältigung (ABI), gesundheitliche Beschwerden, Kompe-

Abbildung 2: Darstellung der Standardskalen

	1	2	3
Mittelwert **Standardabweichung** **Anzahl der Personen**	Gesundheitliche Arbeitsbewältigung (ABI)	Gesundheitliche Beschwerden	Kompetenzen
Bsp. einer Abteilung			
Mittelwert	38,38	56,08	2,21
Standardabweichungen	(6,88)	(11,27)	(0,79)
Anzahl der Personen	80	90	97
Mittelwerte von 7.333 Antworten[*]	41,34	40,71	1,89
Standardabweichungen	(5,57)	(13,55)	(0,67)
Anzahl der Personen	6911	7187	7197

[*] In einer Metadatenauswertung von über 7.330 Datensätzen in einem Branchenmix wurden die Skalen-Durchschnittswerte ermittelt. Sie dienen nach wie vor als »Orientierung«.

tenzen, Zusammenarbeit, Anforderungen/Handlungsspielräume, Führung, Belastungen. Die Gesundheitliche Arbeitsbewältigung und die gesundheitlichen Beschwerden sind der ersten Ebene des Hauses der Arbeitsfähigkeit zuzuordnen. Kompetenzen werden der 2. Ebene, Werte der 3. Ebene, Zusammenarbeit, Führung, Anforderungen und Belastungen der 4. Ebene zugeordnet.

Standardskalen werden als Mittelwerte dargestellt, dazu gehören Standardabweichungen (sie zeigen die Varianz der Antworten an) sowie die Anzahl der Personen.

Validität der Skalen im ABI Plus™

Der Skalenbildung des ABI Plus™ gingen umfangreiche Analysen voraus. So wurde überprüft und sichergestellt, dass die einzelnen Fragen, die eine Skala bilden, so formuliert sind, dass MitarbeiterInnen sie verstehen und daher das beantworten können, was die jeweilige Fra-

4	5	6	7	8
Werte	Zusammenarbeit	Anforderungen und Handlungsspielräume	Führung	Belastungen
2,48	2,33	2,33	2,64	1,92
(0,76)	(0,89)	(0,73)	(1,25)	(0,87)
97	94	95	97	95
1,99	1,87	1,89	2,32	1,65
(0,63)	(0,67)	(0,52)	(1,06)	(0,63)
7320	7323	7074	7333	7027

Abbildung 3: Übersicht über den ABI Plus™: Inhalte, Items, Validität

Skalen	Anzahl der Subskalen bzw. Items (α = Chronbachs Alpha)	Darstellung (AF = Arbeitsfähigkeit)
»Klassischer« Arbeitsbewältigungsindex ohne Abfrage von detaillierten medizinischen Diagnosen, sondern Anzahl der Diagnosen = Kurzform des WAI (Workability Index), in dieser Form in Österreich seit 1996 im Einsatz	7 Dimensionen, 11 Items (inkl. Einstufung beruflicher Arbeitsanforderungen) α = 0,76	Score 7-49 Punkte 4 Qualitätsklassen: 7-27 kritische AF 28-36 mäßige AF 37-43 gute AF 44-49 ausgezeichnete AF
Freiburger Beschwerdeliste Kurzform (repräsentiert nicht medizinische Gesichtspunkte, sondern Muster alltäglicher Beschwerden)	20 Items α = 0,92	Gebildet wird eine Summenskala (20 = keine Beschwerden; 100 = täglich alle Beschwerden).
Einschätzung der eigenen Kompetenz, Fähigkeiten und Fertigkeiten	4 Items α = 0,79	jeweils 5-stufige Skala, bei der kleine Werte positive Ergebnisse bedeuten
Werte und Einstellung zur Arbeit*	6 Items α = 0,82	
Einschätzung der Zusammenarbeit	3 Items α = 0,74	
Bewertung der Führung	6 Items α = 0,92	
Einschätzung der Arbeitsanforderungen und Handlungsspielräume	8 Items α = 0,78	
Erlebte Belastungen	16 Items α = 0,83	
	74 Items gesamt	

ge herausfinden soll. Fragen, die nicht oder zu wenig aussagekräftig waren, wurden mit der Validierung aus dem Fragebogen entfernt. Folgendes Beispiel zeigt, was Validität für den ABI Plus™ konkret bedeutet: Wenn z.B. die Skala »Führung« (bestehend aus 6 Fragen) aussagt, dass eine Gruppe von MitarbeiterInnen die Führungskompetenzen ihrer

Skalen	Anzahl der Subskalen bzw. Items (α = Chronbachs Alpha)	Darstellung (AF = Arbeitsfähigkeit)
Sozialvariablen	Geschlecht Altersklassen Höchste abgeschlossene Ausbildung Arbeitsrechtliche Stellung Beschäftigungsform Regelarbeitszeit/ Überstunden/Dienstrhythmus (Schicht, Nacht etc.) Wegzeit zur bzw. von der Arbeit Länge der Betriebszugehörigkeit Hierarch. Funktionen: BasismitarbeiterInnen mittlere, obere Führungsfunktion Berufsgruppen Abteilungen/Bereiche	% je Kategorie
Offene Antwortmöglichkeit für persönliche Bemerkungen	Freies Textfeld	Wird in % der Antworten ausgewertet und textlich dargestellt

* Durch welche Wertehaltung ist das Verhältnis zur Arbeit geprägt? Wenn Arbeit Sinn- und Wertvolles bedeutet und man das Gefühl hat, nützliche Arbeit zu tun, will man im Arbeitsprozess bleiben u.ä.m.

direkten Führungskraft mit »eher gut« beurteilt, entspricht dieser Wert in einem hohen Maß der Realität (kleine Abweichungen gibt es auch in sehr guten, treffsicheren Fragebogeninstrumenten).

In die Validierung des ABI Plus™ wurde auch die Skala des klassischen Arbeitsbewältigungsindex und die Freiburger Beschwerdeliste einbezogen, beides Fragebogeninstrumente, die bereits für sich validiert sind und (wissenschaftlich überprüft) das messen, was sie mit ihren Fragen ermitteln wollen.

Prioritäres Ziel für den ABI Plus™ war es, dass die Skalen miteinander in Beziehung stehen. Dieses Ziel konnte erreicht werden. Die Skalen: Gesundheitliche Arbeitsfähigkeit, Werte/Motivation, Kompetenzen, Führung, Zusammenarbeit, Anforderungen/Handlungsspielräume, Beschwerden korrelieren miteinander. Dies kann in der Praxis so aussehen: Eine Gruppe von MitarbeiterInnen (z.B. Pflegehelferinnen eines Krankenhauses) hat relativ gute Werte (Skalen) für Führung, Zusammenarbeit, Kompetenzen usw. Gleichzeitig hat die Gruppe einen mäßigen oder nur knapp guten Wert für gesundheitliche Arbeitsbewältigungsfähigkeit (ABI / WAI). Dies kann darauf hinweisen, dass die körperliche Schwere der Arbeit die Arbeitsfähigkeit der Gruppe so negativ beeinflusst, dass trotz guter Führungsbedingungen, Zusammenarbeit, sowie ausreichender Weiterbildung der ABI knapp im guten oder gar mäßigen Bereich liegt.

Einzelne Beispiele aus der Praxis zeigen umgekehrt, dass etwa Bauarbeiter, eine der meistbelasteten Arbeiter, die wertschätzend geführt werden, durchaus höhere Arbeitsfähigkeitswerte (ABI / WAI) haben können als MitarbeiterInnen aus der Gesundheits- und Sozialbranche. So haben wir in den vergangenen Jahren als Beraterinnen Bauunternehmen mit einem durchschnittlichen ABI von 41 Punkten begleitet und gleichzeitig Privatkliniken mit knapp 39 Punkten.

Ökonomie des ABI Plus™

Die Bearbeitungsdauer des Fragebogens liegt inklusive Instruktion bei rund 15 Minuten. Die Länge ist damit Personen und Betrieben erfahrungsgemäß sehr gut zumutbar. Befragungen erfolgten bisher fast ausschließlich in der Arbeitszeit. Die Auswertungen erfolgen in Form kompakter Datenberichte, die Zusammenfassung der Ergebnisse in Form von einfachen Power-Point-Präsentationen haben sich vielfach bewährt. Der Fragebogen ist in Deutsch validiert, wenn migrantische MitarbeiterInnen an Befragungen teilnehmen, werden sie in ihren eigenen Sprachen unterstützt, um dann den Fragebogen in Deutsch auszufüllen. Auch diese Vorgehensweise hat sich bewährt (siehe Abbildung 3).

Umgang und Möglichkeiten mit dem ABI Plus™

Der Fragebogen ABI Plus™ ist mit anderen Fragebögen bzw. Fragen kompatibel, so konnten in der Vergangenheit z.B. Fragen zu Fehlerkultur, Commitment, Qualitätsmanagement u.a. gemeinsam mit dem ABI Plus™ abgefragt und ausgewertet werden.

Für den gelebten ArbeitnehmerInnenschutz in Österreich von Bedeutung ist auch die Möglichkeit, mit dem ABI Plus™ als Grundlage die Evaluierung psychischer Belastungen durchzuführen. Es gibt dazu eine

Vereinbarung von Arbeitsinspektorat, Allgemeiner Unfallversicherung und den UmsetzerInnen von fit2work-Betriebsberatung. Ziel dieser Vereinbarung ist es, Synergien zwischen Betrieblichem Eingliederungsmanagement und der Evaluierung psychischer Belastungen zu forcieren und Unternehmen beides nahezubringen. Die Vereinbarung ist von den Homepages von fit2work und der Arbeitsinspektion downloadbar.

Für den ABI Plus™ wurde 2012 im Auftrag der Allgemeinen Unfallversicherung ein Online-Auswertungs- und-Reporting-Tool entwickelt, das sowohl online verwendet als auch mit einer klassischen Befragung mittels eines Papierfragebogens kombiniert werden kann. Auch dieses Tool wird seitens der Allgemeinen Unfallversicherung zum Selbstkostenpreis zur Verfügung gestellt und ausnahmslos genützt. Den Ablauf jeder ABI Plus™-Befragung begleitet die Arbeitsfähigkeiterhalten KG, die auch für die Qualitätssicherung der Befragungen zuständig ist.

Fit2work-Betriebsberatung

2012 wurde das Programm »Fit für die Zukunft – Arbeitsfähigkeit erhalten« abgeschlossen. Zeitgleich mit diesem Programm hatte die Bundesregierung am Arbeits- und Gesundheitsgesetz (AGG) gearbeitet, das zum 1.1.2011 in Kraft getreten ist. Ziel und Inhalt des Gesetzes sind die Wiederherstellung, die Erhaltung und die Förderung von Arbeitsfähigkeit, um Frühpensionen, Berufsunfähigkeit, Krankenstände, Arbeitslosigkeit und damit verbundene Kosten zu vermeiden.

Gesetzlicher Hintergrund und Umsetzung in Unternehmen

Zwei Programme wurden aus dem Arbeits- und Gesundheitsgesetz abgeleitet: die fit2work-Personenberatung und die fit2work-Betriebsberatung – beide sind in ganz Österreich kostenfrei zugänglich. Erstere richtet sich an alle Personen im erwerbsfähigen Alter, die innerhalb eines Jahres mehr als sechs Wochen krank waren, unabhängig davon, ob sie erwerbstätig oder arbeitslos sind. Die Krankenkassen schreiben diese Personen systematisch an und laden sie unverbindlich zu einer fit2work-Beratung und – wenn dies gewünscht ist – zu einem Casemanagement ein.

Mit Unternehmen/Organisationen, die fit2work-Betriebsberatung in Anspruch nehmen, wird gemeinsam ein Betriebliches Eingliederungsmanagement (BEM) für gesundheitlich eingeschränkte MitarbeiterInnen aufgebaut. Bausteine dieses BEM sind das Messen von Arbeitsfähigkeit, Casemanagement für einzugliedernde MitarbeiterInnen sowie Maßnahmen für gesundheitlich besonders belastete MitarbeiterInnengruppen.

Das Arbeits- und Gesundheitsgesetz baut im Zusammenhang mit der fit2work-Betriebsberatung auf dem 1995 beschlossenen EU-konformen ArbeitnehmerInnenschutzgesetz auf, das die Integration von kranken MitarbeiterInnen bereits vorschreibt. Mit dem AGG wird die systematische Integration kranker MitarbeiterInnen gefördert (Betriebe erhalten kostenfreie Beratung von ExpertInnen) und in Betrieben erstmals oder – falls bereits in Ansätzen vorhanden – systematisch und intensiver als bisher umgesetzt.

Die Evaluierung psychischer Belastungen im Unternehmen wird zwar nicht wie das Betriebliche Eingliederungsmanagement mit dem Programm fit2work gefördert. Mit der Novellierung des ArbeitnehmerInnenschutzgesetzes 2013 wird sie jedoch expliziter als bisher vorgeschrieben durch viele Institutionen beworben und die Umsetzung von der Arbeitsinspektion systematisch kontrolliert.

Fit2work – freiwillig – gefördert und von Unternehmen zunehmend angenommen

Fit2work ist ein freiwilliges Angebot, und zwar sowohl im Hinblick auf die Personen- als auch auf die Betriebsberatung. Es besteht im Wesentlichen aus der Beratung von Personen bzw. Betrieben durch ExpertInnen sowie in der systematischen Weitervermittlung von – meist kostenfreien – Unterstützungsangeboten (Aufbereitung von Informationen und Herstellen von Kontakten). In der Betriebsberatung ist ab einer Unternehmensgröße von ca. 20 MitarbeiterInnen der ABI Plus™ als Messinstrument von Bedeutung. Das Angebot von fit2work gibt es seit 2011 für Personen und seit Mitte 2012 für Unternehmen.

Seit 2015 gibt es einen Schwerpunkt für Klein- und Kleinstunternehmen (KKU: 1-14 MitarbeiterInnen) und Klein- und Mittlere Unternehmen (KMU: 15 bis 50 MitarbeiterInnen). Insgesamt haben bis Ende 2016 rund 800 Unternehmen begonnen, fit2work umzusetzen und ein BEM aufzubauen. In den kommenden Jahren werden, ausgehend von der jetzigen Nachfrage, voraussichtlich jährlich mindestens 600 Unternehmen fit2work umsetzen.

Fit2work-Betriebsberatung initiiert Betriebliches Eingliederungsmanagement in Unternehmen

Fit2work Betriebsberatung gibt im Unternehmen einen strengen, in fünf Phasen gegliederten Ablauf vor. Die Unternehmen werden damit unterstützt, ein transparentes nachhaltiges Betriebliches Eingliederungsmanagement (BEM) aufzubauen. Die fünf Phasen beinhalten folgende Vorgehensweisen:

Phase 1: Das Unternehmen wird bei der Anmeldung unterstützt. Nach positiver Rückmeldung des Ministeriums wird eine Kooperationsvereinbarung vom Sozialministeriumservice (Auftraggeber des fit2work-Programms)[1] und von dem jeweiligen Unternehmen vereinbart und unterschrieben. Eine Steuergruppe wird gebildet, die Struktur und Abläufe besprochen und definiert (siehe Abbildung 4). In der Steuergruppe sind Geschäftsführung, Arbeitsmedizin, Sicherheitsfachkraft, Belegschaftsvertretung, je nach Unternehmensgröße weitere PartnerInnen wie Behindertenvertrauenspersonen und Personalentwicklung vertreten. Der/die fit2work-BeraterIn begleitet die Steuergruppensitzungen.

Phase 2: Die Führungskräfte jedes fit2work-Unternehmens werden top down sensibilisiert. Der Ablauf von BEM wird geplant. Folgende Fragen müssen geklärt werden: Wie werden MitarbeiterInnen informiert und einbezogen, sodass sie gerne und aktiv an BEM teilnehmen? Wie kann Freiwilligkeit und Vertraulichkeit sowie Datenschutz im Rahmen der Teilnahme an BEM für die einzelnen MitarbeiterInnen garantiert werden? Wie wird die Befragung mit dem ABI Plus™ beworben und wie wird sie abgewickelt? Wie wird in KKUs die Analyse zur Erfassung von Einflussfaktoren für Arbeitsfähigkeit durchgeführt – durch Befragung der Führungskraft und/oder im Rahmen eines Workshops mit MitarbeiterInnen? Wie werden bei beiden Varianten die Dimensionen des Hauses der Arbeitsfähigkeit – Gesundheit, Kompetenzen, Werte, Arbeitsbedingungen – einbezogen? Die Befragung mit dem ABI Plus™ bzw. die Analyse-Gespräche mit dem Unternehmen werden geführt.

---

[1] Die Auftraggeber und Zahler von fit2work-Personen- und Betriebs-Beratung sind die Sozialversicherungen Allgemeine Unfallversicherungsanstalt (österreichische Berufsgenossenschaften), die Pensionsversicherungsanstalt (österreichische Rentenversicherung), Gebietskrankenkassen, das Arbeitsmarktservice und das Sozialministerium. In der Steuergruppe bestimmen neben den Zahlern auch das Finanzministerium, das Wirtschaftsministerium, das Sozialministerium mit, wie das AGG mittels fit2work umgesetzt wird. Die Steuergruppe tagt mindestens zweimal jährlich.

Es wird besprochen, wie das Arbeitsbewältigungs-Coaching angeboten wird, und wer dazu eingeladen werden soll.

Phase 3: Die Ergebnisse der Analyse werden in der Steuergruppe, die dazu erweitert werden kann, reflektiert. Casemanagement für MitarbeiterInnen ist die »erste« und wichtigste Maßnahme. Denn die Eingliederung von Menschen mit gesundheitlichen und Leistungs-Einschränkungen ist im Rahmen von fit2work vorgegeben. Mit den Ergebnissen der Analyse werden darüber hinaus konkrete präventive Maßnahmen für besonders belastete MitarbeiterInnen-Gruppen planbar und sollen in der Phase 3 auch identifiziert und umgesetzt werden. In Phase 3, spätestens Phase 4 werden vom Unternehmen auch sogenannte Eingliederungsbeauftragte nominiert. Sie sollen Gespräche mit MitarbeiterInnen führen, die gesundheitliche und Leistungs-Einschränkungen haben (sechs Wochen Krankenstand sind dabei keine notwendige Voraussetzung). Mit diesen Gesprächen sollen MitarbeiterInnen niederschwellig erreicht und Krankheit und Verlust von Arbeitsfähigkeit frühzeitig vorgebeugt werden. Eingliederungsbeauftragte informieren über Unterstützungsangebote und ermutigen MitarbeiterInnen, z.B. FachärztInnen aufzusuchen oder psychologische Beratung in Anspruch zu nehmen. Eingliederungsbeauftragte und ihr Angebot müssen gut beworben werden, damit MitarbeiterInnen auch den Mut aufbringen, mit ihnen Gespräche zu führen. Eingliederungsbeauftragte gewährleisten Vertraulichkeit. Wenn MitarbeiterInnen Maßnahmen benötigen, die Veränderungen der Arbeitssituation voraussetzen (Änderungen der Tätigkeiten, Arbeitszeit, Arbeitsmittel usw.), müssen sie zustimmen, dass ihre Führungskräfte und/oder je nach Umfang der Maßnahmen die Steuergruppe, die als Eingliederungsteam fungiert, einbezogen werden. Vertraulichkeit wird auch hier bewahrt, der Datenschutz jedoch nur mit ausdrücklicher Genehmigung der betroffenen MitarbeiterInnen (wenn nötig auch schriftlich bestätigt) aufgehoben. Von großer Bedeutung ist die Arbeitsmedizin, die MitarbeiterInnen auf deren ausdrücklichen Wunsch berät und, wenn das Problem in der Steuergruppe/Eingliederungsteam behandelt werden soll, mit fachlichen Ratschlägen zur Seite steht. Die Diagnosen der betroffenen MitarbeiterInnen werden nur mit der/dem ArbeitsmedizinerIn besprochen, nie aber gegenüber Dritten geoutet. Die Steuergruppe hat nach Rücksprache mit der ArbeitsmedizinerIn Gewissheit, dass aus medizinischer Sicht Maßnahmen nötig sind. Letztlich werden auch die Teams, in denen betroffene MitarbeiterInnen oft nur vorübergehend Erleichterungen bekommen, dies akzeptieren. Denn der Arzt, die Ärztin hat ja bestätigt, dass der Kollege, die Kollegin wirklich Hilfe braucht.

Phase 4: Das Eingliederungsmanagement wird im Unternehmen zunehmend bekannter. Die Eingliederungsbeauftragten nehmen an einer externen fit2work-Schulung zu Gesprächsführung und Unterstützungsangeboten teil und lernen so auch Eingliederungsbeauftragte aus verschiedensten anderen Unternehmen kennen. Sie werden von der/dem für das Unternehmen zuständigen fit2work-BeraterIn bei ihren ersten Geh-Versuchen begleitet und beraten. Eingliederungsbeauftragte besuchen u.a. Teambesprechungen und bewerben das Eingliederungsmanagement und ihr Gesprächsangebot aktiv. Führungskräfte und Präventivfachkräfte unterstützen und informieren ebenso über das Angebot. Es gibt erste Erfolgserlebnisse und es wird bekannt, dass die Geschäftsführung hinter fit2work und hinter dem Eingliederungsmanagement steht. Es wird von allen Akteuren – Führungskräften, Präventivfachkräften, Belegschaftsvertretung und Eingliederungsbeauftragten – klar kommuniziert, dass Eingliederung dem Prinzip des Gebens und Nehmens folgt. Denn zu einer Eingliederung müssen immer beide – die betroffene Person und das Unternehmen – beitragen.

Parallel zu dem gelebten Eingliederungsmanagement werden die geplanten Maßnahmen für Mitarbeiter-Gruppen, die besonders belastet sind, umgesetzt. Die fit2work-BeraterInnen begleiten und regen an, vorläufig eher weniger Maßnahmen, diese dafür aber konsequent umzusetzen und die damit verbundenen Erfolge auch zu kommunizieren. Die Kommunikation über Maßnahmen, deren Ziel und Fortschritt ist auch hier ein wichtiger Erfolgsfaktor.

Phase 5: In dieser Phase ist fit2work im Unternehmen schon bekannt. Positive Wirkungen zeigen sich durch die aktive Inanspruchnahme der Gespräche mit den Eingliederungsbeauftragten. Die fit2work-BeraterInnen führen eine Evaluierung mit dem gleichen Instrument wie in der Phase 2 durch. Dies ist entweder die ABI Plus™-Befragung, die in der Auswertung einen Vergleich mit den Ergebnissen der ersten Befragung beinhaltet. Oder es ist ein weiteres Gespräch/ein Workshop zu den Belastungen und Ressourcen entlang der vier Ebenen/Dimensionen des Hauses der Arbeitsfähigkeit. Die Ergebnisse werden reflektiert, Umgesetztes als erfolgreich, ausbaufähig oder zu verändern bewertet und der Regelablauf der Eingliederung (Casemanagement) – z.B. mit einer Betriebsvereinbarung – verankert.

Abbildung 4: Die fünf Phasen des Betrieblichen Eingliederungsmanagements von fit2work

> **Fünf Phasen von fit2work in größeren Unternehmen**
> 1. **Einstiegsphase (0,5 BT [Beratungstage]):**
>   1) Anmeldung
>   2) Abschluss einer Kooperationsvereinbarung
>   3) Projektstruktur (fit2work-Steuergruppe mit Geschäftsführung, Sicherheitsfachkraft, Arbeitsmedizin, Betriebsrat …) – detaillierte Information über fit2work
> 2. **Analyse & Sensibilisierung (3 BT)**
>   1) Information der Führungskräfte und Mitarbeiter zu Arbeitsfähigkeit und Wiedereingliederung – Sensibilisierung
>   2) Arbeitsfähigkeit der MitarbeiterInnen messen (Befragung), Haus der Arbeitsfähigkeit
>   3) überlegen, wer EingliederungsbeauftragteR sein kann – AnsprechpartnerIn für Kranke
> 3. **Ergebnisse der Befragung (0,5 BT)**
>   1) in der Steuergruppe besprechen, Führungskräfte u. MitarbeiterInnen informieren
>   2) aufbauend auf den Ergebnissen – Maßnahmen für MitarbeiterInnen-Gruppen überlegen
> 4. **Maßnahmen umsetzen (3 BT)**
>   1) Eingliederungsbeauftragte schulen lassen → Fallmanagement!
>   2) Infos über (geförderte) Unterstützungsmöglichkeiten für kranke MitarbeiterInnen kennenlernen und nützen
>   3) Maßnahmen für Mitarbeiter-Gruppen mit besonderen Belastungen
> 5. **Abschluss-Evaluierung, Nachhaltigkeit (1 BT)**
>   1) Befragung – hat sich etwas verändert? Welche Maßnahmen sollte man fortsetzen oder anpassen
>   2) Funktioniert der Ablauf, kranke oder gefährdete MitarbeiterInnen zu behalten?

Rahmenbedingungen und Erfahrungen mit fit2work

Das Betriebliche Eingliederungsmanagement im Rahmen eines fit2work-Betriebsberatungsprogramms hat je nach Unternehmensgröße ein unterschiedliches Gesicht. So werden die Struktur und die Komplexität des Eingliederungsmanagements in größeren Unternehmen (z.B. mit über 500 MitarbeiterInnen) größer sein als in KKUs (bis 14 MitarbeiterInnen) und in dem einen oder anderen KMU (bis 50 MitarbeiterInnen) anders gestaltet werden als in KKUs. In größeren Unternehmen kann fast ausnahmslos auf einen gelebten ArbeitnehmerInnenschutz zurückgegriffen und auf diesem aufgebaut werden. ArbeitsmedizinerInnen

Abbildung 5: Maßnahmen im Rahmen eines fit2work-BEM

Fit2work im Unternehmen
Gesundheitsmaßnahmen für Mitarbeiter-Gruppen & einzelne Personen unterstützen

Für gefährdete Mitarbeitergruppen:	Eingliederungs-Beauftragte:
Umgang mit ergonomischen und psychischen Belastungen (z.b. richtiges Heben, Tragen, weniger Stress)	Maßnahmen mit kranken oder gefährdeten MitarbeiterInnen planen, damit sie gesund + produktiv weiterarbeiten können, z.b.: medizinische Behandlung oder Rehabilitation, Physiotherapie, Coachings bei psychischen Belastungen, evtl. andere Arbeitszeit oder Arbeit, Umschulung u.a.
Gesundes, arbeitsfähigkeits-förderndes Führungsverhalten, auf sich selbst schauen u.a.m.	

und Sicherheitsfachkräfte sowie zunehmend auch schon ArbeitspsychologInnen kennen das Unternehmen. Sie und die Human Resource- und Personalentwicklung sowie Betriebsräte und Behindertenvertrauenspersonen unterstützen das Eingliederungsmanagement mit ihren einander ergänzenden Kompetenzen.

In KKUs mit beispielsweise nur neun oder weniger MitarbeiterInnen wird die Steuergruppe vielleicht nur aus zwei Personen bestehen. Der ArbeitnehmerInnenschutz kann in Form von arbeitsmedizinischer und sicherheitstechnischer Beratung von der Allgemeinen Unfallversicherung kostenfrei angefragt werden. Die Präventivfachkräfte können im Falle eines konkreten Eingliederungsmanagements zusätzlich zu den ohnehin angebotenen Beratungszeiten seitens der Allgemeinen Unfallversicherung angefordert werden. In KKUs und auch in kleineren KMUs werden der obersten Führungskraft von den fit2work-BeraterInnen Arbeitsbewältigungs-Coachings immer wieder auch schon zu Beginn des Prozesses angeboten. Ein Arbeitsbewältigungs-Coaching wird meist als überraschendes Empowerment erlebt und in der Folge gerne auch belasteten MitarbeiterInnen angeboten. Als Analyseinstrument werden im Rahmen von fit2work Arbeitsbewältigungs-Coachings nicht angeboten, weil es nicht ausreichend viele geförderte Beratungstage dafür gibt.

Ein fit2work-Prozess dauert in Unternehmen mit über 50 MitarbeiterInnen bis zu drei Jahre, kleinere Unternehmen werden nur ein Jahr lang begleitet.

Fit2work wurde seitens der Unternehmen bis Ende 2016 von insgesamt 790 Unternehmen nur von insgesamt vier Unternehmen abgebrochen. Gründe waren ein zu schneller Start und Wechsel von Projektleitungen.

Fit2work wird von allen Branchen und auch vom öffentlichen Dienst (Gemeinde, Stadt, Landesregierung, Schulen) umgesetzt. Haben in fit2work 1 (Förderphase 2012-2015) noch mehr große Unternehmen fit2work umgesetzt, tun dies in fit2work 2 (2015-2019) viel mehr KKUs und KMUs. Diese Entwicklung ist das Ergebnis einer Vorgabe der Auftraggeber, die KKUs und KMUs mehr Unterstützung geben wollen. Sie hat auch den Schwerpunkt von fit2work-Prozessen vom Gesundheits- und Sozialbereich und der Industrie stärker in Richtung Dienstleistungen verschiedenster Art in den KKUs und KMUs verlegt.

Fit2work ist in Österreich mittlerweile sehr bekannt – allerdings mehr über die Personenberatung als über die Betriebsberatung. Die Projektleitung sieht die Ursachen dafür in der viel offensiveren Bewerbung seitens der Auftraggeber für die Personenberatung (öffentliche Medien, Anschreiben von Kranken seitens der Krankenkassen) als für die Betriebsberatung. Die Gründe dafür liegen wohl auch darin, dass allgemein die Wirkung eines systemischen Zugangs, wie ihn die Betriebsberatung ermöglicht, noch zu wenig im Bewusstsein der Förder- und Auftraggeber wie auch der Nutzer ist.

Als einen der Erfolgsfaktoren der fit2work-Betriebsberatung sehen die Projektleiterinnen die enge Verbindung von fit2work mit dem ArbeitnehmerInnenschutz und der Betrieblichen Gesundheitsförderung. Oft bauen fit2work-Betriebe mit fit2work die dritte Säule des Betrieblichen Gesundheitsmanagements (BGM) auf.[2] Ist ein fit2work-Prozess in einem Unternehmen abgeschlossen, empfehlen fit2work-BeraterInnen mit einem BGF-Prozess anzuschließen oder den Prozess mit der anstehenden Evaluierung der psychischen Belastungen am Arbeitsplatz fortzusetzen. Dies geschieht nicht selten auch in umgekehrter Reihenfolge.

KKUs und KMUs haben oft zu wenige Ressourcen, um sich um Unterstützungsangebote zu kümmern, und meiden auch die mit Förde-

---

[2] Betriebliches Gesundheitsmanagement besteht aus drei Säulen, dem ArbeitnehmerInnenschutz, der Betrieblichen Gesundheitsförderung (siehe Luxemburger Deklaration 1997) und dem Betrieblichen Eingliederungsmanagement (wie es von fit2work Betriebsberatung in Österreich gefördert und in Deutschland gesetzlich verpflichtend ist).

rungen oft einhergehende umfangreiche Administration. Fit2work wird daher sehr gern in Anspruch genommen – die Administration bleibt nach Anmeldung zur Gänze bei den fit2work-BeraterInnen. Das Angebot empowert die Führungskräfte in ihrer eigenen Arbeitsfähigkeit. Das überrascht und motiviert Unternehmensleitungen, auch für ihre MitarbeiterInnen etwas zu tun.

Weiterführende Literatur zu ABI und ABI Plus™

Gould, R./Ilmarinen, J./Järvisalo, J./Koskinen, S. (Hrsg.) (2008): Dimensions of Work Ability, Helsinki.
Hasselhorn, H.M./Freude, G. (2007): Der Work Ability Index – ein Leitfaden; Schriftenreihe der Bundesanstalt für Arbeitsschutz und Arbeitsmedizin; Sonderschrift 87; Dortmund/Berlin/Dresden.
Ilmarinen, J. (2005): Towards a longer worklife – ageing and the quality of worklife in the European Union, FIOH; Helsinki.
Karazman, R./Geissler, H./Kloimüller, I. (1995): Work Ability Index. Arbeitsbewältigungs-index. Erste deutschsprachige Ausgabe. Finnisches Institut für Arbeitsmedizin. Arbeitnehmergesundheitsschutz 19, Helsinki.
Kloimüller, I./Czeskleba, R. (2013): Fit für die Zukunft – Arbeitsfähigkeit erhalten. Das Bautagebuch für das Haus der Arbeitsfähigkeit. Im Auftrag von AUVA und PVA [URL: http://www.abiplus.net, abgerufen am 23.1.2017].
Tuomi, K./Ilmarinen, J./Jahkola, A./Katajarinne, L./Tulkki, A. (2001): Arbeitsbewältigungs-Index – Work Ability Index. 1. Auflage. Bremerhaven: Schriftenreihe der Bundesanstalt für Arbeitsschutz und Arbeitsmedizin: Ü 14.
van den Berg, T. (2010): The Role of Work Ability and Health on Sustaining Employability, Erasmus Universität Rotterdam.

Weiterführende Literatur zu fit2work-Betriebsberatung

Geißler-Gruber, B./Frevel, A. (2009): Arbeitsbewältigungs-Coaching®. Neue Herausforderungen erfordern neue Beratungswerkzeuge. Hrsg. von INQA, Heft 38, Dortmund.
Geißler-Gruber, B./Frevel, A. (2009): Das Individuum stärken, die betriebliche Zukunft sichern! Arbeitsbewältigungs-Coaching® als Antwort auf neue Herausforderungen. Hrsg. von der Bundesanstalt für Arbeitsschutz und Arbeitsmedizin, September 2009.
www.fit2work.at/ home/Angebot_fuer_Betriebe
www.fit2work.at/Home/Angebot_fuer_Personen

Tobias Reuter/Anja Liebrich/
Marianne Giesert
Das Arbeitsfähigkeitscoaching® bei der Betrieblichen Eingliederung – ein wichtiger Baustein der Prävention

1. Einführung

Die Bundesanstalt für Arbeitsschutz und Arbeitsmedizin schätzt die jährlichen volkswirtschaftlichen Kosten durch Arbeitsunfähigkeit in Deutschland auf insgesamt 59 Milliarden Euro, den Ausfall von Bruttowertschöpfung sogar auf 103 Milliarden Euro (BAuA 2015). Aus dem aktuellen Gesundheitsreport der BKK (Knieps/Pfaff 2016) geht hervor, dass vor allem Langzeiterkrankungen mit mehr als 42 Tagen für einen Großteil der AU-Tage verantwortlich sind. Die Daten anderer großer Krankenkassen zeichnen ein sehr ähnliches Bild. So machen gerade mal 3,8% der Fälle mit Langzeiterkrankungen insgesamt 41,7% der AU-Tage aus. Die Langzeiterkrankungen korrelieren dabei mit dem Alter der Beschäftigten (ebd.). Vor dem Hintergrund der aktuellen Entwicklungen der Arbeitsgesellschaft und des damit verbundenen stetigen Anstiegs der Erwerbstätigenquote Älterer in Deutschland (von 1994 stieg diese bei den 55- bis 64-Jährigen von 36,6% auf 65,6% im Jahr 2014; Eurostat 2015), wird der Handlungsbedarf in den Betrieben immer größer. Vor allem die Themen psychische Belastungen und Erkrankung stehen mehr und mehr auf der Agenda der Unternehmen, was die Zahlen der Krankenkassen unterstreichen: Psychische Störungen weisen mit durchschnittlich 36,0 AU-Tagen pro Fall die längsten Fehlzeiten auf (Knieps/Pfaff 2016).

Der Gesetzgeber in Deutschland hat bereits im Jahr 2004 mit der Einführung des Betrieblichen Eingliederungsmanagements (§ 84 Abs. 2 SGB IX) auf diese Entwicklung reagiert: »Durch die gemeinsame Anstrengung aller Beteiligten soll ein betriebliches Eingliederungsmanagement geschaffen werden, das durch geeignete Gesundheitsprävention das Arbeitsverhältnis möglichst dauerhaft sichert. Viele Abgänge in die Arbeitslosigkeit erfolgen immer noch aus Krankheitsgründen.« (Deutscher Bundestag 2003)

Das BEM unterstützt Beschäftigte, nach längerer Arbeitsunfähigkeit wieder im Betrieb Fuß zu fassen und zeigt Wege auf, eine Balance zwischen den Arbeitsanforderungen auf der einen Seite und den individuellen Möglichkeiten auf der anderen Seite herzustellen.

2. Das Arbeitsfähigkeitscoaching® – ein Rahmenkonzept für das Betriebliche Eingliederungsmanagement

Seit der gesetzlichen Verankerung des Betrieblichen Eingliederungsmanagements in 2004 stehen die deutschen Betriebe vor der Herausforderung, geeignete strukturelle Voraussetzungen und Abläufe für diesen Prozess zu verankern. Dabei existiert kein Königsweg, denn es ist lediglich festgeschrieben, dass ein BEM einzuführen ist, die Ausgestaltung eines solchen Managementprozesses ist den Unternehmen jedoch selbst überlassen.

Um einen betrieblichen Eingliederungsprozess erfolgreich zu implementieren, ist es notwendig, auf vorhandene Strukturen, Abläufe und kulturelle Faktoren des jeweiligen Unternehmens aufzubauen. Damit wird gewährleistet, dass die spezifische Situation berücksichtigt wird und der Prozess nicht nur definiert, sondern auch »gelebt« werden kann (vgl. z.B. Prümper/Reuter 2015).

Das in diesem Beitrag vorgestellte Arbeitsfähigkeitscoaching® (AFCoaching) wird dieser Forderung gerecht, da es als Rahmenkonzept zu verstehen ist, das auf Grundlage der Gegebenheiten der Unternehmen spezifisch ausgestaltet werden muss (vgl. Liebrich/Giesert/Reuter 2011; Liebrich/Reuter 2012; Reuter/Giesert/Liebrich 2012). Die inhaltliche Basis dieses Coachingansatzes bildet das finnische Arbeitsfähigkeitskonzept (vgl. Ilmarinen/Tempel 2002).

Im Folgenden werden die Grundzüge des Rahmenkonzeptes, der Qualifizierung sowie die Erfahrungen bzgl. des AFCoachings im BEM aus der betrieblichen Praxis erläutert.

2.1 Grundkonzeption des AFCoachings

Um den Prozess des BEM im Unternehmen nachhaltig zu verankern, verfolgt das AFCoaching einen Drei-Ebenen-Ansatz, der durch einen strukturierten Evaluationsprozess flankiert wird (vgl. Abbildung 1):

Betriebliche Ebene: Es werden Strukturen angestrebt, um das Handlungsfeld BEM im Betrieblichen Gesundheitsmanagement mit den weiteren Bereichen Betrieblicher Arbeitsschutz und Betriebliche Gesundheitsförderung fest zu verankern. Ein umfassender Datenschutz, der den betrieblichen AkteurInnen Handlungssicherheit gibt und eine Vertrauenskultur beim Umgang mit sensiblen Daten schafft, ist als wichtiges Element zu gewährleisten.

Überbetriebliche Ebene: Die Etablierung eines BEM-Unterstützungsnetzwerks dient der Prozessoptimierung an der Schnittstelle zu externen AkteurInnen (z.b. Integrationsämter, Krankenkassen, Rentenversicherer). Neben Möglichkeiten der finanziellen bzw. materiellen Unterstützung sowie Beratung bei der Eingliederung zielt das Netzwerk auf einen kontinuierlichen Erfahrungsaustausch ab.

Individuelle Ebene: Das AFCoaching unterstützt BEM-Berechtigte in ihrer aktiven Rolle bei der Wiederherstellung, dem Erhalt und der Förderung ihrer Arbeits- und Beschäftigungsfähigkeit. Kernstück ist die gemeinsame Entwicklung von Maßnahmen mit den BEM-Berechtigten und den betrieblichen AkteurInnen (z.B. Führungskräfte und Interessenvertretung), damit sie in ihrer Umsetzung der betrieblichen Realität ent-

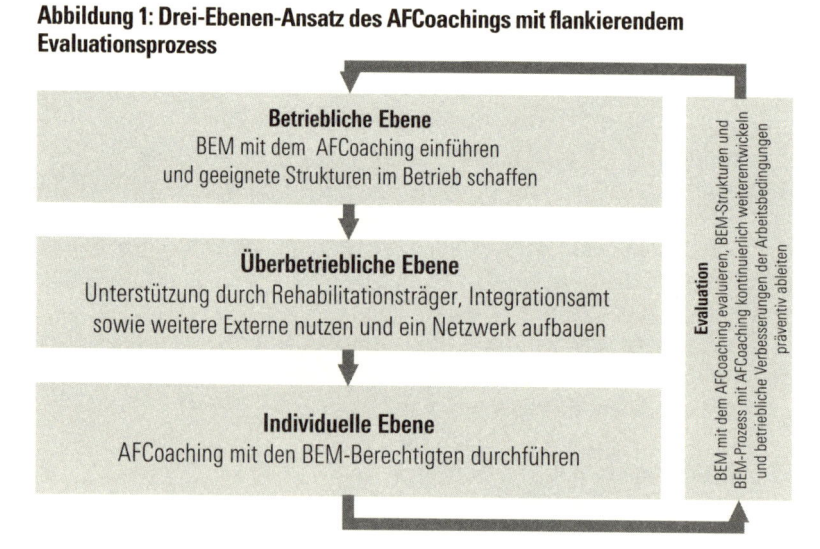

Abbildung 1: Drei-Ebenen-Ansatz des AFCoachings mit flankierendem Evaluationsprozess

Betriebliche Ebene
BEM mit dem AFCoaching einführen und geeignete Strukturen im Betrieb schaffen

Überbetriebliche Ebene
Unterstützung durch Rehabilitationsträger, Integrationsamt sowie weitere Externe nutzen und ein Netzwerk aufbauen

Individuelle Ebene
AFCoaching mit den BEM-Berechtigten durchführen

Evaluation: BEM mit dem AFCoaching evaluieren, BEM-Strukturen und BEM-Prozess mit AFCoaching kontinuierlich weiterentwickeln und betriebliche Verbesserungen der Arbeitsbedingungen präventiv ableiten

Quelle: eigene Darstellung nach Giesert/Reiter/Reuter 2013

sprechen. Die gezielte Einbindung wichtiger AkteurInnen – insbesondere der BEM-Berechtigten selbst – in die Entscheidungsprozesse der Eingliederung macht das AFCoaching zu einem echten partizipativen Ansatz, der die gesetzliche Forderung nach »Beteiligung der betroffenen Person« in die Praxis umsetzt.

Evaluation: Ein strukturierter kennzahlenbasierter Evaluationsprozess bildet die Grundlage der kontinuierlichen Verbesserung des BEM im Unternehmen. Hierbei werden innerhalb eines Reviews auf Basis aktueller Daten Stärken und Handlungsbedarfe auf allen drei Ebenen identifiziert und entsprechende Maßnahmen zu deren Verstetigung bzw. Verbesserung abgeleitet und umgesetzt (vgl. Reuter/Liebrich/Giesert 2016).

2.2 Aufbau von Strukturen und Prozessen des BEM im BGM

Die Implementierung des AFCoachings beginnt mit einer Bestandsaufnahme von betrieblichen Strukturen, Prozessen und Ergebnissen des Betrieblichen Gesundheitsmanagements mit dem Schwerpunkt der betrieblichen Eingliederung. Die Auswertung und Diskussion der so erhobenen Informationen bilden die Grundlage für die Ausgestaltung der zukünftigen BEM-Arbeit.

Die Einführung bzw. Optimierung des BEM bringt Änderungen mit sich, z.B. im Hinblick auf betriebliche Abläufe oder Zuständigkeiten. Um einen solchen Veränderungsprozess erfolgreich zu gestalten, ist es zielführend, entsprechende sachliche und psychologische Voraussetzungen zu schaffen (Liebrich/Reuter 2012). In diesem Kontext kristallisierten sich folgende grundlegende Erfolgsfaktoren in der Praxis heraus:

- frühzeitige, transparente und zielgruppenadäquate interne Informations- und Kommunikationsaktivitäten (vgl. Liebrich 2015),
- die Sensibilisierung von Führungskräften und Interessenvertretungen für das Thema der Arbeitsfähigkeit (vgl. Giesert/Reuter 2015),
- die Herausarbeitung der jeweiligen Rollen, die diese Personen innerhalb des Prozesses im Unternehmen einnehmen, sowie
- die Verbesserung der Netzwerkarbeit mit externen Akteurinnen und Akteuren (z.B. Integrationsamt und Rehabilitationsträger). Hier sind »Runde Tische« zur Schaffung eines Unterstützungsnetzwerks hilfreich, die von allen bisher teilnehmenden Betrieben ausnahmslos als wertvoll und gewinnbringend für die eigene operative Arbeit beurteilt werden (vgl. Lippold/Wögerer 2015).

2.3 Individueller Coachingprozess – die Begleitung der BEM-Berechtigten

Die Begleitung der BEM-Berechtigten durch AFCoaches kann in sieben inhaltliche Schritte unterteilt werden (vgl. Abbildung 2).

Beginnend mit einem Erstgespräch wird im weiteren Ablauf die aktuelle Lage der/des BEM-Berechtigten anhand des »*Hauses der Arbeitsfähigkeit*« gemeinsam besprochen und Handlungsmöglichkeiten entwickelt. Grundlegend hierfür sind zwei Perspektiven:
1) Was kann die/der BEM-Berechtigte selbst und
2) was kann das Unternehmen tun, um die persönliche Arbeitsfähigkeit wiederherzustellen bzw. zu fördern?

Unterstützend wird bei der Analyse auf weitere fundierte Instrumente der arbeits- und organisationspsychologischen Forschung oder beste-

Abbildung 2: Sieben Schritte des Arbeitsfähigkeitscoachings auf individueller Ebene

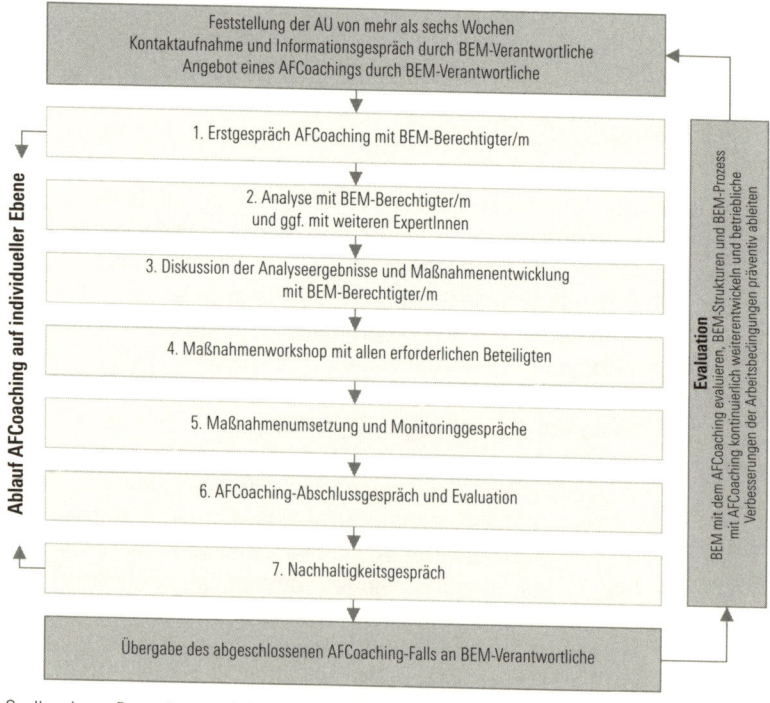

Ablauf AFCoaching auf individueller Ebene:

- Feststellung der AU von mehr als sechs Wochen
  Kontaktaufnahme und Informationsgespräch durch BEM-Verantwortliche
  Angebot eines AFCoachings durch BEM-Verantwortliche
- 1. Erstgespräch AFCoaching mit BEM-Berechtigter/m
- 2. Analyse mit BEM-Berechtigter/m und ggf. mit weiteren ExpertInnen
- 3. Diskussion der Analyseergebnisse und Maßnahmenentwicklung mit BEM-Berechtigter/m
- 4. Maßnahmenworkshop mit allen erforderlichen Beteiligten
- 5. Maßnahmenumsetzung und Monitoringgespräche
- 6. AFCoaching-Abschlussgespräch und Evaluation
- 7. Nachhaltigkeitsgespräch
- Übergabe des abgeschlossenen AFCoaching-Falls an BEM-Verantwortliche

Evaluation: BEM mit dem AFCoaching evaluieren, BEM-Strukturen und BEM-Prozess mit AFCoaching kontinuierlich weiterentwickeln und betriebliche Verbesserungen der Arbeitsbedingungen präventiv ableiten

Quelle: eigene Darstellung nach Giesert, Reiter & Reuter, 2013

hende Gefährdungsbeurteilungen zurückgegriffen. Die Ergebnisse dieser umfassenden Analyse sowie der entwickelten Maßnahmen sind die Grundlage für den »Maßnahmenworkshop«.

Hier setzen sich alle notwendigen Personen für die Umsetzung von Maßnahmen (z.b. Führungskraft, Betriebsärztin/-arzt) zusammen, um gemeinsam über die Maßnahmen und die nächsten Schritte zu diskutieren sowie zu entscheiden.

Die in diesem Zusammenhang festgelegten Vereinbarungen, wie z.b. Umsetzungstermine oder Verantwortlichkeiten, haben sich in der Praxis als besonders wertvoll für eine zügige Umsetzung gezeigt.

Der AFCoach begleitet die/den BEM-Berechtigte/n bei der Umsetzung der festgelegten Maßnahmen und führt am Ende des Coachings ein Abschlussgespräch über den Verlauf des Prozesses. Nach ca. vier bis sechs Monaten folgt dann ein Nachhaltigkeitsgespräch zur Überprüfung der Stabilität der Arbeitsfähigkeit der/des BEM-Berechtigten.

3. Qualifizierung der AFCoaches

Um BEM-Berechtigte im Rahmen eines individuellen Coachingprozesses zu begleiten, ist grundlegendes Sach- und Handlungswissen im Bereich BEM und BGM nötig. Dieses wird im Rahmen einer mehrstufigen Qualifizierung zum AFCoach vermittelt, die den Transfer der Inhalte durch konkrete Fallarbeit und -reflektion mit BEM-Berechtigten beinhaltet. Sie umfasst drei Schritte sowie eine kontinuierliche Rezertifizierung (vgl. Abbildung 3).

Mit der viertägigen Grundlagenschulung wird gewährleistet, dass die zukünftigen AFCoaches die vielfältigen Möglichkeiten eines Betrieblichen Gesundheitsmanagements mit den Säulen Betrieblicher Arbeitsschutz, Betriebliches Eingliederungsmanagement und Betrieblicher Gesundheitsförderung kennen und nutzen (vgl. Giesert 2012).

Die Vernetzung mit inner- und außerbetrieblichen AkteurInnen sowie das Zurückgreifen auf bereits bestehende Ressourcen zur Förderung der Arbeitsfähigkeit sind wesentliche Schulungsbestandteile. Der Ablauf des AFCoachings sowie der Umgang mit den umfangreichen Materialien zur Professionalisierung, Dokumentation und Evaluation stehen am dritten und vierten Schulungstag im Mittelpunkt. Durch Fallbeispiele, Rollenspiele sowie Kommunikationsübungen werden Aspekte des AFCoachings praxisnah vermittelt.

Abbildung 3: Schematischer Ablauf der Qualifizierung zum AFCoach

Grundlagen- und Methodenschulung (4 Tage)
- Tag 1 und 2: BEM im Betrieblichen Gesundheitsmanagement
- Tag 3 und 4: Das AFCoaching, Handbuch AFCoaching, Fallbeispiele, Rollenspiele

Fallarbeit (kontinuierliche Fallarbeit, 2 Tage Reflexion)
- Kontinuierlich: Übernahme eines BEM-Falls im Betrieb und Fallbegleitung durch ExpertInnen des IAF Mainz
- Nach ca. 4 Monaten: ein Tag Reflexion in der Gruppe
- Nach ca. 8 Monaten: ein Tag Reflexion in der Gruppe

Kolloquium und Zertifizierung (1,5 Tage ca. nach einem Jahr)

Rezertifizierung (kontinuierliche Supervision und Weiterbildung)

Ein wichtiges Element der Qualifizierungsreihe ist die Begleitung eines eigenen BEM-Falles innerhalb der Ausbildung. Die zukünftigen AFCoaches können das Gelernte direkt anwenden und sammeln eigene Erfahrungen. Zu deren Unterstützung bieten ExpertInnen Sprechstunden an, die für Fallreflektion und Beratung genutzt werden können. Durch zwei eintägige Reflexions- und Supervisionstreffen wird zusätzlich Handlungssicherheit gewährleistet sowie der kollegiale Erfahrungsaustausch gefördert. Die Qualifizierung endet nach ca. einem Jahr mit einem Kolloquium und einer Zertifizierung.[1] Um die kontinuierliche Weiterbildung und Reflexion zu Stärkung der eigenen Rollensicherheit auch nach Qualifizierungsende zu gewährleisten, muss zur Rezertifizierung alle zwei Jahre eine Fach- und Reflexionsveranstaltung besucht werden.

---

[1] Fragen zur Qualifizierung AFCoaching sowie zu Supervisionen und fachbezogenen Weiterbildungen können Sie gerne an gutentag@arbeitsfaehig.com stellen.

4. Das AFCoaching in der Praxis

Seit der Pilotierung im ersten Forschungsprojekt »Neue Wege im BEM«,[2] das 2010 begann, sind bis heute (Stand Januar 2017) über 90 Arbeitsfähigkeitscoaches in knapp 20 unterschiedlichen Betrieben durch die Beraterinnen und Berater des IAF (Instituts für Arbeitsfähigkeit) qualifiziert worden. Die meisten der Betriebe sind Großunternehmen mit mehr als 500 Beschäftigten, wobei diese zum Teil durch kleinere dezentrale Einheiten auch KMU-ähnliche Strukturen aufweisen. Die Branchen der Betriebe sind sehr unterschiedlich und reichen von der öffentlichen Verwaltung (vgl. den Beitrag von Fischer et al. in diesem Band) bis zur Produktion im Vierschichtsystem (vgl. Haderlein und Morgenroth in diesem Band).

Neben dem Einsatz in unterschiedlichen Betrieben und der Erfüllung des gesetzlichen Auftrages nach § 84 Abs. 2 SGB IX kristallisieren sich neue Einsatzformen heraus: So unterstützt das AFCoaching in angepasster Form auch beispielsweise Selbstständige bei der Wiederaufnahme ihrer Tätigkeit (vgl. Giesert in diesem Band), ebenso wurden bereits Erfahrungen im Hinblick auf die Unterstützung arbeitsloser Personen gesammelt. Die besondere Herausforderung, die sich in diesem Kontext stellt, ist das Fehlen konkreter Arbeitsbedingungen in einem Unternehmen. Aber auch ohne diese Informationen ist es durch die systematische Analyse mit dem Haus der Arbeitsfähigkeit und einer Diskussion der Einflussfaktoren der eigenen Arbeitsfähigkeit möglich, diese durch entsprechende Maßnahmen zu stärken und die Suche nach geeigneten Stellen und Tätigkeitsbereichen zu unterstützen. Neben der Reflexion und Maßnahmenableitung für die eigene Gesundheit, notwendiger oder gewünschter Qualifikationen, der eigenen Motivation, der Unterstützung im Umfeld stehen auch mögliche Arbeitsangebote im Raum, die auf Grundlage der Balance zwischen Arbeit und den persönlichen Ressourcen diskutiert und dadurch möglich werden.

---

[2] Das Projekt »Neue Wege im BEM« wurde von April 2010 bis März 2013 gefördert durch das Bundesministerium für Arbeit und Soziales und den Ausgleichsfonds nach § 78 Sozialgesetzbuch IX in Verbindung mit § 41 Schwerbehinderten-Ausgleichsabgabeverordnung.

5. Zusammenfassung und Ausblick

Das AFCoaching ist ein umfassendes Konzept, das auf die Professionalisierung und Strukturierung des Betrieblichen Eingliederungsmanagements als Teil des Betrieblichen Gesundheits- bzw. Arbeitsfähigkeitsmanagements abzielt (vgl. hierzu auch den Beitrag Giesert/Reuter/Liebrich in diesem Band). Hierfür sind auf betrieblicher und außerbetrieblicher Ebene geeignete Rahmenbedingungen zur Unterstützung des Eingliederungsprozesses zu schaffen. Transparentes Handeln, eine vertrauensvolle Kommunikation, ein inner- und außerbetriebliches Unterstützungsnetzwerk und die umfassende Sensibilisierung und Qualifizierung der am BEM beteiligten Personen sind die wesentlichen Punkte in diesem Zusammenhang.

Neben dem »klassischen« Einsatz im Betrieb zeigen sich auch weitere Anwendungsfelder des AFCoachings zur Unterstützung der Arbeitsfähigkeit, bspw. für Selbständige oder Arbeitslose. Ebenfalls ist dieser Ansatz auch für weitere Zielgruppen denkbar, wie SchülerInnen, Studierende oder Personen, die nach einer längeren Familienphase wieder in das Berufsleben einsteigen wollen. Eine Anpassung des Rahmenkonzeptes an diese spezifischen Situationen erscheint gewinnbringend.

Das AFCoaching wurde als Instrument für das BEM entwickelt und hat dabei den Fokus auf Beschäftigte, die nach längerer Erkrankung den Weg zurück ins Arbeitsleben finden möchten. Es ist aber auch als Dialoginstrument zur Stabilisierung der Arbeitsfähigkeit geeignet, bevor Arbeitsunfähigkeitszeiten anfallen. Damit ist es auch ein Instrument der Primärprävention und insgesamt sehr gut geeignet, dem demografischen Wandel etwas entgegenzusetzen und die Arbeitsfähigkeit der älter werdenden Belegschaften zu fördern.

Bei der Entwicklung von Maßnahmen hat sich eine fundierte Analyse anhand des Hauses der Arbeitsfähigkeit bewährt. BEM-Berechtigte und AFCoaches berichten von der guten Verständlichkeit dieses Ansatzes und den neuen sowie kreativen Möglichkeiten zur Förderung der Arbeitsfähigkeit.

Es zeigte sich, dass vor allem der Aspekt der psychischen Belastung und korrespondierender Beanspruchungsfolgen einen immer wichtigeren Stellenwert in der praktischen BEM-Arbeit einnimmt. Dieser Themenkomplex ist von grundlegender Bedeutung für eine gesundheitsgerechte Gestaltung von Arbeitsbedingungen. In der Qualifizierung der AFCoaches sind diese Aspekte bereits berücksichtigt. Jedoch müssen auch weitere Verantwortliche in den Betrieben Schulungen zu Themen wie »psychische Belastung am Arbeitsplatz reduzieren«, »Gefährdungsbeurteilung psychische Belastung« erhalten, um Vorurteile und Stereotypisierungen abzubauen.

Literatur

BAuA (2015): Volkswirtschaftliche Kosten durch Arbeitsunfähigkeit 2013 [URL: http://www.baua.de/de/Informationen-fuer-die-Praxis/Statistiken/Arbeitsunfaehigkeit/Kosten.html, abgerufen am 29.12.2016].
Deutscher Bundestag (2003): Gesetzentwurf der Fraktionen SPD und BÜNDNIS 90/DIE GRÜNEN. Entwurf eines Gesetzes zur Förderung der Ausbildung und Beschäftigung schwerbehinderter Menschen, Drucksache 15/1783 [URL: http://dip21.bundestag.de/dip21/btd/15/017/1501783.pdf, abgerufen am 29.12.2016].
Eurostat (2015): Erwerbstätigenquote älterer Erwerbstätiger [URL: http://ec.europa.eu/eurostat/tgm/table.do?tab=table&init=1&language=de&pcode=tsdde100&plugin=1, abgerufen am 29.12.2016].
Giesert, M. (2012): Arbeitsfähigkeit und Gesundheit erhalten. In: AiB 2012/ Heft 5, S. 336-340.
Giesert, M./Reiter, D./Reuter, T. (2013): Neue Wege im Betrieblichen Eingliederungsmanagement – Arbeits- und Beschäftigungsfähigkeit wiederherstellen, erhalten und fördern. Ein Handlungsleitfaden für Unternehmen, betriebliche Interessenvertretungen und Beschäftigte. Düsseldorf: DGB Bildungswerk.
Giesert, M./Reuter, T. (2015): Qualifizierung betrieblicher AkteurInnen – Kooperation und Handlungskompetenz fördern. In: J. Prümper/T. Reuter/A. Sporbert (Hrsg.), BEM-Netz – Betriebliches Eingliederungsmanagement erfolgreich umsetzen. Ergebnisse aus einem transnationalen Projekt. Berlin: HTW, S. 63-68.
Ilmarinen, J./Tempel, J. (2002): Arbeitsfähigkeit 2010 – Was können wir tun, damit Sie gesund bleiben? Hamburg: VSA.
Knieps, F./Pfaff, H. (2016): BKK Gesundheitsreport 2016, Berlin: MWV.
Liebrich, A. (2015): Gut geplant ist halb gewonnen – Kommunikation und Information zum BEM. In: J. Prümper/T. Reuter/A. Sporbert (Hrsg.), BEM-Netz – Betriebliches Eingliederungsmanagement erfolgreich umsetzen. Ergebnisse aus einem transnationalen Projekt. Berlin: HTW, S. 59-62.
Liebrich, A./Giesert, M./Reuter, T. (2011): Das Arbeitsfähigkeitscoaching im Betrieblichen Eingliederungsmanagement. In: M. Giesert (Hrsg.), Arbeitsfähig in die Zukunft. Hamburg: VSA, S. 81-93.
Liebrich, A./Reuter, T. (2012): Neue Wege im Betrieblichen Eingliederungs-

management. In: R. Bruder/M. v. Hauff (Hrsg.), Arbeit im Wandel. Stuttgart: ergonomia, S. 231-252.
Lippold, K./Wögerer, K. (2015): Externe Unterstützung im BEM. In: J. Prümper/T. Reuter/A. Sporbert (Hrsg.), BEM-Netz – Betriebliches Eingliederungsmanagement erfolgreich umsetzen. Berlin: HTW, S. 93-96.
Prümper, J./Reuter, T. (2015): Realisierung des Betrieblichen Eingliederungsmanagements. Organisation, Initiierung, Intervention und Evaluation. GesundheitsManager, 5, S. 6-11.
Reuter, T./Giesert, M./Liebrich, A. (2012): Arbeitsfähigkeitscoaching – ein neuer Ansatz für das betriebliche Eingliederungsmanagement. In: Gesellschaft für Arbeitswissenschaft (Hrsg.), Gestaltung nachhaltiger Arbeitssysteme. Dortmund: GfA-Press, S. 543-546.
Reuter, T./Liebrich A./Giesert, M. (2016): Das Handlungsfeld Betriebliches Eingliederungsmanagement im Betrieblichen Gesundheitsmanagement – Erfahrungen und Ergebnisse aus Forschung und Praxis. In: M. Pfannstiel/ H. Mehlich (Hrsg.), Betriebliches Gesundheitsmanagement. Konzepte, Maßnahmen, Evaluation. Springer, Wiesbaden, S. 267-280.

Brigitta Gruber/Alexander Kühl
Ermutigung zum Tun!
Arbeitsbewältigungs-Coaching®: eine Maßnahme für einen altersgerechten Arbeitsschutz

Es gibt eine »gute« und eine »schlechte« Nachricht. Die »schlechte« zuerst: Arbeitsbewältigungs-Coaching (ab-c®) ist *kein* Instrument der Gefährdungsbeurteilung[1] des betrieblichen Arbeits- und Gesundheitsschutzes. Wurde in den Vorjahren bereits ein ab-c®-Prozess im Betrieb durchgeführt, gibt dieser keine hinreichenden Auskünfte zur gesetzlich geforderten Beurteilung von Arbeitsbedingungen/Belastungen.

Die »gute« Nachricht ist: ab-c® kann als Folgemaßnahme die Gefährdungsbeurteilung umsetzungsorientiert und damit wirkungsvoll für den einzelnen Beschäftigten und für den ganzen Betrieb ergänzen. Die kontinuierlichen ab-c®-Prozesse erlauben neben der angestrebten Arbeitsbewältigungsförderung sogar die Wirkungsüberprüfung der in der Gefährdungsbeurteilung festgelegten Maßnahmen. Weiter können ab-c®-Prozesse die Präventionsfachleute und die betrieblichen Verantwortungsträger/innen auf Abteilungen bzw. Arbeitsbereiche mit erhöhten arbeitsbedingten Fehlbeanspruchungen der dortigen Beschäftigten für eine (neuerliche, anlassbezogene) Gefährdungsbeurteilung aufmerksam machen.

Diese Feststellung und insbesondere die Potenziale des ab-c® werden wir im Folgenden erläutern und hoffen damit auch die Gefahr zu bannen, dass das ab-c® mit einem nicht angestrebten Image eines Allerwelt-Beratungsinstruments seine Stärken verlieren könnte.

---

[1] Wir verwenden im Text nahezu durchgängig den in Deutschland landläufig verwendeten Begriff der »Gefährdungsbeurteilung« für die Arbeitsschutzaufforderung zur Beurteilung der Arbeitsbedingungen nach §5 ArbSchG. Gleichzeitig gelten die Ausführungen aber auch für die nahezu identische Aufforderung zur Ermittlung und Beurteilung der Arbeitsbedingungen, Festlegung von Maßnahmen nach §4 AschG in Österreich, die hier als Arbeitsplatzevaluierung (psychische Belastungen) bekannt ist.

1. Ziel und Zweck des Arbeitsbewältigungs-Coachings

Die Entwicklung des Beratungswerkzeugs ab-c® reiht sich ein in die Bemühungen um solide und wirkungsvolle Interventionen im Rahmen betrieblichen Alters- bzw. Alternsmanagements. Ziel ist, dass Menschen in der Ausübung ihrer beruflichen Tätigkeit derart unterstützt werden, dass sie bis zum Erreichen des Rentenalters möglichst wohlbehalten, gut und gerne arbeiten und damit im persönlichen und betrieblichen Sinne produktiv sein können.

Eine Grundvoraussetzung dafür ist, dass wir Arbeitswelten anstreben und Arbeitsweisen einüben, die keinen vorzeitigen Verschleiß mit sich bringen. Insofern ist das Fundament eines betrieblichen Alters- und Alternsmanagements der gesetzlich verankerte und betrieblich ausgeübte Arbeits- und Gesundheitsschutz u.a. mit der kontinuierlichen Verbesserungsstrategie der Gefährdungsbeurteilung. Gleichzeitig erfordert Arbeitsbewältigungsförderung noch mehr: Differentielle Arbeitsgestaltung, die die individuelle Bedarfslage zum Ausgangspunkt nimmt, und Interventionen des Empowerments, um Menschen für sich selbst und betriebliche Verantwortungsträger/innen zur Umsetzung von Vorsorgemaßnahmen anzustiften.

Widmen wir uns insbesondere der Aufgabenstellung »Arbeitsbewältigung im Zuge eines langen Erwerbslebens«, so sind dabei mehrere Einflussfaktoren zu beachten. Gleichzeitig verändern sich diese Faktoren ständig und beeinflussen sich wechselseitig. Schon alleine der Blick auf den Alterungsprozess macht deutlich, dass eine gleichförmige Leistungserfüllung und Beanspruchung durch Arbeit nicht selbstverständlich zu erwarten ist. Es ist wahrscheinlich, dass das körperliche Bewältigungspotenzial eines jungen Erwerbstätigen das eines dreißig Jahre älteren Beschäftigten übersteigt. Gleichzeitig gewinnen Erfahrungswissen, soziale Kompetenz, berufliche Routine und Handlungssicherheit mit zunehmendem Lebens- und Berufsalter.

Die Arbeitsbewältigungsbedarfe sind demnach in Mehrgenerationenbelegschaften unterschiedlich. Hinzu kommt, dass die Einzigartigkeit der Beschäftigten in Bezug auf ihre Arbeitsbewältigungsmöglichkeiten mit dem Lebens- und Berufsalter zunimmt. Eine alters- und alternsgerechte Arbeit berücksichtigt daher den je aktuellen – ggf. gewandelten – Stand

- der persönlichen Kapazitäten (z.B. verringerte körperliche Leistungsfähigkeit wie noch mangelnde Routine oder berufliche Entwicklungsgewinne wie gereiftes Qualitätsbewusstsein),

Ermutigung zum Tun! Arbeitsbewältigungs-Coaching®

- der individuellen, sozialen Bedürfnislagen (z.b. Erziehungs- oder Pflegeaufgaben) und
- der Arbeits- und Wirtschaftsanforderungen (z.b. neue Technologien, Arbeitsorganisation, Produkte und Dienstleistungen).

Es wird daher in Zukunft weiterhin oder verstärkt Aufgabenstellung für betriebliche Verantwortungsträger/innen und für Beschäftigte sein, diesen Veränderungen vom ersten bis zum letzten Arbeitstag bewusst zu begegnen und kontinuierlich bedarfsgerechte Passungen der Faktoren – kurz gesagt: zwischen Arbeit und Person – sowohl im Rahmen eines eigenverantwortlichen Nachdenkens und Tuns, einer alternssensiblen Präventionsberatung als auch im Rahmen der Personalführung herzustellen.

Das ab-c® (Gruber/Frevel 2012) bewährte sich als ein diesbezügliches impulsgebendes Beratungswerkzeug. Basierend auf den finnischen Erkenntnissen zur Arbeitsfähigkeit (Ilmarinen 2005) kombiniert es das Beanspruchungsmessinstrument Work Ability Index (Tuomi u.a. 1998; Version nach Hasselhorn/Freude 2007) und einen Fördergesprächsansatz entlang des »Hauses der Arbeitsfähigkeit« nach Ilmarinen zu einer betrieblichen Personalpflege und Arbeitsbewältigungs-Förderung. Um diesem sensiblen Thema für Beschäftigte und seiner (betriebs-)wirtschaftlichen Bedeutung Rechnung zu tragen, setzen ausschließlich ausgebildete und zur Vertraulichkeit verpflichtete Berater/innen dieses Beratungswerkzeug im Auftrag von Betriebsführungen und mit Zustimmung der Belegschaftsvertretungen ein.

Der Weg der ab-c®-Beratung

ab-c® zielt mit seinen Interventionen darauf, die Selbstbeobachtung und Selbstregulation der Beschäftigten wie auch der betrieblichen Verantwortungsträger/innen zur Erhaltung, Förderung und ggf. Wiederherstellung von Arbeitsbewältigung im Betrieb zu mobilisieren. Denn: Die Arbeitsbewältigung der Beschäftigten ist so wenig Zufall, wie Arbeitsbewältigungs- bzw. Personalkrisen unveränderliches Schicksal sind. Arbeitsbewältigung gelingt, wenn individuell wie betrieblich bedarfsgerechte Passungen hergestellt werden. Auch wenn wir bislang vereinfacht von einer möglichst hohen Passung zwischen den arbeits- und wirtschaftsbezogenen Anforderungen und den persönlichen Ressourcen gesprochen haben, so handelt es sich hier um ein multifaktorielles Geschehen, das auch Ausgleichs-, Moderations- und Kompensationspotenzial selbst im Falle hoher Arbeitsanforderungen für die Arbeitsbewältigung des Einzelnen und der Belegschaft möglich macht. Die Voraussetzung dafür sind offen-vertrauensvolle, ergebnis- und lösungsorientierte Förderdialoge im Betrieb. Diese Förderdialoge organisiert das ab-c® in einem zweistufigen Beratungsprozess, der die Beteiligten zum Handeln ermutigen soll:

Der erste Kernbaustein ist das Angebot eines einstündigen *persönlich-vertraulichen Arbeitsbewältigungs-Gesprächs* an alle Beschäftigten. Es beginnt damit, die aktuelle Beanspruchung durch Arbeit (kurz: die Arbeitsbewältigungssituation) mittels »Work Ability Index« für den/die Gesprächspartner/in greifbar und hinsichtlich der Konsequenzen für die Arbeitsbewältigungszukunft einschätzbar zu machen. Mit modellgebundenen Hinweisen des ab-c-Beraters findet der/die Beschäftigte sein/ihr persönliches Förderziel. Die anschließenden Leitfragen a) *Was können Sie tun, um Ihre Arbeitsbewältigung zu erhalten bzw. zu* fördern? und b) *Was brauchen Sie dafür vom Betrieb?* werden für jede »Etage des Hauses der Arbeitsfähigkeit« (Gesundheit, Entwicklungsmöglichkeiten, Führung/Arbeitsorganisation, Arbeitsbedingungen) gestellt. Der/die ab-c-Berater/in achtet darauf, dass man sich in diesem relativ kurzen Fördergespräch nicht in Problembeschreibungen bzw. Belastungskonkretisierungen verheddert, sondern zügig Ansätze für Lösungen, Verbesserungen und Stärkungen benannt werden. Aktivierendes Nachfragen soll den/die Gesprächspartner/in ermuntern, möglichst konkrete Maßnahmen und erste Realisierungsschritte zu finden. So entsteht ein individueller, bedarfs- und umsetzungsnaher Erhaltungs-, Förder- und Passungsplan zur Arbeitsbewältigungssituation. Dieser wird handschriftlich vom/von der/dem ab-c-Berater/in festgehalten und am Ende des Gesprächs der/dem Beschäftigten überreicht.

ab-c® beginnt beim Einzelnen, aber bleibt dort nicht stehen. Beschäftigte werden nicht mit ihrer Eigenverantwortlichkeit allein gelassen. Mithilfe umsichtiger Zusammenfassungen und Anonymisierungen unterstützt der/die ab-c-Berater/in im zweiten Kernbaustein die betrieblichen Verantwortungsträger/innen (insbesondere die Leitungskräfte), sich auf die erforderlichen und ihnen ggf. auch künftig persönlich von den Beschäftigten vorgetragenen Förderthemen schon gemeinsam betrieblich mit Förderaktionen und -maßnahmen vorzubereiten und darauf antworten zu können. In diesem *Arbeitsbewältigungs-Workshop mit betrieblichen Verantwortungsträger/innen* werden betriebliche Erhaltungs-, Förder- und Passungsmaßnahmen rund um den Faktor »Arbeit« entwickelt. Es ist meist ein dreistündiger Workshop, in dem Führungskräf-

Ermutigung zum Tun! Arbeitsbewältigungs-Coaching®

te, Belegschaftsvertretung, personalwirtschaftliche Services in ihrer Aufgabe zur Vorbeugung von Personalrisiken von ab-c-Berater/innen unterstützt werden. Steuerungs- und Gestaltungshinweise liefert der Arbeitsbewältigungsbericht. Dieser Bericht enthält den anonymisierten (personenunabhängigen), zusammengefassten Arbeitsbewältigungsstatus der ab-c-Teilnehmenden dargestellt als Gruppenmittelwert des Work Ability Index und die freigegebenen sowohl individuellen Fördervorsätze und an den Betrieb gerichteten Förderbedarfe auf allen vier Handlungsebenen des »Hauses der Arbeitsfähigkeit«, die da sind:

- Gesundheitsvorsorge und -förderung
- Berufliche Entwicklungsmöglichkeit
- Führungs- und Unternehmenskultur
- Arbeitsorganisations- und Arbeitsbedingungsgestaltung.

Diese Auswertung liegt in den Händen des ab-c-Beraters, der darauf achtet, dass personenbezogene Arbeitsbewältigungsdaten nicht mit Einzelpersonen identifizierbar werden. Im Mittelpunkt des Workshops stehen somit nicht Einzelpersonen, sondern die Gesamtbelegschaft bzw. die Teilnehmendengruppe. Individuelle Anliegen und ihre Realisierungswege wurden in den persönlich-vertraulichen Gesprächen besprochen und die Personen dazu ermutigt, diese selbst bei Zuständigen ggf. mit Unterstützungspartnern vorzubringen.

Im Workshop entsteht der betriebliche Förder- und Passungsplan als Antwort auf die von der ab-c-Beratung gestellte Leitfrage: *Was kann der Betrieb tun/Was können Sie als Verantwortungsträger des Betriebes tun, um die Arbeitsbewältigung der Belegschaft zu fördern?* Angestrebtes Ergebnis ist die konsensuale Vereinbarung von einer Maßnahme idealerweise auf allen vier Handlungsebenen des »Hauses der Arbeitsfähigkeit«.

Da sich Arbeit und Menschen fortwährend ändern, wird geraten, die Arbeitsbewältigung regelmäßig zu beobachten und die Maßnahmen individueller und betrieblicher Förderung kontinuierlich zu optimieren. Die Empfehlung lautet, das ab-c® in einem zwei- bis dreijährigen Rhythmus zur Wirkungsüberprüfung und zur Fortsetzung des zukunftssichernden Passungsprozesses wieder stattfinden zu lassen.

Diese ab-c®-Wiederholungen zeigen, dass
- die Maßnahmenumsetzungsquote nach ab-c-Prozessen befriedigend ist: Durchschnittlich zwei Drittel der festgelegten persönlichen und betrieblichen Maßnahmen waren aus Sicht der Beschäftigten realisiert und demzufolge konnte

- zumindest die Stabilisierung der durchschnittlichen Arbeitsbewältigungsfähigkeit älterwerdender Belegschaften mit ab-c-Ermutigungsprozessen erreicht werden.

2. Die Vorgaben zur Gefährdungsbeurteilung im Arbeits- und Gesundheitsschutz

Mit der Novellierung des Arbeitsschutzgesetzes und der Ergänzung des § 5 »Beurteilung der Arbeitsbedingungen« um eine weitere mögliche Gefährdungsquelle, die der psychischen Belastungen bei der Arbeit, hat die Gefährdungsbeurteilung wieder mehr Aufmerksamkeit bekommen. Viele Unternehmen (Arbeitgeber- wie Arbeitnehmervertreter/innen) und auch viele ihrer Arbeitsschutzberater/innen stehen aber bei der erweiterten Gefährdungsbeurteilung noch am Anfang. Schwierigkeiten resultieren teilweise aus der Unsicherheit, was unter arbeitsbezogener (psychischer) Belastung zu verstehen ist, und andererseits, wie man sich diesem Thema beurteilend wie gestaltend nähern kann und soll. Andere – vielleicht auch Unternehmen, die sich schon seit Längerem um Gesundheitsmanagement, Altersmanagement oder andere mitarbeiterorientierte Programme gekümmert haben – stocken angesichts der neuerlichen und zusätzlichen Verpflichtung.

Auf diese Aufregung in der Wirtschaft, bei ihren Vertretungen und in Betrieben und auf den teilweisen Wildwuchs an Meinungen von der Gefährdungsbeurteilung bezugnehmend, sei hier eine von der Bundesanstalt für Arbeitsschutz und Arbeitsmedizin herausgegebene Erläuterung wiederholt: »Die Gefährdungsbeurteilung zielt darauf, Gefährdungen bei der Arbeit frühzeitig zu erkennen und diesen präventiv entgegenzuwirken, das heißt, bevor gesundheitliche Beeinträchtigungen oder Unfälle auftreten. Dies geschieht in einem systematischen Prozess, in dem auf der Basis einer Beurteilung der Arbeitsbedingungen ggf. erforderliche Maßnahmen festgestellt, umgesetzt und im Hinblick auf ihre Wirksamkeit kontrolliert werden.« (BAuA 2014: 13) Das gilt sowohl für die technische als auch die psychische Gefährdungsbeurteilung. Bei der technischen Gefährdungsbeurteilung ist es unstrittig, dass man sich z.B. dem Einsatz eines gefährlichen Arbeitsstoffes am Arbeitsplatz (siehe physikalische, chemische und biologische Einwirkungen) unabhängig davon widmet, wie viele von den anwesenden Beschäftigten aktuell darunter leiden. Hingegen erscheint es zu oft noch

Ermutigung zum Tun! Arbeitsbewältigungs-Coaching®

unklar, dass man sich den Belastungen der Arbeitsaufgabe, Arbeitsorganisation, Arbeitsumgebung oder/und des Sozialklimas als Gegenstand der psychischen Gefährdungsbeurteilung zuwendet und nicht einer vielleicht zufällig bei den anwesenden Beschäftigten aktuell auftretenden Beanspruchung (wie Stress, Arbeitsfähigkeit ...). Zweifellos braucht es bei der Ermittlung psychischer Belastungen mittels – gültiger/valider – Belastungsmessinstrumente die Einbindung der Beschäftigten. Aber gleichzeitig werden die Beschäftigten-Einschätzungen der Arbeitsbedingungen nicht weniger relevant für die Maßnahmenfestlegung, nur weil die Befragten darunter gerade keine Fehlbeanspruchung (d.h. beeinträchtigende Auswirkung auf ihr Befinden) erleben. Dies gilt natürlich auch im umgekehrten Sinne. Zweifellos würde es hier den Betrieben helfen, wenn sie arbeitspsychologisch Fachkundige dafür beauftragen würden.

Aber nicht nur betriebliche Entscheidungsträger/innen und Arbeitsschutzfachleute begegnen der Gefährdungsbeurteilung mit Skepsis, sondern auch Beschäftigte. Sie erfahren zu wenig über die Ermittlungs- und Beurteilungsergebnisse bzw. gehen dem nicht entsprechend nach. Und insbesondere bemerken sie zu wenig von den festgelegten Maßnahmen im Arbeitsalltag. Dies geht nicht nur darauf zurück, dass die Maßnahmen nicht umgesetzt wurden, sondern dass die Arbeitsverbesserung manchmal nicht in Verbindung mit der Gefährdungsbeurteilung kommuniziert wird. Genauso kann es sein, dass die festgelegten Maßnahmen nicht unmittelbar und direkt auf die unmittelbare Bedarfslage, um gut, gern und wohlbehalten weiterarbeiten zu können, antworten.

In Zeiten des demografischen Wandels der Betriebsbelegschaften, der personalwirtschaftlichen Herausforderungen, Mitarbeiter/innen zu finden und zu halten, und der wohlfahrtsstaatlichen Aufforderung, länger aktiv im Erwerbsleben zu sein, bekommt die umfassende Gefährdungsbeurteilung zusätzliche Bedeutung. Die Arbeitsschutzgesetze verpflichten Arbeitgeber/innen, für Sicherheit und Gesundheit der Arbeitenden in Bezug auf alle Aspekte, die die Arbeit betreffen, zu sorgen. Dabei ist unter anderem die Gestaltung der Arbeit im Hinblick auf das Altern der Arbeitenden und damit auch für passende Arbeitsbedingungen für alle Generationen zu berücksichtigen.

Die Österreichische ArbeitnehmerInnenschutzstrategie 2013-2020 widmet dem eines ihrer Schwerpunkte und empfiehlt u.a. als Grundlage für alternsgerechte Arbeitsgestaltung »Belastungsanalysen, Bewertung der Arbeitsplätze auf besonders belastende Tätigkeiten für Ältere

Übersicht 1: Gefährdungsbeurteilung und Arbeitsbewältigungs-Coaching

	Gefährdungsbeurteilung	Arbeitsbewältigungs-Coaching ®
Einordnung	■ Arbeits- und Gesundheitsschutz ■ Betriebliches Gesundheitsmanagement ■ Betriebliches Eingliederungsmanagement Als Grundlage für … ■ Betriebliches Alternsmanagement ■ Betriebliche Gesundheitsförderung	■ Betriebliches Gesundheitsmanagement ■ Betriebliches Alternsmanagement ■ Betriebliche Gesundheitsförderung Ergänzend zu … ■ Arbeits- und Gesundheitsschutz ■ Betrieblichem Eingliederungsmanagement
Gibt es in der jetzigen Form seit …	1995 bzw. 2013 (Psychische Gefährdungsbeurteilung)	2007 (nach Abschluss Instrumentenentwicklung in den Anwendungsforschungsprogrammen PIZA in Deutschland und SAFE in Österreich)
Eingebettet …	Bestandteil des gesetzlichen betrieblichen Arbeits- und Gesundheitsschutzes	Prozessberatung für lebenszyklusbegleitende Arbeitsbewältigungsförderung und insbesondere für betriebliches Alternsmanagement in Zeiten demografischen Wandels; optional und nur nach Auftrag des Unternehmens unter Einbindung der Belegschaftsvertretung
Vorrangiger Fokus	Schutzperspektive Verhältnisprävention Primär-, Sekundär- und Tertiärprävention	Förder- und Unterstützungsperspektive Verhaltens- & Verhältnisprävention, Empowerment von Beschäftigten und betrieblichen Entscheidungsträgern Primär-, Sekundär- und Tertiärprävention sowie Arbeitsbewältigungsförderung
Ausrichtung	Arbeitsanalyse und betriebliche Maßnahmenplanung	Intervention mit individueller Förderplanung, betrieblicher Maßnahmenplanung und der Wirkungsüberprüfung

	Gefährdungsbeurteilung	Arbeitsbewältigungs-Coaching®
Ermittlung von ...	Belastungen allgemein	Beanspruchung spezifisch und darauf aufbauend Ermittlung individueller Fördervorsätze und Förderbedarfe an den Betrieb inkl. individuellen Umsetzungsschritten (Empowerment)
Beurteilung nach ArbSchG/ Visualisierung nach ab-c® mittels ...	validierten Belastungsmessinstrumenten der Arbeitswissenschaft/ insbes. der Arbeitspsychologie	validierten Beanspruchungsmessinstrumenten der Arbeitswissenschaft/insbes. der Arbeitsphysiologie
Einbindung der Beschäftigten	Über Befragungen, Beobachtungsinterviews, Gruppengespräche bei der Ermittlung und Konkretisierung von Belastungen	Motto »Beim Individuum beginnen, aber dort nicht stehen bleiben« – Gemeinsam etwas tun, um gut, gern und wohlbehalten weiter oder wieder zu arbeiten
		Basierend auf Freiwilligkeit und Interesse der Beschäftigten
Maßnahmenentwicklung und -festlegung	Arbeitgeber/innen und ihre Vertreter/innen unter Einbindung der Belegschaftschaftsvertretung	Von der einzelnen Person Von betrieblichem Verantwortungskreis
Durchführende	Fachkundige für psychologischen Arbeits- und Gesundheitsschutz und für die eingesetzten Ermittlungsinstrumente	Verschwiegenheitsverpflichtete (ab-c® ist kein Instrument für einen disziplinarisch Vorgesetzten) Ausgebildete und zertifizierte ab-c-Berater/innen

sowie Arbeitsplatzevaluierungen mit Schwerpunkt auf ältere ArbeitnehmerInnen«.[2]

---

[2] ÖAS (2015): Alternsgerechte Arbeitsgestaltung. Hrsg. vom Bundesministerium für Arbeit, Soziales und Konsumentenschutz. Wien. Download (4.12.2016): http://www.arbeitsinspektion.gv.at/cms/inspektorat/download.html?channel=CH3606&doc=CMS1450175279865&permalink=alternsgerechte_arbeitsgestaltung

3. Wie passt das ab-c® zur Gefährdungsbeurteilung im Arbeits- und Gesundheitsschutz?

In der Übersicht 1 stellen wir abschließend die Prozesse wie ihre Instrumente zum neutralen Vergleich gegenüber.

Die Gefährdungsbeurteilung und das Arbeitsbewältigungs-Coaching® verbinden das wissenschaftlich-fundierte, qualitätsgesicherte und nutzenorientierte Bemühen um die Erhaltung und Förderung der Arbeitsfähigkeit, der Gesundheit und des Wohlbefindens des Personals am Arbeitsplatz zum vielseitigen Wohle (für Person, Betrieb und Volkswirtschaft). In einigen wesentlichen Aspekten unterscheidet sich der Prozess des Arbeitsbewältigungs-Coachings von der Gefährdungsbeurteilung, sodass die ausschließliche Verwendung des ab-c® als Instrument und Vorgehen in der Gefährdungsbeurteilung nicht empfohlen werden kann.

Das ab-c® hat in den Jahren 2007 bis 2013 und darüber hinaus seine Auftraggeber/innen gefunden, die dies parallel zur verpflichtenden Durchführung der (psychischen) Gefährdungsbeurteilung in vollem Bewusstsein der parallelen Interventionen und gemeinsamen Nutzenerwartungen haben anwenden lassen. Manche dieser Unternehmen offerieren das ab-c® schon zum wiederholten Male ihren Mitarbeiter/innen und ihren Leitungskräften.

Darüber hinaus hat das ab-c® auch seine Anwendung als Folgemaßnahme der Gefährdungsbeurteilung gefunden. Diesbezügliche Belastungshinweise sind alterskritische und/oder berufsimmanente Arbeitseinflüsse, die z.B. in Zusammenhang mit Nacht- und Schichtarbeit auftreten.

Genauso berichten ab-c-Berater/innen, dass Erkenntnisse aus dem ab-c-Prozess, Arbeitsschutzfachleute und/oder betriebliche Entscheidungsträger/innen auf Arbeitsbereiche aufmerksam machten, wo eine relevant große Anzahl von Personen in »mäßigen oder kritischen Arbeitsbewältigungssituationen« standen, um dann dort eine anlassbezogene Gefährdungsbeurteilung bzw. die Aktualisierung einer bestehenden Gefährdungsbeurteilung anzuschließen.

Wollen wir in Zukunft die umfassende Gefährdungsbeurteilung für das Vorhaben, gut im Beruf älter zu werden, nutzen, so braucht es eine Ergänzung mit direkten, individuell abgestimmten Interventionen, die den Einzelnen in den Mittelpunkt des Beratungsgeschehens stellen und sie/ihn dabei auch nicht alleine lassen. Alternsmanagement braucht alternssensible Gefährdungsbeurteilung und anschließend wiederkehrend ab-c®-Prozesse, die wirkungs- wie vertrauensvoll Selbst- und betriebliche Fürsorge für ein langes Erwerbsleben verknüpfen.

Die grundlegende Frage lautet nun, ob eine Methode wie das Arbeitsbewältigungs-Coaching® durch seinen Einsatz eine Weichenstellung in Richtung Vertiefung nach Gefährdungsbeurteilung und Belebung des Arbeits- und Gesundheitsschutzes leisten kann. Auf diese Frage antworten wir mit *Ja*, ab-c® kann die Erfüllung einer gesetzlichen Pflicht *ergänzend* unterstützen.

Literatur

Bundesanstalt für Arbeitsschutz und Arbeitsmedizin (BAuA) (Hrsg.) (2014): Gefährdungsbeurteilung psychischer Belastung. Erfahrungen und Empfehlungen. Berlin.

Gruber, B./Frevel, A. (2012): Arbeitsbewältigungs-Coaching®. Der Leitfaden zur Anwendung im Betrieb. Hrsg. von der Initiative Neue Qualität der Arbeit (INQA), Nr. 38, Dortmund, 2. überarbeitete Auflage.

Hasselhorn, H.M./Freude, G. (2007): Der Work Ability Index – ein Leitfaden. Bremerhaven, Schriftenreihe der Bundesanstalt für Arbeitsschutz und Arbeitsmedizin: Sonderschrift, S 87.

Ilmarinen, I. (2005): Towards a Longer Worklife! Ageing and the quality of worklife in the European Union. Hrsg. vom Finnish Institute of Occupational Health, Ministry of Social Affairs and Health, Helsinki.

Tuomi, K./Ilmarinen, J./Jahkola, A./Katajarinne, L./Tulkki, A. (1988): Work Ability Index. 2. überarb. Aufl., hrsg. vom Finnish Institute of Occupational Health, Helsinki.

Oleg Cernavin
Gemeinsam kleine Betriebe wirkungsvoller unterstützen: Offensive Mittelstand

Das doppelte Dilemma der KMU-Beratung

In kleinen und mittleren Unternehmen (KMU) machen der Chef und die Chefin alles allein. Sie verfügen über keine Stabsstellen oder Spezialistinnen bzw. Spezialisten zur Problemanalyse und -bewältigung. Daher befasst sich eine große Anzahl öffentlicher und privater Organisationen und Verbände mit dem Ausgleich dieser Nachteile mittelständischer Unternehmen. Diese Hilfe wird immer wichtiger, damit die kleinen und mittleren Betriebe die großen Anforderungen des demografischen Wandels und der digitalen Transformation (Arbeit 4.0) möglichst als Chance nutzen können.

Täglich unterstützen fast 200.000 Berater den Mittelstand mit Informations-, Unterstützungs- und Beratungsangeboten (siehe Kasten). Sie helfen bei Finanzfragen, beim Management und Personalfragen, bei der Arbeitsorganisation, beim Arbeits- und Umweltschutz, bei Gesundheitsfragen.

Auf viele dieser Angebote können kleine Firmen zurückgreifen, ohne zusätzliche Kosten zu produzieren. So sind beispielsweise die Beratungen der Unfallversicherungsträger/Berufsgenossenschaften, des Arbeitgeberservice (AGS) der Agentur für Arbeit, die betriebswirtschaftlichen Beratungen der Kammern oder auch die der Krankenkassen bereits mit dem Anteil des Betriebes an den Sozialversicherungsbeiträgen und mit den Beiträgen an die Kammern bezahlt. Neben diesem klassischen Non-Profit-Bereich kommen Beraterinnen und Berater aus den Profit-Bereichen wie Fachkräfte für Arbeitssicherheit und Betriebsärzte, Gesundheits- und Ergonomieberater oder Personal-, Demografie- sowie Unternehmensberater hinzu.

Dazwischen gibt es alle denkbaren Mischformen; hierzu zählen zum Beispiel die Arbeitsmedizinischen und sicherheitstechnischen Dienste der Unfallversicherungsträger oder auch die Beraterinnen und Berater der Krankenkassen, die sich ihre Dienstleistungen teilweise auch per Auftrag honorieren lassen. Auch Innungen, Kammern oder Verbände beauftragen teilweise freie Unternehmensberatungen, um ihre begrenzten Beratungsmöglichkeiten umsetzen zu können. Schließlich bieten auch Steuerberater und Wirtschaftsprüfer, aber auch Banken und Versicherungen intensiver selbst Beratungen zur Qualität der Arbeit und Organisation für kleine und mittlere Unternehmen an. Das Potenzial all dieser Beratergruppen für kleine und mittlere Betriebe ist außerordentlich hoch.

200.000 Beraterinnen und Berater jeden Tag in den Betrieben
Jeden Tag sind fast 200.000 Beraterinnen und Berater unterwegs, um vor allem den Mittelstand zu unterstützen. Das sind zum Beispiel:
- Betriebsberater der Sozialversicherungen (Unfallversicherungsträger, Krankenkassen, Agentur für Arbeit, Rentenversicherung): rund 15.000
- Beraterinnen und Berater der Kammern, Innungen und Verbände: rund 2.500
- Fachkräfte für Arbeitssicherheit: rund 75.000
- Betriebsärzte: rund 12.000
- Auditoren (Qualitäts-/Arbeitsschutzmanagement/Öko-Audit usw.): rund 2.000
- Unternehmens- und Personalberaterinnen und -berater: rund 100.000 (davon ca. 6.000 Personalberater)
- Steuerberaterinnen und -berater: rund 74.000.

Die hier genannten Zahlen beziehen sich auf Beraterinnen und Berater für die gesamte Wirtschaft, also nicht nur mittelständische Unternehmen.

Die Fülle der Angebote kann ein kleiner Betrieb kaum überblicken. In der Regel weiß die Führungskraft eines kleinen Unternehmens auch gar nicht, welche Angebote es überhaupt gibt. Hier wird ein erstes Dilemma der Betriebsberatung von kleinen und mittleren Unternehmen sichtbar: Die Unternehmen kennen die möglichen Beratungsangebote oft gar nicht. Für viele Unternehmen wird es daher schwierig, die passenden Beraterinnen und Berater zu finden und in Anspruch zu nehmen.

Dazu kommt, dass die Führungskräfte kleiner und mittlerer Unternehmen nicht nur gute Erfahrungen mit den Beratungen gemacht haben beziehungsweise dass das Image der intermediären Organisationen, aus denen die Beraterinnen und Berater kommen, nicht nur positiv besetzt ist (vgl. u.a. Cernavin 2010: 135ff.). Auch die freien Beraterinnen und Berater haben nach wie vor ein Imageproblem (vgl. u.a. Enke/Greschuchna 2006; Höner 2008: 297). Immer wieder werden in

Abbildung 1: Beraterinnen und Berater von KMU – Akteure und Leistungsfelder

Beraterinnen und Berater von KMU – Akteure und Leistungsfelder

Non-Profit-Dienstleister:
- Berater des Staatlichen Arbeitsschutzes
- Berater der Unfallversicherungsträger
- Krankenkassenberater
- Kammer-, Innungs-, Verbandsberater
- Ergonomieberater
- Fachkräfte für Arbeitssicherheit
- Betriebsärzte
- Gesundheitsberater

Profit-Dienstleister:
- Demografieberater
- Personalberater
- Unternehmensberater
- Qualitätsberater
- Bankberater
- Steuerberater
- Rechtsberater

Leistungsfelder:
- Rechtlicher Rahmen
- Gesunde und produktive Arbeitsbedingungen
- Wirtschaftliche Wertschöpfung

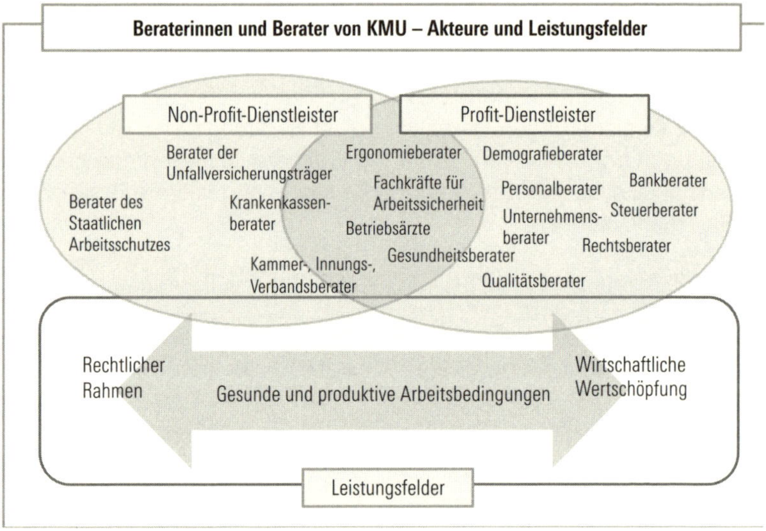

Quelle: eigene Darstellung

Studien u. a. folgende Problemfelder genannt (Dilk/Littger 2006; Höner 2008: 293ff.): das zu offensichtliche Interesse an Folgeaufträgen, zu umfangreiche Versprechen einfacher Beratungsprojekte, die vom Kunden als nicht erfolgreich angesehen werden; Problemlösungen, die nicht pragmatisch sind; unwissenschaftliche Arbeitsweise; distanziertes Auftreten; übertriebene Eigenwerbung oder zu starker Einsatz vorgefertigter Standardkonzepte.

Höner kommt in seiner umfassenden Studie über Unternehmensberater zu dem Fazit: »Es warten also einige interne Herausforderungen auf die Unternehmensberatungen, die jeweils das Risiko beinhalten – wie in jeder anderen Branche auch –, durch Managementfehler die eigene Organisation zu gefährden.« (Höner 2008: 311)

Hinzu kommt ein zweites Dilemma der Beratungssituation: Auch viele der Beraterinnen und Berater aus unterschiedlichen Beraterfeldern nehmen sich nicht wahr, unterstützen sich nicht gegenseitig und verweisen nicht aufeinander. Jeder berät in seinem Tunnel, oftmals ohne die anderen Beratungsmöglichkeiten im Kopf zu haben. Dadurch gehen den kleinen Unternehmen viele Möglichkeiten der Unterstützung verloren. Der betriebswirtschaftliche Berater der Kammer kann beispielsweise auf die Personalberaterin des Arbeitgeberservice der Agentur für Arbeit verweisen, wenn er erkennt, dass der Betrieb ein Fachkräfteproblem besitzt. Die freie Beraterin kann auf die Berufsgenossenschaft verweisen, wenn sie erkennt, dass der Betrieb ein Arbeitsschutzmanagementsystem benötigt, und der Betrieb kann sich dieses ohne Zusatzkosten von der BG einrichten lassen. Der Steuerberater, der erkennt, dass die schlechten Zahlen der Betriebes eine Ursache in der Führung und den hohen Fehlzeiten haben, kann auf die Beraterin der Krankenkassen verweisen, die helfen kann, eine gesundheitsgerechte Führungskultur zu etablieren. Diese Beispiele ließen sich lange fortsetzen. Und bei all diesen Beispielen gibt es nur Gewinner:

- Das Unternehmen, das eine fundierte Hilfe bekommt, für die es in den beschriebenen Beispielen noch nicht einmal zusätzlich Geld in die Hand nehmen muss. Diese optimale Hilfe für den Kunden »Unternehmen« sollte die eigentliche Intention jeder Beratung sein.
- Die Beraterinnen und Berater, die den Betrieben einen zusätzlichen Nutzen liefern und damit den Betrieb als Kunden zufriedenstellen und binden.

Es zeigt sich also ein doppeltes Dilemma in der Beratung kleiner und mittlerer Unternehmen: Die Unternehmen kennen die Möglichkeiten der Beratung nicht und die Beraterinnen und Berater nehmen die anderen Beratungsbereiche nicht wahr und verweisen nicht aufeinander. Angesichts der großen Anforderungen des demografischen Wandels und der Arbeit 4.0 können sich eigentlich die Beraterinnen und Berater sowie ihre Organisationen dieses doppelte Dilemma nicht leisten. Sie lassen Möglichkeiten der Kooperation sowie der gemeinsamen Unterstützung ungenutzt und führen ihre begrenzten Energien nicht zusammen.

Die Offensive Mittelstand bündelt

Die Offensive Mittelstand setzt an dem doppelten Dilemma der Beratung von kleinen und mittleren Betrieben an. In ihr finden Akteure zusammen, deren Beraterinnen und Berater dem Mittelstand helfen, besser zu werden (siehe Kasten: »Partner der Offensive Mittelstand – Beispiele«). Fast alle intermediären Organisationen, die mittelständische Betriebe beraten, sitzen am Tisch des Netzwerkes. Die Offensive Mittelstand ist das Mittelstandsnetzwerk der Initiative »Neue Qualität der Arbeit«.

Beispiele von insgesamt über 350 Partnern der Offensive Mittelstand
(alphabetisch geordnet):
- BBE – Bundesnetzwerk Bürgerschaftliches Engagement
- BDA Bundesvereinigung der Deutschen Arbeitgeberverbände
- Bundesverband der Deutschen Industrie – BDI
- Bundesagentur für Arbeit
- Bundesanstalt für Arbeitsschutz und Arbeitsmedizin (BAuA)
- Bundesministerium für Arbeit und Soziales
- Bundessteuerberaterkammer
- BVMW – Bundesverband mittelständische Wirtschaft
- Deutsche Gesellschaft für Qualität (DGQ)
- Deutsche Gesetzliche Unfallversicherung (DGUV)
- Deutscher Steuerberaterverband
- DVR – Deutscher Verkehrssicherheitsrat
- Fortbildungsakademie der Wirtschaft (FAW)
- IG BCE Industriegewerkschaft Bergbau, Chemie, Energie
- Institut für Mittelstandsforschung Bonn
- Kammern, Innungen
- Krankenkassen: IKK, BKK, AOK
- RKW Rationalisierungs- und Innovationszentrum der Deutschen Wirtschaft e.V.
- Universitäten, Hochschulen, Institute
- VDSI Verband Deutscher Sicherheitsingenieure
- WAI-Netzwerk
- Freie Unternehmens- und Personalberater

Die Offensive Mittelstand ist ein *Strategisches Verbundnetzwerk*, das aus Partnern besteht, die durch die Netzwerkarbeit strategische Vorteile erzielen wollen. Sie versprechen sich vor allem, die kleinen Betriebe mit bis zu 25 Beschäftigten, aber auch größere Mittelständler wirkungsvoller zu erreichen. Die Offensive Mittelstand besteht aus Akteuren mit unterschiedlichen Einzelleistungen, die sich zu einem gemeinsamen Verbund zusammenschließen, um gemeinsam eine effektivere und effizientere Leistung anbieten zu können.

Das *Ziel und der Nutzen (Sinn)* der Offensive Mittelstand bestehen vor allem in folgenden gemeinsamen Leistungen: Ziel aller Aktivitäten ist es, die Qualität der Arbeit und eine mitarbeiterorientierte Unternehmenskultur im Mittelstand zu fördern, damit möglichst viele kleine und mittlere Betriebe den demografischen Wandel und die digitale Transformation (Arbeit 4.0) als Chance und Wettbewerbsvorteil nutzen können. Dies geschieht durch folgende Maßnahmen:

Kleine Betriebe wirkungsvoller unterstützen: Offensive Mittelstand

- *Gemeinsamkeiten sichtbar machen: Die Praxisstandards-Mittelstand:* Die Partner der Offensive Mittelstand entwickeln gemeinsame Praxisstandards und Checks, in denen sie ihren inhaltlichen Konsens sichtbar machen. Diese Praxisstandards helfen den Betrieben, sich selber die Potenziale des demografischen Wandels und der digitalen Transformation zu erschließen und sie als Chance zu nutzen.
- *Sich besser kennenlernen und zusammenarbeiten: Vertrauen aufbauen:* Die Offensive Mittelstand soll ein Raum sein, in dem die Akteure intermediärer Organisationen sich fachlich (nicht in erster Linie politisch) zusammenfinden, sich kennenlernen und somit auch gegenseitig Vertrauen aufbauen können.
- *Mittelstand gemeinsam besser unterstützen: Kooperationen vor Ort:* Die Akteure der Offensive Mittelstand streben an, die Beratung der KMU wirkungsvoller zu koordinieren und besser zu kooperieren. Dabei sollen die fachlich gemeinsam abgestimmten Praxisstandards eine Hilfe sein. Sie kooperieren in regionalen Netzwerken, informieren KMU in der Region gemeinsam über eine neue Qualität der Arbeit und die Unterstützungs- sowie Beratungsleistungen.

Diese Leistungen werden von keinem anderen nationalen Netzwerk so realisiert.»Vor allem diese Einzigartigkeit des Ziels legitimiert den Bestand der Offensive Mittelstand. Kann das Netzwerk dieses einzigartige Ziel nicht mehr erfüllen, verliert es seinen Sinn.« (vgl. Cernavin/ Diehl 2016: 21)

In der Offensive Mittelstand helfen sich die Akteure selbst in eigener Verantwortung und ehrenamtlich. Die Offensive Mittelstand ist ein eigenständiges und unabhängiges Netzwerk. Die Finanzierung erfolgt durch einzelne Partner (über »Sachleistungen« wie Geschäftsstelle, Internetauftritt, Arbeitszeit, Projektförderung unterschiedlicher Fördergeber); in Gründung befindet sich eine Stiftung, die das Netzwerk langfristig absichern soll. Da mittlerweile über 350 Partner mit sehr unterschiedlichen Intentionen und Interessen Teil des Netzwerks sind, kommt es darauf an, den eigentlichen Sinn immer wieder in Erinnerung zu bringen und ihn lebendig zu halten. Dies geschieht sowohl in den Plenartreffen als auch in den Treffen der Arbeits- und Fachgruppen. Arbeits- und Fachgruppen bestehen zu folgenden Themen: Transfer, Handwerk, Mittelstand 4.0, Gesundheitsmanagement, Unternehmensnachfolge, Hochschule und Mittelstand oder Europa – Chancen zur Fachkräftesicherung.

Eine Schwierigkeit, die Ziele und den Nutzen der Offensive Mittelstand lebendig zu halten, besteht in der heterogenen Zusammensetzung. Auf der einen Seite gibt es große Feldorganisationen – wie die Agentur für Arbeit, die Krankenkassen, die Unfallversicherungsträger, die Kammern, die Verbände und Fachvereinigungen, die Berufsorganisationen oder staatliche Einrichtungen, die einen Nutzen für ihre Handlungsziele aus der Offensive Mittelstand ziehen.

Auf der anderen Seite gibt es aber auch gewerbliche Beratungsunternehmen und einzelne freie Unternehmensberaterinnen und -berater, die zunächst einmal nur indirekt Nutzen aus der Offensive Mittelstand ziehen können. Das Konstrukt Offensive Mittelstand ermöglicht diesen gewerblichen Partnern nicht direkt, kurzfristig und kausal einen ökonomischen Nutzen aus der Mitarbeit zu ziehen. Der Nutzen für diese Beraterinnen und Berater liegt darin,

- neue Akteure kennenzulernen,
- Anregungen und Ideen für neue Dienstleistungen im Netzwerk zu bekommen (Neue Qualität der Zusammenarbeit),
- die Praxisstandards und Checks des Netzwerkes zu nutzen (Neue Qualität der Praxishilfen),
- in Kooperation mit allen Beraterinnen und Beratern der Offensive Mittelstand neue Beratungsdienstleistungen anzubieten (Neue Qualität der Beratung),
- über die begrenzten Beratungsmöglichkeiten von öffentlichen Organisationen und Verbänden (wie Kammern, Krankenkassen, Unfallversicherungs-Träger, Arbeitgeberservice der Agentur für Arbeit) weiterführende Beratungen zu übernehmen.

Aus dieser Situation lassen sich nur mittel- und langfristig indirekt auch neue Aufträge für die freien Unternehmensberaterinnen und -berater generieren. Erfolgreiche Beispiel zeigen, wie dies nachhaltig zum Nutzen aller Partner möglich ist (vgl. Cernavin/Diehl 2016: 22).

Die Offensive Mittelstand basiert auf der Autonomie der einzelnen Akteure und auf dem Konsensprinzip. Die Strategie und die Maßnahmen des Netzwerkes sowie alle Produkte und Leistungen werden im Konsens entwickelt und im Konsens vom Plenum verabschiedet. Es gibt kein anderes Entscheidungsgremium als das Plenum. Die Offensive Mittelstand will so mithelfen, die Rahmenbedingungen für kleine und mittlere Unternehmen zu verbessern und die Kräfte für deren Unterstützung zu bündeln. Auf drei Wegen erreicht sie die kleinen und mittleren Betriebe und fördert die Zusammenarbeit der Beraterinnen und Berater:

- Die Praxisstandards können von den Unternehmen gleichzeitig als Selbstbewertungsinstrument genutzt werden.

Kleine Betriebe wirkungsvoller unterstützen: Offensive Mittelstand

- Die autorisierten Offensive-Mittelstands-Beraterinnen und Berater werden befähigt, die Praxisstandards in ihrer Beratungspraxis einzusetzen, und motiviert, mit den Beraterinnen und Beratern der anderen Bereiche zu kooperieren.
- In rund 20 regionalen Netzwerken werden den Partnern vor Ort gemeinsam die Praxisstandards bekannt gemacht und die Kooperation gefördert.

Im Folgenden werden die Praxisstandards der Offensive Mittelstand sowie die Möglichkeiten, mit ihnen zu arbeiten, vorgestellt.

Die Praxisstandards der Offensive Mittelstand – CE[1] für das Management

Die Offensive Mittelstand hat Praxisstandards im Konsens aller Partner entwickelt. Diese Standards entstehen über einen rund einjährigen Entwicklungsprozess mit vielen Workshops und einzelnen Expertengesprächen sowie mit intensiven Abstimmungen mit einzelnen Organisationen. Da bei der Offensive Mittelstand immer Fachleute aus sehr vielen Fachrichtungen am Tisch sitzen, fließt deren Expertise in die Entwicklung der Praxisstandards mit ein (zum Beispiel Betriebswirte und Managementexperten, Finanzexperten, Arbeitsgestalter, Arbeitsschützer und Gesundheitsfachleute, Qualitätsmanager, Personal- und Führungsexperten). Gleichzeitig werden auch die unterschiedlichen Interessengruppen inhaltlich in die Entwicklung eingebunden wie Sozialpartner oder Sozialversicherungsträger. Der Entwicklungsprozess erinnert an die Entwicklung einer DIN-Norm. Abschließend wird der Praxisstandard im Plenum der Offensive Mittelstand von allen Partnern gemeinsam verabschiedet. Die Praxisstandards beschreiben die gute Praxis sowie den Stand der Arbeits- und Organisationswissenschaft zum jeweiligen Thema.

Die neue Qualität dieser Praxisstandards liegt darin, dass sie zwei Funktionen gleichermaßen erfüllen:

---

[1] Mit der CE-Kennzeichnung erklärt ein Hersteller, Inverkehrbringer oder EU-Bevollmächtigter gemäß EU-Verordnung 765/2008, »dass das Produkt den geltenden Anforderungen genügt, die in den Harmonisierungsrechtsvorschriften der Gemeinschaft über ihre Anbringung festgelegt sind«.

- Als *konkretes Selbstbewertungsinstrument* für die kleinen und mittleren Unternehmen, mit denen diese sich die Potenziale des jeweiligen Themas erschließen können.
- Als *Standards*, in denen relevante intermediäre Organisationen des Mittelstandes ihre gemeinsamen Qualitätsvorstellungen zum Thema des jeweiligen Praxisstandards beschreiben.

Diese Praxisstandards sind vollkommen identisch aufgebaut:
- Sie sind ein systematisches Betrachtungsmuster und ein niederschwelliger Einstieg in das jeweilige Thema.
- Sie orientieren sich am Wertschöpfungsprozess.
- Sie können als Einstieg in weitergehende zertifizierte Verfahren wie Qualitätsmanagement- oder Arbeitsschutzmanagementsysteme genutzt werden.
- Sie folgen alle der gleichen Systematik und Methodik (Beschreibung guter Praxis, Beispiele erfolgreicher Unternehmen, Selbstbewertung, Maßnahmenfestlegung und Kontrolle, kein Thema länger als zwei Seiten).
- Es gibt sie als Print- und Online-Version (einige Praxisstandards auch als App).
- Weiterführende Praxishilfen der Partner sind hinterlegt.
- Nach der vollständigen Bearbeitung des jeweiligen Selbstbewertungs-Checks und Praxisstandards kann das Unternehmen eine Selbsterklärung ausfüllen und damit dokumentieren, dass es seinen Betrieb zum jeweiligen Thema systematisch gestaltet («CE für das Management»).

Auf diese Art und Weise ist eine Familie von Praxisstandards zu allen wichtigen Themen der Arbeitsgestaltung und des Managements des Mittelstandes entstanden. Der INQA-Unternehmenscheck »Guter Mittelstand« ermöglicht eine Potenzialanalyse des kompletten integrierten Managements. Dann gibt es Praxisstandards zu den vier INQA-Themensäulen, den zentralen Themen zur Bewältigung des demografischen Wandels und der Arbeit 4.0 sowie zu weitergehenden vertiefenden Themen (siehe Abbildung 2). Erfreulich ist, dass die Gemeinsame Deutsche Arbeitsschutzstrategie (GDA) zusammen mit der Offensive Mittelstand den GDA-ORGAcheck als ein Grundlageninstrument zur Arbeitsschutzorganisation nach der gleichen Methodik und Systematik der Praxisstandards entwickelt hat. Die Nutzung aller Praxisstandards ist kostenfrei.

Kleine Betriebe wirkungsvoller unterstützen: Offensive Mittelstand

Abbildung 2: Die Familie der Praxisstandards der Offensive Mittelstand

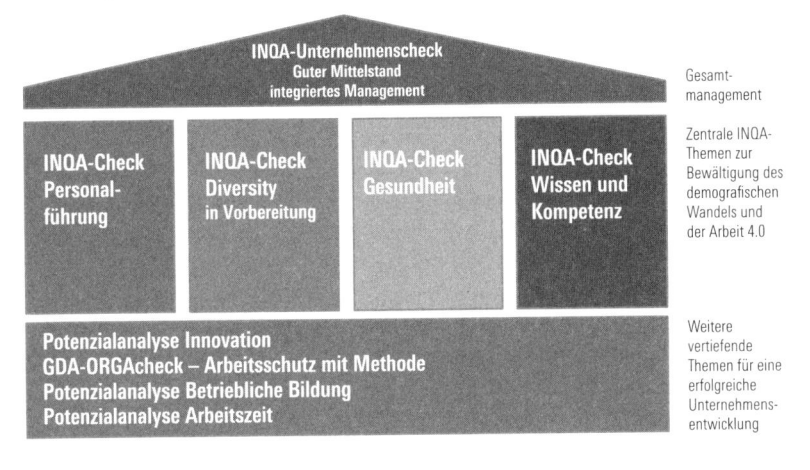

	INQA-Unternehmenscheck Guter Mittelstand integriertes Management				Gesamtmanagement
INQA-Check Personalführung	INQA-Check Diversity in Vorbereitung	INQA-Check Gesundheit	INQA-Check Wissen und Kompetenz		Zentrale INQA-Themen zur Bewältigung des demografischen Wandels und der Arbeit 4.0
Potenzialanalyse Innovation GDA-ORGAcheck – Arbeitsschutz mit Methode Potenzialanalyse Betriebliche Bildung Potenzialanalyse Arbeitszeit					Weitere vertiefende Themen für eine erfolgreiche Unternehmensentwicklung

Quelle: eigene Darstellung

Wie kann mit den Praxisstandards gearbeitet werden?

Die Praxisstandards sind als Potenzialanalysen zur Selbstbewertung für Führungskräfte in kleinen und mittleren Unternehmen angelegt. Sie sind aber gleichzeitig auch ein detaillierter Gesprächsleitfaden für Beraterinnen und Berater. Ziel ist es, dass die unterschiedlichen Beratergruppen mit den Praxisstandards in die Beratung einsteigen, um die gemeinsame Beratung mit gemeinsamen Einstiegshilfen zu ermöglichen und somit dem Kunden »KMU« einen höheren Nutzen zu verschaffen.

Wie geht ein Unternehmen mit den Praxisstandards um? Jedes Thema eines Praxisstandards wird übersichtlich auf zwei DIN A4-Seiten behandelt. Darin finden sich zu jedem Faktor vier bis sechs Checkpunkte, anhand derer der Unternehmer die aktuelle Situation seines Betriebes beurteilt. Bei den einzelnen Checkpunkten wird dargestellt, welche Maßnahmen hierzu ein gutes Unternehmen einleitet. Zu jedem einzelnen Checkpunkt findet das Unternehmen eine Reihe von Beispielen, die es anregen zu überlegen, welche konkreten Maßnahmen für den eigenen Betrieb sinnvoll und nützlich sind.

Die Führungskraft geht die einzelnen Checkpunkte durch und überlegt, wie und ob sie die angesprochenen Aspekte im eigenen Unternehmen umsetzt. Sie vergleicht also die beschriebene gute Praxis mit der eigenen Situation. Sie nutzt den Check als Referenz. Jeweils rechts neben den Checkpunkten findet die Führungskraft eine Skala von Grün (zurzeit kein Handlungsbedarf) über Gelb (nachrangig angehen) bis Rot (vorrangig angehen). Die Führungskraft geht den Check nach und nach durch und identifiziert Handlungsbedarf, indem sie neben den einzelnen Checkpunkten Grün, Gelb oder Rot ankreuzt.

Der Check ist ein Hilfsmittel, um zu bilanzieren, wo das Unternehmen zum jeweiligen Thema des Praxisstandards steht. Dadurch eröffnet er der Führungskraft einen Reflexionsraum. Sie kann systematisch und rational abwägen, Prioritäten setzen und Entscheidungen vorbereiten. Die Praxisstandards sind niederschwellige Instrumente zur Vorbereitung von Gestaltungs-Entscheidungen im Alltag.

Anschließend legt die Führungskraft einen Maßnahmenplan mit den zehn wichtigsten Maßnahmen fest, die sie im Unternehmen angehen will. Als Nächstes legt sie die Prioritäten für die einzelnen Maßnahmen fest und weist die Verantwortlichkeiten zu. Schließlich legt sie fest, wann mit der Maßnahme begonnen und wann die Umsetzung der Maßnahme kontrolliert wird. Wird der Check in regelmäßigen Abständen wiederholt, ermöglicht er somit einen kontinuierlichen Verbesserungsprozess.

Bewährt hat es sich übrigens, einzelne Checkpunkte auch von den Beschäftigten ausfüllen zu lassen oder sie auf einem Teamtreffen gemeinsam zu besprechen, um die Sichtweise der Beschäftigten kennenzulernen.

Zur Umsetzung der Maßnahmen nutzen die Unternehmen sowie die Beraterinnen und Berater dann jeweils weiterführende Hilfen wie beispielsweise die WAI-Tools. Wenn eine Beraterin oder ein Berater mithilfe beispielsweise der WAI-Tools Handlungsbedarf erhoben hat, kann es hilfreich sein, die Praxisstandards zur systematischen inhaltlichen Maßnahmenfestlegung zu nutzen.

Autorisierte »Offensive-Mittelstands-Beraterinnen und -Berater« und Unternehmerseminar

Auf den folgenden drei Wegen können die Praxisstandards umgesetzt werden:
Selbstbewertung: Eine Führungskraft kann sich mit einem Praxisstandard selbst bewerten. Viele Akteure der Offensive Mittelstand bieten Unternehmen diese Checks im Rahmen ihrer Arbeit an. Auch die regio-

nalen Netzwerke sorgen dafür, dass die Checks Unternehmen bekannt gemacht und von ihnen genutzt werden.

Beratung: Daneben autorisiert die Offensive Mittelstand Beraterinnen und Berater, die befähigt werden, die Praxisstandards qualifiziert einzusetzen, und die motiviert werden, intensiver mit anderen Beraterfeldern zu kooperieren. Dazu wurde ein Qualifizierungsrahmen von der Offensive Mittelstand entwickelt (Handbuch). Die Ausbildung dauert in der Regel einen Tag. Die großen intermediären Organisationen wie Agentur für Arbeit, Krankenkassen, Handwerkskammern, Unfallversicherungsträger, Steuerberaterkammer und -verband, Fortbildungsakademie der Wirtschaft (FAW), IBWF Institut e.V. (BVMW) oder der VDSI – Verband für Sicherheit, Gesundheit und Umweltschutz bei der Arbeit e.V. bilden ihre Beraterinnen und Berater selber aus. Die freien Beraterinnen und Berater werden von der Fachhochschule des Mittelstandes qualifiziert, oft auch gemeinsam mit den regionalen Netzwerken. Die Beraterinnen und Berater des WAI-Netzwerkes werden vom IAF (Institut für Arbeitsfähigkeit) ausgebildet.

Unternehmerseminar: Als Hilfe für die Umsetzung der Praxisstandards haben sich auch die von der Offensive Mittelstand entwickelten Unternehmerseminare zu jedem Praxisstandard erwiesen. In dem vierstündigen Seminar kann ein Unternehmer und eine Unternehmerin den jeweiligen Check komplett bearbeiten. Das Seminar bietet ihnen die Möglichkeit, das Hamsterrad des Kleinunternehmer-Alltags zu verlassen und den Check im »Ruheraum« Seminar zu bearbeiten, um die eigenen Potenziale zu analysieren. Autorisierte Beraterinnen und Berater der Offensive Mittelstand sind befähigt, das Seminar umzusetzen.

Weitere Informationen zu den Praxisstandards sowie zu den Möglichkeiten der Offensive Mittelstand, die Kooperation der Beraterinnen und Berater zu verbessern, sind erhältlich unter der Mailadresse: info@offensive-mittelstand.de und im Internet unter www.offensive-mittelstand.de.

Literatur

Cernavin, O. (2010): Erfolgreiche Beratung, München/Meringen: Rainer Hampp Verlag.
Cernavin, O./Diehl, D. (2016): Netzwerkverständnis der Offensive Mittelstand und ihrer regionalen Netzwerke. Erfahrungen – Konzepte – Qualitätskriterien, Wiesbaden: BC-Forschung.

Dilk, A./Littger, H. (2006): Unternehmensberater in der Kritik: Retter oder Rattenfänger?, in: managerSeminare, Heft 105, S. 18-24.
Enke, M./Greschuchna, L. (2006): KMU-Berater: Vertrauen besser als der Ruf, in: Zeitschrift der Unternehmensberatung, Heft 1, S. 36-39.
Höner, D. (2008): Die Legitimität von Unternehmensberatung, Marburg: Metropolis Verlag.
Meyer, J.-A./Schleus, R./Buchhop, E. (2007): Trends in der Beratung von KMU, Köln: Eul Verlag.

Erfahrungen aus der Praxis

Tobias Reuter/Marianne Giesert
Förderung von Kooperation und Handlungskompetenz durch Qualifizierungsmaßnahmen

1. Einführung

Die betrieblichen AkteurInnen – insbesondere Führungskräfte und Interessenvertretungen – sind für das Betriebliche Gesundheits- (BGM) und Arbeitsfähigkeitsmanagement in einem Unternehmen zu qualifizieren. Über die Qualifikationsinhalte kann eine gemeinsame Sprache gefunden und die gesetzten Ziele optimal erreicht werden. Das hier vorgestellte Qualifizierungskonzept ist ein kooperatives Handlungskonzept für die betrieblichen AkteurInnen, um die Arbeits- und Beschäftigungsfähigkeit der Beschäftigten zu erhalten, zu fördern und wiederherzustellen.

2. BGM und Arbeitsfähigkeitsmanagement – Qualifizierung der betrieblichen AkteurInnen

Das BGM ist »die systematische und nachhaltige Gestaltung von gesundheitsförderlichen Strukturen und Prozessen sowie der gesundheitsförderlichen Befähigung von Beschäftigten« mit den Handlungsfeldern Arbeitsschutz, Betriebliches Eingliederungsmanagement und Betriebliche Gesundheitsförderung (vgl. hierzu in diesem Band den Beitrag von Giesert, Reuter und Liebrich sowie Giesert 2012). Die gesetzliche Verankerung der drei Elemente des BGM ist unterschiedlich: Es existieren verpflichtende und freiwillige Anteile für ArbeitgeberInnen und Beschäftigte. So ist der Betriebliche Arbeitsschutz in Deutschland eine gesetzlich verpflichtende Aufgabe für die ArbeitgeberInnen sowie für die Beschäftigten. Das BEM ist für die ArbeitgeberInnen nach § 84 Abs. 2 SGB IX Pflicht, für die Beschäftigten ist die Teilnahme jedoch freiwillig. Die Betriebliche Gesundheitsförderung nach § 20a SGB V verpflichtet die Krankenkassen in Kooperation mit den Unfallversicherungen zu gesundheitsfördernden Maßnahmen. Dies ist für die Unternehmen und auch für die Beschäftigten freiwillig.

Kooperation und Handlungskompetenz durch Qualifizierung fördern

Alle drei Handlungsfelder zielen auf die Verbesserung bzw. Stärkung der Arbeits- und Beschäftigungsfähigkeit der MitarbeiterInnen. Es müssen die Einflussfaktoren der Arbeitsfähigkeit – Gesundheit, Kompetenz, Werte, Arbeit, Umfeld – berücksichtigt werden. Dabei spielen die unterschiedlichen betrieblichen AkteurInnen (bspw. Interessenvertretungen und Führungskräfte) die entscheidende Rolle für die Entwicklung und Umsetzung von Maßnahmen. Von daher sind die betrieblichen AkteurInnen mit ihren unterschiedlichen Rollen und Aufgaben beim BGM zu betrachten und zu qualifizieren. Ziel ist es, das gegenseitige Verständnis für unterschiedliche Herangehensweisen zu stärken (z.b. Unterschiede zwischen ArbeitgeberIn und Interessenvertretung), um eine tragfähige Grundlage für das gemeinsame Vorgehen zu schaffen, wodurch kreative Lösungen insbesondere für »gesunde« Verhältnisse (z.b. kompetenzgerechte Arbeitsplätze), aber auch zielführende Maßnahmen der Verhaltensprävention (z.b. Nutzung von aktiven Pausen) im Unternehmen für die Beschäftigten geschaffen werden können.

3. Welche betrieblichen AkteurInnen müssen für das BGM und Arbeitsfähigkeitsmanagement qualifiziert werden?

Die einzelnen Zielgruppen für Qualifizierungsmaßnahmen zum BGM ergeben sich in Deutschland zum einen aus den gesetzlichen Grundlagen (Arbeitsschutzgesetz, SGB IX, SGB V und Personalvertretungsgesetze) sowie aus Überlegungen, wer im Betrieb am BGM für eine erfolgreiche Umsetzung beteiligt werden muss. Tabelle 1 zeigt zentrale betriebliche AkteurInnen und beispielhafte (gesetzliche) Aufgaben beim BGM und Arbeitsfähigkeitsmanagement.

Neben den in der Tabelle genannten Personen sollten auch weitere AkteurInnen wie bspw. die Personalentwicklung sowie AkteurInnen im Bereich der betrieblichen Suchthilfe, der Sozialdienste und Gesundheitsförderung berücksichtigt werden, da diese eine wichtige Beratungsfunktion übernehmen.

Tabelle 1: Betriebliche AkteurInnen und deren beispielhafte Aufgaben beim BGM und Arbeitsfähigkeitsmanagement

Betriebliche AkteurInnen	Beispielhafte Aufgaben
ArbeitgeberIn	Die/der ArbeitgeberIn ist verpflichtet, den Arbeitsschutz umzusetzen (vgl. ArbSchG) und ein BEM (vgl. § 84 Abs. 2 SGB IX) anzubieten.
Betriebs-/ Personalrat	Betriebs-/Personalräte haben durch ihre Mitbestimmungs- und Initiativrechte (beim Arbeitsschutz, BEM und der Betrieblichen Gesundheitsförderung) eine wichtige Stellung sowie Funktion und können dadurch Prozesse initiieren und begleiten, welche die Arbeitsfähigkeit der Beschäftigten wiederherstellen, erhalten und fördern.
Schwerbehindertenvertretung	»Die Schwerbehindertenvertretung fördert die Eingliederung schwerbehinderter Menschen in den Betrieb oder die Dienststelle, vertritt ihre Interessen in dem Betrieb oder der Dienststelle und steht ihnen beratend und helfend zur Seite.« (§ 95 Abs. 1 SGB IX)
Betriebs-/ WerksärztInnen	»Betriebsärzte haben die Aufgabe, den Arbeitgeber beim Arbeitsschutz und bei der Unfallverhütung in allen Fragen des Gesundheitsschutzes zu unterstützen«. (§ 3 ASiG) »Die Betriebsärzte und die Fachkräfte für Arbeitssicherheit haben bei der Erfüllung ihrer Aufgaben zusammenzuarbeiten. Dazu gehört es insbesondere, gemeinsame Betriebsbegehungen vorzunehmen. Die Betriebsärzte und die Fachkräfte für Arbeitssicherheit arbeiten bei der Erfüllung ihrer Aufgaben mit den anderen im Betrieb für Angelegenheiten der technischen Sicherheit, des Gesundheits- und des Umweltschutzes beauftragten Personen zusammen.« (§ 10 ASiG) Die Betriebs- bzw. WerksärztInnen sollen soweit erforderlich am BEM beteiligt werden (§ 84 Abs. 2 SGB IX).
Fachkräfte für Arbeitssicherheit	»Fachkräfte für Arbeitssicherheit haben die Aufgabe, den Arbeitgeber beim Arbeitsschutz und bei der Unfallverhütung in allen Fragen der Arbeitssicherheit einschließlich der menschengerechten Gestaltung der Arbeit zu unterstützen«. (§ 6 ASiG) (Siehe auch § 10 ASiG in der vorigen Tabellenzeile.) Beim BEM können Fachkräfte für Arbeitssicherheit beispielsweise bei Arbeitsplatzbegehungen oder bei der Interpretation bereits vorliegender Gefährdungsbeurteilungen – körperlicher und psychischer Belastungen – sowie bei deren Neuerstellung unterstützen.
Führungskräfte	Führungskräfte sind bei der Maßnahmengestaltung und -umsetzung beim BGM mit einzubeziehen, da sie mit unterschiedlichen Befugnissen einen mehr oder weniger großen Einfluss auf die Arbeitsbedingungen haben. Insgesamt haben sie mit ihrem Verhalten direkte Wirkung auf die Gesundheit der Beschäftigten, im positiven wie auch negativen Sinn. Dies gilt vor allem für die psychische Gesundheit (vgl. Ilmarinen 2006).

4. Inhalte des Qualifizierungskonzeptes für das BGM und Arbeitsfähigkeitsmanagement

Um tragfähige Lösungen im BGM entwickeln zu können, müssen alle Beteiligten auf einem vergleichbaren Wissensstand sein. Dieser lässt sich durch eine gemeinsame Qualifizierung ermöglichen.

4.1 Kooperation und Handlungskompetenz

Die hier skizzierten Qualifizierungsmaßnahmen für das BGM sollen dazu dienen, die Motivation und Kompetenzen der einzelnen AkteurInnen zu entfalten. Einerseits soll die integrative sowie interdisziplinäre Kooperation, andererseits die Handlungskompetenz aller Beteiligten gestärkt werden, sodass gemeinsam an der Wiederherstellung, dem Erhalt und der Förderung der Arbeits- sowie Beschäftigungsfähigkeit gearbeitet werden kann.

Unter Kooperation ist ein planmäßiges, zielbewusstes und funktionsstrukturierendes Zusammenwirken zu verstehen. Wesentliche Voraussetzungen sind dabei das gemeinsame Problemverständnis, Systeme der Kommunikation sowie gemeinsame Wert- und Zielorientierungen (Hillmann 2007). Hierfür sind einheitliche Begriffsdefinitionen rund um das BGM notwendig, um einheitliche Kommunikationsstrukturen aufzubauen.

Die Handlungskompetenz der betrieblichen AkteurInnen zu stärken, bedeutet, die erforderlichen Fach-, Methoden- und Sozialkompetenzen den Anforderungen entsprechend zu entwickeln (vgl. Erpenbeck/Rosenstiel 2007 sowie Abbildung 1).

Die folgenden grundsätzlichen Kompetenzen sind im Kontext des BGM und Arbeitsfähigkeitsmanagements bedeutsam:

Fachkompetenz:
- Kenntnisse über Gesetze, Vorschriften, Normen und Regelwerke sowie Fertigkeiten im Umgang mit ihnen (auffinden, verstehen, auswerten und anwenden)
- Grundfertigkeiten, um Gefährdungen, Belastungen, Beanspruchungen, Ressourcen auf unterschiedliche Weise messen und bewerten zu können
- Arbeitswissenschaftliche Grundlagen über ergonomische, altersgerechte Arbeitsgestaltung

Abbildung 1: Notwendige Bestandteile der Handlungskompetenz
Fachkompetenz

Methodenkompetenz   Sozialkompetenz

Methodenkompetenz:
- Anwendung von Analyse- und Bewertungsmethoden (z.b. Gefährdungs- und Belastungsanalysen)
- Methoden der Entscheidungsfindung und Moderationsmethoden für die Arbeit in Gremien und Gruppen

Sozialkompetenz:
- Kommunikationskompetenz (z.b. Verhandlungs- und Argumentationsfähigkeiten, Konfliktmanagement)
- Kooperationskompetenz (z.B. Wissen über die eigene Rolle und Verantwortung im BGM sowie die der anderen AkteurInnen; Fähigkeit, selbständig tätig zu werden und zu kooperieren)
- Problemlösungsstrategien

4.2 Qualifizierungsthemen für Führungskräfte und Interessenvertretungen

Für die zumindest fachliche Expertise einiger der oben beschriebenen Gruppen bestehen formale Aus- und Fortbildungen. Angehende BetriebsärztInnen können den Weg der Facharztausbildung für Arbeitsmedizin gehen oder sich aufbauend auf einer anderen Facharztausbildung in Betriebsmedizin weiterbilden. Die Ausbildung zur Fachkraft für Arbeitssicherheit wird nach einer festen Ausbildungskonzeption in sog. Sifa-Lehrgängen durchgeführt. Im freien Markt existieren eine Vielzahl an Möglichkeiten, sich z. B. zur Betrieblichen Gesundheitsförderung, dem Betrieblichen Gesundheitsmanagement, dem Arbeitsschutz oder dem BEM zu qualifizieren. Wir möchten an dieser Stelle Inhalte beschreiben, die wir im Rahmen unterschiedlicher Forschungs- und/ oder Betriebsprojekte bei Qualifizierungen mit der Zielgruppe Führungskräfte sowie InteressenvertreterInnen umgesetzt haben (vgl. auch Giesert/Reuter 2015). Es ist förderlich, diese Gruppen regelmäßig in Grundlagenwissen zu schulen und ihnen routinemäßig mehrmals im Jahr die Möglichkeit zur Reflexion des eigenen Handelns zu geben. In unterschiedlichen Kontexten wird immer wieder deutlich, dass insbesondere diesen Gruppen Grundlagenwissen, aber auch die Möglichkeit zur Reflexion des eigenen Handelns fehlt. Zudem zeigt sich, dass Verbesserungsmaßnahmen oft an der ungenügenden internen Zusammenarbeit, d.h. an der fehlenden Kenntnis der eigenen Rolle sowie auch am mangelnden Verständnis für die andere Rolle scheitern. Von daher sollten Führungskräfte und Interessenvertretungen an Qualifizierungsmaßnahmen teilnehmen, welche sich durch fachliche, methodische Inhalte, aber auch durch die Möglichkeit zur eigenen Reflexion im Bereich BGM auszeichnen.[1] In der Praxis haben sich folgende Themenblöcke bei den Qualifizierungen bewährt:

- Beschreibung der Ausgangslage und der konkreten Herausforderungen im Unternehmen
- Arbeitswissenschaftliche Grundlagen
- Rechtliche Grundlagen und das BGM des jeweiligen Betriebs
- Handlungsmöglichkeiten unter Nutzung des Hauses der Arbeitsfähigkeit

Beschreibung der Ausgangslage und der konkreten Herausforderungen im Unternehmen
»*Das wichtigste Vermögen im Erwerbsleben von Beschäftigten ist ihre Arbeitsfähigkeit. Ein positives Unternehmensergebnis ist erst durch die Arbeitsfähigkeit seiner MitarbeiterInnen möglich.*« (Ilmarinen 2006, S. 132; übersetzt in Tempel/Ilmarinen 2013, S. 15) Dies bedeutet, dass eine der zentralen Aufgaben für die Betriebe die Erhaltung und För-

---

[1] Auch die anderen in Tabelle 1 skizzierten Gruppen sowie weitere AkteurInnen im Bereich BGM sind zwar oftmals fachlich geschult, es ist aber immer wieder festzustellen, dass trotzdem oder vielleicht auch gerade deshalb die Zusammenarbeit mit anderen im Rahmen des BGM nicht reibungslos funktioniert. Von daher können die hier beschriebenen Qualifizierungen auch diesen Zielgruppen als gute Austausch- und Selbstreflexionsplattform dienen.

derung der Arbeits- und Beschäftigungsfähigkeit ihrer Belegschaft ist. Was kommt aber auf die Betriebe in naher und ferner Zukunft zu? Vor welchen Herausforderungen stehen sie, um arbeitsfähige Beschäftigte und weiterhin gute Produktivität und Qualität gewährleisten zu können? Zwei zentrale Herausforderungen sind der demografische Wandel und die Veränderung der Arbeitswelt. Dabei spielt auch der starke Anstieg an psychischen und Verhaltensstörungen eine wichtige Rolle. So ist es in einem ersten Schritt der Qualifizierung notwendig, einen Überblick über die konkrete Situation des Betriebes zu geben – z.b. Altersstruktur, Entwicklung der Arbeits(un)fähigkeit, besondere Belastungs- und Beanspruchungssituation, Erwerbspersonenpotenzial. Die Teilnehmenden müssen die Möglichkeit bekommen, aus der persönlichen Betroffenheit heraus die Qualifizierung zu erleben und Lösungen zu diskutieren.

Arbeitswissenschaftliche Grundlagen
Im Teil »arbeitswissenschaftliche Grundlagen« werden wissenschaftliche Erkenntnisse zur Entwicklung der Arbeitsfähigkeit im Alter präsentiert und systematisch typische Belastungen, zur Verfügung stehende Ressourcen im Betrieb sowie Beanspruchungsfolgen diskutiert. Die Berücksichtigung des Belastungs-, Ressourcen und Beanspruchungsmodells (vgl. Luczak/Volpert 1987) ist ein wesentlicher Erfolgsfaktor beim BGM. Es veranschaulicht das Zusammenspiel von physischen, psychischen und sozialen Belastungen im Kontext der Arbeit mit den zur Verfügung stehenden, moderierenden Ressourcen (z.B. Handlungsspielraum) sowie der Wirkung auf den Einzelnen und seine Arbeitsfähigkeit (Beanspruchung). Jede/r Beschäftigte ist unterschiedlichen Belastungs-Ressourcen-Kombinationen ausgesetzt und erlebt als Folge daraus individuell verschiedene Beanspruchungen. Die Reduzierung der Belastungen und der Aufbau von Ressourcen – betriebliche und individuelle – hat direkte Wirkung auf die Arbeitsfähigkeit. Die Balance zwischen Arbeitsanforderung und individueller Leistungsfähigkeit kann damit optimiert werden und die Arbeitsfähigkeit erhalten bleiben.

Rechtliche Grundlagen und das BGM des jeweiligen Betriebs
Als Handlungsorientierung für die betrieblichen AkteurInnen sind die rechtlichen Grundlagen im Rahmen des BGM bedeutend (vgl. hierzu den Beitrag von Giesert, Reuter und Liebrich in diesem Band). Das Wissen über verpflichtende Aufgaben und freiwillige Möglichkeiten hilft, die

eigene Rolle beim umfassenden BGM insgesamt zu verstehen, Partizipation zu verbessern, Maßnahmen zu priorisieren sowie das BGM insgesamt weiterzuentwickeln und auf solidere Füße zu stellen. Dabei sind vor allem folgende Inhalte zu erörtern: Zielsetzung des BGM, Beteiligung am BGM mit der Aufbereitung der unterschiedlichen Pflichten und Rechte (hierzu gehören bspw. Mitbestimmungs- und Mitwirkungsrechte der Interessenvertretungen), allgemeines Vorgehen beim Arbeitsschutz, insbesondere bei der Gefährdungsbeurteilung nach § 5 ArbSchG, BEM-Prozess nach § 84 Abs. 2 SGB IX, Möglichkeiten der Betrieblichen Gesundheitsförderung und Datenschutz.

Die Betriebe müssen für sich ein passgenaues BGM entwickeln. Dafür stehen Rahmenbedingungen zur Verfügung. Diese Rahmenbedingungen sind mit den Teilnehmenden zu diskutieren und ihre Rolle bei den einzelnen Aspekten zu klären. So müssen sowohl Führungskräfte als auch die Interessenvertretung an geeigneter Stelle bei den einzelnen Prozessen mitwirken und gemeinsam in einen Dialog treten, um Verbesserungsmaßnahmen tragfähig zu beschließen. Darüber hinaus müssen die Gruppen auch sensibilisiert werden, als Multiplikatoren tätig zu werden, für das BGM zu werben und für Transparenz der unterschiedlichen Möglichkeiten zu sorgen.

Handlungsmöglichkeiten unter Nutzung des Hauses der Arbeitsfähigkeit
Eine geeignete Handlungsgrundlage zur Analyse der Ausgangssituation sowie zur Entwicklung von Maßnahmen zur Verbesserung der Arbeits- und Beschäftigungsfähigkeit ist das Arbeitsfähigkeitskonzept. Die Teilnehmenden lernen, wie die unterschiedlichen Faktoren der Arbeitsfähigkeit (Gesundheit, Kompetenz, Werte, Arbeit und Umfeld) dazu genutzt werden können, systematisch im Dialog neue Möglichkeiten zu finden, damit die Beschäftigten ihre Arbeit nachhaltig gut bewältigen können. Auf der Ebene der Gesundheit müssen beispielsweise Fragen erörtert werden, inwieweit der eigene Führungs- oder Kommunikationsstil Einfluss auf die Gesundheit der Beschäftigten hat. Im dritten und vierten Stockwerk des Hauses der Arbeitsfähigkeit, also wenn es um Werte, Einstellung, Motivation sowie um Arbeitsbedingungen und Führung geht, muss gesundes, wertschätzendes Führungs- bzw. Kommunikationsverhalten festgehalten und ggf. Möglichkeiten der Änderung herausgearbeitet werden. Meist zeigt sich bei näherem Hinsehen, dass die Schuld nicht alleine beim Faktor Zeitmangel liegt. Trotzdem sind auch

diese Fragen zu klären: Die beste Qualifizierung für Führungskräfte oder Interessenvertreter wird kaum Nutzen haben, wenn deren »Häuser« instabil sind, sie selbst nicht wertschätzend geführt werden oder »gesunde« Rahmenbedingungen zur Verfügung haben. Dies sind Aufgaben, die noch im Vorfeld der Qualifizierung zu klären sind.

5. Fazit

Für ein erfolgreiches BGM bedarf es der Kooperation aller betrieblichen AkteurInnen sowie der notwendigen Handlungskompetenz, um das Ziel der Verbesserung der Arbeits- und Beschäftigungsfähigkeit zu gewährleisten. Die Motivation der beteiligten AkteurInnen zu einer wie oben beschriebenen Qualifizierung war in den Modellbetrieben nicht von vornherein gegeben. Insbesondere von Führungskräften wurden die wenigen zeitlichen Ressourcen sowie die fehlende Notwendigkeit einer solchen Schulungsmaßnahme angeführt. So sind strategische Entscheidungen der Geschäftsführungen für solche Qualifizierungen mit wesentlichen betrieblichen AkteurInnen (Führungskräfte, Betriebs-/Personalräte, Schwerbehindertenvertretungen usw.) leider nicht immer gegeben, aber notwendig. Durch diese Form von Qualifizierungen können viele Barrieren und Stolpersteine für gute Lösungsmöglichkeiten aus dem Weg geräumt werden. Auch zeigt die Erfahrung, dass sich ursprüngliche Vorbehalte gegenüber der Qualifizierung zerstreuen.

Als Problem zeigen sich immer wieder die zeitlichen Ressourcen der Teilnehmenden, die sich neben dem Alltagsgeschäft und zahlreichen Meetings auch noch für solche »zusätzlichen« Qualifizierungen freischaufeln müssen. Wünschenswert sind dennoch mindestens eine Eintagesveranstaltung mit einem weiteren Treffen nach einigen Monaten, um die Umsetzung der Theorie in die Praxis zu reflektieren. So wäre ein guter Grundstein für das notwendige Wissen, die Kooperation und Handlungskompetenz beim BGM gelegt. Die betrieblichen AkteurInnen gewinnen Handlungssicherheit und können ihrer jeweiligen Rolle im BGM besser nachgehen.

Literatur

Erpenbeck, J./Rosenstiel, L. von (2007): Einführung. In: Dies. (Hrsg.), Handbuch Kompetenzmessung. Erkennen, verstehen und bewerten von Kompetenzen in der betrieblichen, pädagogischen und psychologischen Praxis, 2. Aufl., Stuttgart: Schäffer-Poeschel, S. XVII-XLVI.

Giesert, M. (2012): Arbeitsfähigkeit und Gesundheit erhalten. AiB – Arbeitsrecht im Betrieb, 5, S. 336-340.

Giesert, M./Reuter, T. (2015): Qualifizierung betrieblicher AkteurInnen – Kooperation und Handlungskompetenz. In: J. Prümper/T. Reuter/A. Sporbert (Hrsg.), BEM-Netz – Betriebliches Eingliederungsmanagement erfolgreich umsetzen, Berlin: HTW, S. 63-68.

Hillmann, K.-H. (2007): Wörterbuch der Soziologie. Stuttgart: Kröner.

Ilmarinen, J. (2006): Towards a longer worklife! Ageing and the quality of worklife in the European Union. Jyväskylä: Gummerus Kirjapaino Oy.

Luczak, A./Volpert, W. (1987): Arbeitswissenschaft: Kerndefinition – Gegenstandskatalog – Forschungsgebiete. Eschborn: Rationalisierungs-Kuratorium der Deutschen Wirtschaft.

Tempel, J./Ilmarinen, J. (2013): Arbeitsleben 2025. Das Haus der Arbeitsfähigkeit im Unternehmen bauen. Hrsg. von Marianne Giesert. Hamburg: VSA.

Gabriele Joschko
»Aktive Gesundheits-Breaks« fördern Gesundheitskompetenz und Pausenverantwortung

Wissenschaftliche Erkenntnisse sowohl der Arbeitswissenschaft als auch der Trainingslehre belegen seit Langem, dass wir Menschen auf Dauer gesehen nur dann unsere Leistungsfähigkeit und Gesundheit erhalten können, wenn wir in unserem Tun auch (Erholungs-) Pausen einlegen.

Nicht umsonst ist unsere physiologische Leistungsbereitschaft im sogenannten zirkadianen Rhythmus biologisch vorprogrammiert. Diese »innere Uhr« sorgt mithilfe biopsychischer Vorgänge dafür, dass wir zu unterschiedlichen Tageszeiten unterschiedlich leistungsfähig sind. Um diese Leistungsfähigkeit – die besonders im Arbeitsalltag wichtig ist (Arbeitsfähigkeit) – zu stärken und dauerhaft zu erhalten, benötigt der Mensch den regelmäßigen Wechsel von »Anspannung und Entspannung«.

Sowohl rechtliche Vorgaben zur Gestaltung von Arbeit (z.B. Arbeitszeitgesetze) als auch arbeitsorganisatorische Aspekte (z.B. Rotationsprinzip) oder ergonomische Empfehlungen (z.B. Steh-Sitz-Dynamik) bis hin zu Trainingsmethoden (z.B. Progressive Muskelentspannung) verfolgen dieses »Prinzip Wechsel«.

Für eine »gesunde« Arbeitsgestaltung wird explizit das Einhalten von Pausen gefordert. Im Rahmen von Betrieblicher Gesundheitsförderung hat man Erfahrungen gesammelt, wie Pausen sinnvoll zu gestalten sind:

- innerhalb der Arbeitszeit
- in einem geschützten Rahmen und Raum
- für erlebbare Rekreation und Regeneration
- tätigkeits- und situationsspezifisch
- mit »wechselbietenden« Methoden und Inhalten
- auch selbständig umsetzbar im Arbeitskontext

Zunehmende Arbeitsdynamik und Stress führen oft dazu, dass Pausen »ausfallen« (vgl. BIBB/BAuA-2012, Factsheet 04). Im Zusammenhang mit den aktuellen Themen »psychische Fehlbelastungen« sowie

»Aktive Gesundheits-Breaks« fördern Gesundheitskompetenz 155

»alterngerechte Arbeitsgestaltung« rückt eine ausreichende und »richtig« gestaltete betriebliche Pausenkultur erneut zwingend in den Vordergrund.

Aktive Gesundheits-Breaks im Arbeitsalltag fördern eine gesunde Arbeitskultur. Die Erfahrung zeigt, dass durch den Einsatz von betriebsexternen Fachpartner/innen sowohl die konstante Durchführung der Breaks im Arbeitsalltag als auch die Teilnahmemotivation bei den Mitarbeiter/innen erhöht wird. Darüber hinaus gewährleisten Fachberater/innen und Trainer mit Erfahrungen im Bereich des Betrieblichen Gesundheitsmanagements sowohl eine inhaltlich und methodisch kompetente Anleitung und Durchführung als auch ein Wissen über die arbeitssoziologischen Aspekte dieser Maßnahme und können diese miteinander verknüpfen. So verstandene und durchgeführte »Gesundheits-Breaks« gehen über »Turnen am Arbeitsplatz« hinaus; sie sind eine Maßnahme für BGM, Organisations- und Personalentwicklung gleichzeitig.

Sie helfen dabei, Arbeitsstrukturen gesundheitsförderlich zu gestalten und die Gesundheitskompetenz der Mitarbeiter/innen zu erhöhen. Als Begleitmedium – zur Verbreitung und Verselbständigung – bietet sich der Einsatz von auditiven Übungssequenzen an.

Probieren Sie es einfach mal aus im Sinne eines »New Way of Work«.

Mehr Informationen gibt es unter
www.GESUNDHEITSKOMPETENZ.de

Hans-Jürgen Dorr
INQA Projekt AKKu: schlanke Werkzeuge für kleine Unternehmen

Der Hintergrund

Ein steigendes Durchschnittsalter der Bevölkerung, älter werdende Belegschaften, Schwierigkeiten bei der Besetzung von Ausbildungsstellen und das gleichzeitig schrumpfende Erwerbspersonenpotenzial führen zu einem Nachwuchsmangel an Arbeitskräften in bestimmten Branchen und Tätigkeiten (Köttendorf/Dorr 2015).

Kleinunternehmen (10 bis 49 Beschäftigte) und Kleinstunternehmen (bis neun Beschäftigte, nach Definition der Europäischen Kommission 2003; zusammen: »KuKu«) spielen eine wichtige Rolle in der deutschen Wirtschaft: Sie stellen in Deutschland 96,7% der Unternehmen, 41,9% der Beschäftigten und 18% des Umsatzes (Destatis 2014).

Von Nachwuchsmangel sind insbesondere die kleinen Unternehmen (bis 20 Beschäftigte) der KuKu potenziell in besonderer Weise betroffen, da sie in verschiedener Hinsicht (z.B. Jobsicherheit, Entgelthöhe, Aufstiegsmöglichkeiten) mit den Angeboten von größeren Mittelständlern und Großunternehmen nicht konkurrieren können. KuKu können und müssen darauf reagieren, indem sie dem Erhalt der Arbeits- und Beschäftigungsfähigkeit ihrer bestehenden Belegschaften besonderes Augenmerk schenken. Neben dem klassischen Arbeits- und Gesundheitsschutz, der in kleinen Unternehmen nur selten und in der Regel nicht systematisch umgesetzt wird, müssen verstärkt Maßnahmen zum präventiven Erhalt der Arbeits- und Beschäftigungsfähigkeit umgesetzt werden, damit die Beschäftigten möglichst ihre Tätigkeit bis zum geplanten Renteneintrittsalter von 67 oder darüber hinaus ausüben können und wollen. Während z.B. die Zahl der Arbeitsunfälle seit den 1960er Jahren fast kontinuierlich gesunken ist, steigt in den letzten Jahren die Zahl der Renten wegen verminderter Erwerbsfähigkeit. Das tatsächliche Rentenzugangsalter steigt zwar an, liegt aber mit knapp über 63 Jahren (Männer) bzw. knapp unter 63 Jahren (Frauen) immer noch deutlich unter dem angestrebten Rentenalter von 67 Jahren. Eine umfassende Förderung der Arbeitsfähigkeit, z.b. nach den Handlungsfeldern des Arbeitsfähigkeitskonzeptes nach Ilmarinen (siehe ausführlich z.b. bei Tempel/Ilmarinen 2013), kann – empirisch nachweislich – dazu beitragen, diese Lücke zu schließen.

Das Fehlen eines internen Personalmanagements in KuKu und die oftmals nur schwache strategische Perspektive der Inhaber (bei stärkerer Orientierung am Tagesgeschäft) macht dabei die Unterstützung durch Intermediäre (z.B. Handwerksberater) unausweichlich.

Im Laufe der letzten Jahre wurden in zahlreichen Forschungs- und Transferprojekten Instrumente zur Analyse sowie zur Gestaltung von Arbeitsbedingungen entwickelt und zusammengestellt, die diese umfassende Förderung der Arbeitsfähigkeit ermöglichen, z.b. der Work Ability Index (Tuomi et al. 1998) als Verfahren der Verhaltens- und Verhältnisprävention oder die Checks der Initiative Neue Qualität der Arbeit (INQA, www.inqa.de) und der Offensive Mittelstand (www.offensive-mittelstand.de) als Instrumente zur Identifikation von Verbesserungspotenzialen in Betrieben. Auch der Erhalt und die Optimierung der Beschäftigungsfähigkeit, beispielsweise durch den systematischen und zielgruppenspezifischen Einsatz von Weiterbildung, wurden in unterschiedlichsten Projekten bearbeitet. Jedoch gibt es immer wieder die Rückmeldung von Beraterinnen und Beratern, dass die vorhandenen Instrumente nicht in Unternehmen mit weniger als 20 Beschäftigten genutzt werden können: Sie sind zu kompliziert, passen nicht in der Wortwahl oder sind erst ab einer größeren Anzahl von Beschäftigten anwendbar. Eine selbst initiierte und eigenständige Nutzung der Instrumente durch die Inhaber der KuKu ist noch schwieriger und in der Praxis kaum anzutreffen.

Anstatt völlig neue Instrumente zu entwickeln, schien es effizient und vielversprechend,
a) die bestehenden Instrumente systematisch auf ihre Anwendbarkeit in KuKu hin zu überprüfen,
b) einzelne Instrumente ggf. strukturell anzupassen,
c) die Verbesserung der Wettbewerbsfähigkeit der KuKu durch den Einsatz der Instrumente herauszuarbeiten und messbar zu machen,
d) das Marketing dieser Instrumente gezielt für KuKu zu überarbeiten,
e) den KuKu Orientierung zu geben, welches der Instrumente für sie in welcher Situation bzw. für welche Fragestellung sinnvoll ist.
Geplantes Resultat war ein in enger Abstimmung mit KuKu entwickelter AKKu-Werkzeugkasten, der einerseits mit klassischen Methoden (Schulung von Intermediären, Transfer über Einrichtungen und Institutionen)

und andererseits über die Kanäle der neuen Medien der Zielgruppe »Inhaber und Beschäftigte« zur Nutzung angeboten wurde.

Das innovative Potenzial des Projekts steckt in dem dauerhaften Transfer des AKKu-Werkzeugkastens über »Neue Medien«, denn die Erfahrungen der Projektpartner belegen, dass nur ein Teil der Unternehmen über die Multiplikatoren von Kammern erreicht werden kann (Köttendorf 2014).

Und: Arbeitswelt 4.0 ist aktuell ja in aller »Munde«. Die Erkenntnisse aus der Nutzung neuer Medien in KuKu können wiederum auf andere Branchen und auch auf mittelständische Unternehmen partiell übertragen werden. Bisher sind noch kaum Ansätze zum Erhalt von Arbeits- und Beschäftigungsfähigkeit bekannt, die diese Kommunikationswege mit ihren besonderen Chancen und Risiken nutzen.

Um Gesundheit am Arbeitsplatz zu fördern und Belastungen entgegenzuwirken, wurden im AKKu-Werkzeugkasten insbesondere die Instrumente berücksichtigt, die auf den Erhalt der Arbeits- und Beschäftigungsfähigkeit sowohl auf individueller als auch auf arbeitsorganisatorischer Ebene abzielen. Mitarbeiterinnen bzw. Mitarbeiter und Betriebsinhaberinnen bzw. Betriebsinhaber werden gemeinsam zur Gestaltung einer gesundheitsförderlichen Arbeitsumgebung angeregt. Eine Vernetzung von KuKu untereinander, die für die Gestaltung gesunder Arbeitsbedingungen förderlich sein kann (z.B. Initiierung gemeinsamer Gesundheitstage, Austausch zum Umgang mit Belastungsfaktoren in eigenen Unternehmen), lässt sich durch den Einsatz von Social Media zusätzlich forcieren. Der klare Wettbewerbsvorteil für Unternehmen mit gesunden und motivierten Beschäftigten wird durch den Einsatz neuer Medien und Social Media auf neuen Wegen kommuniziert und so auch für die (neue) Zielgruppe der KuKu transparent. Die Nutzung des AKKu-Werkzeugkastens unterstützt Unternehmen dabei, die Arbeitsqualität zu erhöhen und somit die Attraktivität der Arbeit zu steigern.

Partner im Projekt

Das Projekt wurde inhaltlich konzipiert und entwickelt vom Institut für Arbeitswissenschaften der RWTH Aachen und der Beratungsfirma d-ialogo aus Wuppertal. Das Projektmanagement, die Umsetzung der Instrumente in die »digitale Welt« sowie die Öffentlichkeitsarbeit lagen in den Händen der Zentralstelle für die Weiterbildung im Handwerk in

INQA Projekt AKKu: schlanke Werkzeuge für kleine Unternehmen

Düsseldorf. In der ersten Hälfte der Projektlaufzeit war noch das Institut für Sicherheitstechnik der Universität Wuppertal weiterer Projektpartner.

Schlanke Werkzeuge

Das von Prof. J. Ilmarinen entwickelte – und auch in größeren Unternehmen bekannte – Haus der Arbeitsfähigkeit (siehe ausführlich z.b. bei Tempel/Ilmarinen 2013) wurde weiterentwickelt: Die bekannten Etagen wurden differenziert. Generell gehen wir im AKKu-Projekt von den Phasen der Sensibilisierung, der Analyse und der Umsetzung in jedem einzelnen der Stockwerke aus. Alle Instrumente sind somit nicht nur den Etagen, sondern auch den jeweiligen Phasen zugeordnet. Final sind es 18 Instrumente, die das Unternehmen mit Geschäftsführung und Mitarbeiter/innen dabei unterstützen, die Arbeitsfähigkeit langfristig zu sichern oder wiederherzustellen. Zentrales Instrument im Bereich der Analyse (aber über alle Etagen) ist der sogenannte Expertencheck für die Geschäftsführung und die Beschäftigten (siehe Abbildung 1).

Abbildung 1: Musterauswertung AKKu-Expertencheck

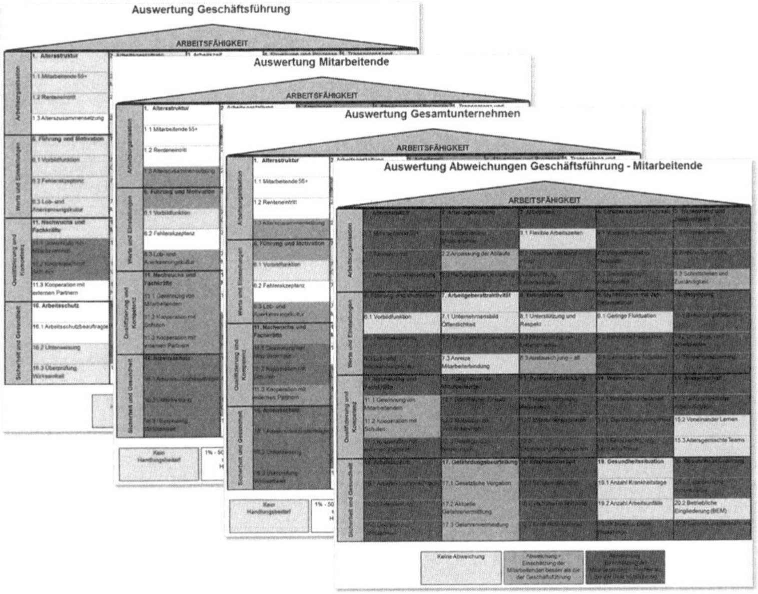

80 Fragen – online eingegeben in der AKKu App – können dann auf verschiedenste Art und Weise ausgewertet werden:
- Bewertung aus Sicht der Geschäftsführung
- Bewertung aus Sicht der Beschäftigten
- Bewertung des Gesamtunternehmens
- Übersicht über Abweichungen zwischen Geschäftsführer und Beschäftigten.

Zusätzlich erhalten die Nutzer Tipps und Hilfen zu abgeleiteten Maßnahmen; eine Druck- und Abspeicherfunktion ergänzt dieses Instrument ebenso wie das Formular für den Maßnahmenplan (Bestandteil aller in AKKu entwickelten Instrumente).

Abbildung 2: AKKu-Entlastungsbarometer

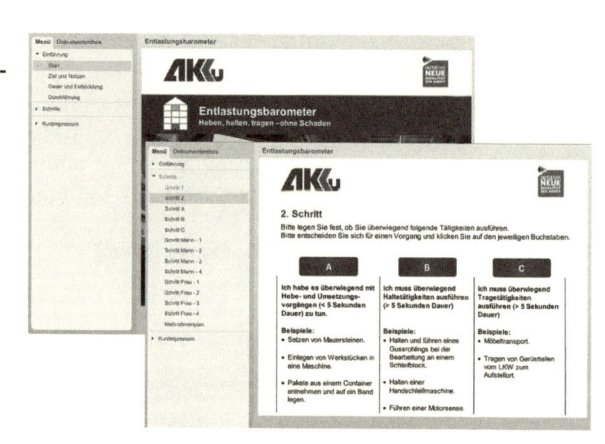

Abbildung 3: AKKu-Mitarbeitergespräch

INQA Projekt AKKu: schlanke Werkzeuge für kleine Unternehmen 161

- Wie sieht die Arbeitsfähigkeit in meinem Unternehmen aus?
- Welche konkreten Ansatzpunkte gibt es zum Erhalt bzw. zur Förderung der Arbeitsfähigkeit der Mitarbeitenden in meinem Unternehmen?

Abbildung 4: Fragestellungen von kleinen Unternehmen – Analyse I

- Wie kann ich ein gutes und zielgerichtetes Mitarbeiter-gespräch führen?
- Wie kann ich meine Büroarbeitsplätze gestalten, um Belastung der Mitarbeitenden zu vermeiden bzw. möglichst gering zu halten?
- Wie kann ich effektive Arbeitssitzungen gestalten, bei denen sich jeder einbringen und zu guten Ergebnissen beitragen kann?
- Wie kann ich Verbesserungsbedarfe identifizieren und gemeinsam mit den Mitarbeitenden Lösungen finden?

Abbildung 5: Fragestellungen von kleinen Unternehmen – Handlungshilfen I

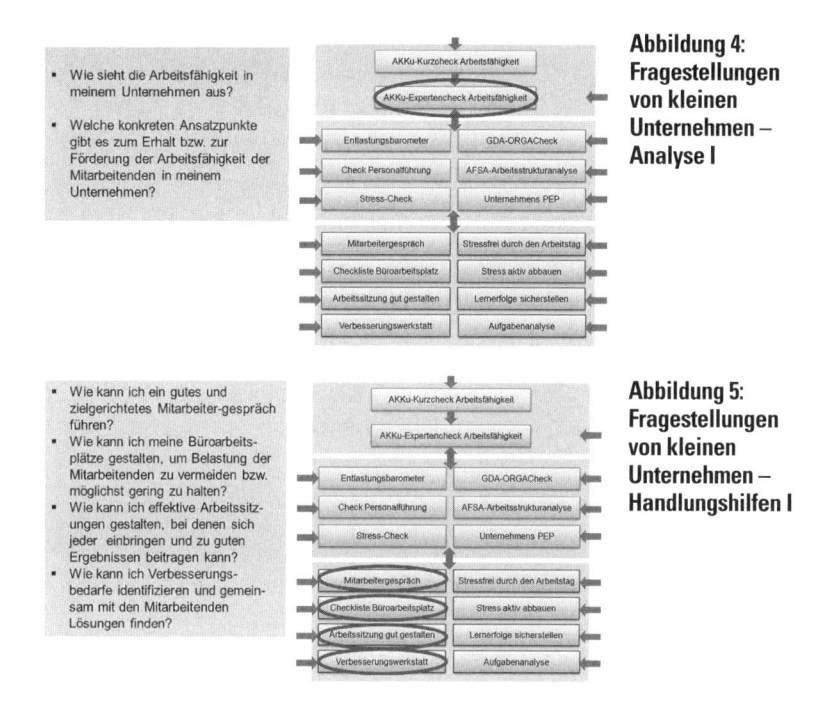

Instrumente zur Reduzierung von Belastungen (das online nutzbare Tool des Entlastungsbarometers, siehe Abbildung 2 – bekannt als *Leitmerkmalmethode*) sind ebenso Bestandteile des AKKu-Werkzeugkoffers wie z.b. strukturierte Vorgehensweisen zur Durchführung von Mitarbeitergesprächen. Hier findet der stets mobile Nutzer die Möglichkeit der eigenen Vorbereitung auf das nächste *Mitarbeitergespräch* (siehe Abbildung 3) zusätzlich per Podcast.

Schlanke Werkzeuge im schlanken Werkzeugkoffer für kleine Unternehmen sind nur dann Bereicherung und Hilfe zugleich, wenn konkrete Fragen durch »Praxisorientierte Instrumente« beantwortet werden können. Dem AKKu-Werkzeugkoffer gelingt dies mit beispielloser Klarheit und Struktur (siehe Beispiele, Abbildung 4 und 5). Der AKKu-Werkzeugkoffer ist ein in sich schlüssiges und gleichwohl geschlossenes System an Instrumenten, die jeweils auf weitere Instrumente verweisen und somit eine gute Abdeckung der benötigten Themenfelder sicherstellen.

Ab Januar 2017 werden die Erkenntnisse des AKKu-Expertenchecks noch zusätzlich in die Arbeit der Offensive Mittelstand (INQA Netzwerk)

integriert: Erstmals wird ein Themenfilter erarbeitet, der inhaltlich auf alle Fragen und Inhalte der vielfältigen Checks zugreift und quasi einen eigenen Thematischen Check erstellt. Das AKKu-Team durfte hier Vorreiter sein zum Thema Arbeitsfähigkeit. Dieser digitale Themenfilter ergänzt auf gute Weise den AKKu-Werkzeugkoffer und ist damit ein weiteres Instrument zur Implementierung des Themas Arbeitsfähigkeit in die kleinen Unternehmen.

Fazit

Das bewährte Modell des Hauses der Arbeitsfähigkeit – ergänzt durch Zimmereinteilung nach Phasen und »ausgefüllt« mit praxiserprobten und leicht verständlichen Instrumenten – ist ein Erfolgsrezept, um das Thema Arbeitsfähigkeit auch für die kleinsten Unternehmen »greifbar« zu machen.

AKKu ist eine Erfolgsgeschichte – knapp 400 Unternehmen und mehr als 1400 Beschäftigte haben die Instrumente bereits angewandt und die Arbeitsfähigkeit der Belegschaft damit weiter verbessert.

Literatur

Destatis 2014
Köttendorf, N. (2014): Kommunikationswege von Unternehmen – Ergebnisse einer Unternehmensbefragung [URL: http://www.arbeitsfähigkeit-erhalten. de/wp-content/uploads/2014_Befragungsergebnisse-Kommunikationswege-von-KMU.pdf, abgerufen am 20.12.2016].
Köttendorf, N./Dorr, H.-J. (2015): Die Qualifizierung zum Demografie-Lotsen – Beratung mit der Altersstrukturanalyse, in: Richter, Götz/Niehaus, Michael: Personalarbeit im demografischen Wandel. Beratungsinstrumente zur Verbesserung der Arbeitsfähigkeit. Bielefeld.
Tempel, J./Ilmarinen, J. (2013): Arbeitsleben 2025. Das Haus der Arbeitsfähigkeit im Unternehmen bauen. Hamburg: VSA.
Tuomi, K./Ilmarinen, J./Jahkola, A./Katajarinne, L./Tulkki, A. (1998): Work Ability Index. 2. überarb. Aufl., hrsg. vom Finnish Institute of Occupational Health. Helsinki.

Claudia Fischer/Martina Neubauer/Tobias Reuter/Simone Jäckel
Das Arbeitsfähigkeitscoaching® in der Öffentlichen Verwaltung: Vom Projekt zur gelebten Dienstvereinbarung

1. Das Landratsamt München

Der Landkreis München stellt mit ca. 340.000 Einwohnern den bevölkerungsstärksten der 71 Landkreise Bayerns dar. Die 29 Städte und Gemeinden des Landkreises München umschließen die kreisfreie Stadt München vom Norden bis in den Südwesten der Stadt und bieten ideale Bedingungen für Unternehmen und Arbeitnehmer, Start-ups, Traditionsfirmen und Weltkonzerne gleichermaßen. Dabei sind die Städte und Gemeinden des Landkreises München von einer einmaligen Mischung aus Tradition und Moderne, Natur und Technik, Heimat und Weltoffenheit geprägt.

Der Hauptstandort des Landratsamtes liegt im Herzen der Landeshauptstadt München. Dazu kommen weitere vier Standorte in der Nähe und die Führerschein- und Zulassungsstelle in Grasbrunn, die seit 30 Jahren in der Landkreiskommune angesiedelt ist. Mit über 1.000 Mitarbeitenden und 44 Auszubildenden und Anwärtern ist das Landratsamt München ein attraktiver Arbeitgeber, der viel Wert auf die Vereinbarkeit von Beruf und Familie legt. Flexible Arbeitszeiten, Betreuungsangebote für Kinder, Telearbeit, flexible Teilzeitmodelle und ein Betriebliches Gesundheitsmanagement (BGM) machen diese moderne Dienstleistungsbehörde aus. Im Landratsamt München sind vielfältige Aufgaben vom Jobcenter über das Gesundheitsamt, den Verbraucherschutz, das Baurecht und die Bautechnik, um nur einige exemplarisch zu nennen, angesiedelt. Zahlreiche Berufsgruppen, vom klassischen Verwaltungsangestellten und Beamten bis zum Architekten, Sozialpädagogen, Techniker oder Hygienekontrolleur finden hier einen interessanten Arbeitsplatz. Viele Mitarbeitende haben aufgrund der Aufgabenstellung sehr belastende Tätigkeiten, wenn es beispielsweise um Fragen des Kindeswohls oder die Gewährung existenzsichernder Leistungen geht.

2. Notwendigkeit des BEM

Die Altersstrukturanalyse des Landratsamts München zeigt über die letzten Jahre eine stetig älter werdende Belegschaft. Aktuell liegt der Altersdurchschnitt bei 43,94 Jahren. Auffallend sind die starken Ausprägungen im Alter zwischen 45 und 59 Jahren mit den sogenannten Babyboomern (vgl. Abbildung 1).

Das Landratsamt München wertet einmal jährlich die Arbeitsunfähigkeitszeiten der Beschäftigten aus. Mit einer Quote von 6,5% und durchschnittlich 16,3 Fehltagen im Jahr 2015 liegt der Wert etwas unter dem Branchendurchschnitt. So weist bspw. der Gesundheitsreport 2016 der BARMER GEK für Bayern durchschnittlich 17,3 Tage für die öffentliche Verwaltung aus (BARMER GEK 2016). Die Ergebnisse des Gesundheitsreports zeigen aber auch, dass mit zunehmendem Alter die AU-Tage im Mittel ansteigen. Dies wird durch eigene Befragungsergebnisse (Mitarbeiterbefragung Projekt BEM-Netz) gestützt: Insbesondere ältere Beschäftigte sind von längeren Krankheitszeiten bis hin zu Langzeiterkrankungen von mehr als sechs Wochen betroffen. Ebenfalls zeigen Ergebnisse dieser Befragung, dass die Beschäftigten eine Zunahme

Abbildung 1: Altersstruktur des Landratsamtes München (Stand 30.6.2016)

Altersgruppe	Anzahl
bis 20	6
21-23	22
24-26	43
27-29	51
30-32	57
33-35	64
36-38	65
39-41	52
42-44	62
45-47	98
48-50	102
51-53	92
54-56	76
57-59	73
60-62	50
63-65	8

von unterschiedlichen Belastungen (bspw. Arbeitsverdichtung, Arbeitsunterbrechungen) wahrnehmen.

Unter anderem vor diesem Hintergrund möchte das Landratsamt München den Entwicklungen frühzeitig etwas entgegensetzen. Es wird ein integratives, alter(n)sgerechtes Betriebliches Gesundheitsmanagement angestrebt, welches die Handlungsfelder Arbeitsschutz, Betriebliches Eingliederungsmanagement (BEM) und Betriebliche Gesundheitsförderung umsetzt und miteinander verzahnt. Ziel ist es, die Gesundheit, Arbeits- und Leistungsfähigkeit über den gesamten Erwerbsverlauf zu fördern.

3. Auf dem Weg zur gelebten Dienstvereinbarung

Im Jahr 2013 hatte das Landratsamt München die Chance, am vom Europäischen Sozialfonds (ESF) in Bayern kofinanzierten Projekt »BEM-Netz« (www.bem-netz.org) teilzunehmen, das eigene BEM kritisch zu hinterfragen und auf neue Füße zu stellen. In einem zweijährigen, extern begleiteten Prozess wurde das Arbeitsfähigkeitscoaching® (AFCoaching) eingeführt und schließlich wurden zum 1.10.2016 mit einer Dienstvereinbarung verbindliche Strukturen verankert.

Ziele des BEM

Das Landratsamt München möchte Gesundheit, Leistungsfähigkeit, Belastbarkeit, Motivation und Zufriedenheit der Beschäftigten im Blick haben und erforderliche präventive Maßnahmen im Rahmen einer Vernetzung mit internen und externen Akteuren anstoßen.

Mit dem BEM sollen folgende Zielsetzungen erreicht werden:
- Überwindung und Vermeidung erneuter Zeiten von Arbeitsunfähigkeit,
- Erhalt, Förderung und Wiederherstellung der Arbeits- und Beschäftigungsfähigkeit,
- Vermeidung von Behinderungen, insbesondere aufgrund der Chronifizierung von Krankheiten,
- Erhalt des Beschäftigungsverhältnisses.

Schaffung der notwendigen Rahmenbedingungen für das BEM

Zu Beginn der Projektphase wurden auf betrieblicher und überbetrieblicher Ebene Strukturen geschaffen. Diese waren die Voraussetzung für ein gelingendes BEM auf individueller Ebene. Mit Beginn des Projekts im Jahre 2013 waren sich alle BEM-Verantwortlichen darin einig, das neue BEM-Verfahren sowie die notwendigen Strukturen in einer Dienstvereinbarung zu verankern.

Betriebliche Ebene
Es wurde zunächst ein Steuerkreis BEM gebildet, der als Steuerungsgremium im BEM agiert und für die Umsetzung der Dienstvereinbarung verantwortlich ist. Der Steuerkreis ist in paritätischem Verhältnis zwischen Arbeitgeber und Arbeitnehmer besetzt. Neben diesen beschließenden Mitgliedern übernehmen beratende Mitglieder wie beispielsweise die Gleichstellungsbeauftragte und ein Vertreter der Führungskräfte Verantwortung für den Prozess. Zudem sind die Arbeitsfähigkeitscoaches (AFCoaches) im Steuerkreis vertreten. Es gibt sowohl einen AFCoach in beratender als auch einen in beschließender Funktion. Neben dem Steuerkreis gibt es die BEM-Koordination; diese wurde im Benehmen mit dem Personalrat vom Arbeitgeber bestimmt.

Steuerungskreis und Projektteam haben die betrieblichen Rahmenbedingungen und das neue BEM-Verfahren (Arbeitsfähigkeitscoaching) erarbeitet und umgesetzt. Insbesondere wurden Verantwortlichkeiten geklärt und ein umfassendes Qualifizierungskonzept für alle Beteiligten auf den Weg gebracht (vgl. Abbildung 2).

Zur Begleitung der BEM-Berechtigten wurden im Jahr 2014 erstmals interessierte Beschäftigte zum AFCoach ausgebildet und zertifiziert. In einem kontinuierlichen Prozess (siehe Tabelle 1) erfolgt eine

Abbildung 2: Qualifikationskonzept BEM beim Landratsamt München

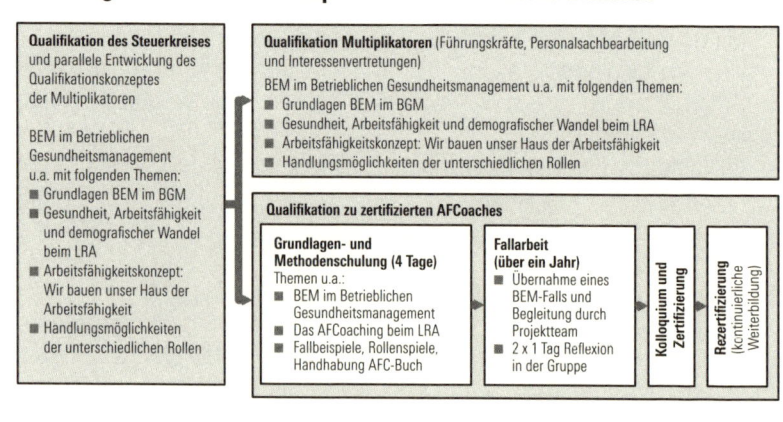

Qualifikation des Steuerkreises und parallele Entwicklung des Qualifikationskonzeptes der Multiplikatoren	Qualifikation Multiplikatoren (Führungskräfte, Personalsachbearbeitung und Interessenvertretungen)		Kolloquium und Zertifizierung	Rezertifizierung (kontinuierliche Weiterbildung)
BEM im Betrieblichen Gesundheitsmanagement u.a. mit folgenden Themen: ■ Grundlagen BEM im BGM ■ Gesundheit, Arbeitsfähigkeit und demografischer Wandel beim LRA ■ Arbeitsfähigkeitskonzept: Wir bauen unser Haus der Arbeitsfähigkeit ■ Handlungsmöglichkeiten der unterschiedlichen Rollen	BEM im Betrieblichen Gesundheitsmanagement u.a. mit folgenden Themen: ■ Grundlagen BEM im BGM ■ Gesundheit, Arbeitsfähigkeit und demografischer Wandel beim LRA ■ Arbeitsfähigkeitskonzept: Wir bauen unser Haus der Arbeitsfähigkeit ■ Handlungsmöglichkeiten der unterschiedlichen Rollen			
	Qualifikation zu zertifizierten AFCoaches			
	Grundlagen- und Methodenschulung (4 Tage) Themen u.a.: ■ BEM im Betrieblichen Gesundheitsmanagement ■ Das AFCoaching beim LRA ■ Fallbeispiele, Rollenspiele, Handhabung AFC-Buch	Fallarbeit (über ein Jahr) ■ Übernahme eines BEM-Falls und Begleitung durch Projektteam ■ 2 x 1 Tag Reflexion in der Gruppe		

Tabelle 1: Durchgeführte Qualifizierungen zum BEM seit Beginn des Projektes »BEM-Netz« 2013

Dezember 2013:	Qualifizierung Steuerkreis BEM
Januar – September 2014	1. Qualifizierung zum zertifizierten AFCoach
Februar 2014	1. Qualifizierung Multiplikatoren und BEM-Verantwortliche (Führungskräfte, Personalsachbearbeitung, Interessenvertretungen)
Februar 2015	2. Qualifizierung Multiplikatoren und BEM-Verantwortliche
Juli 2015 – bis Oktober 2016	2. Qualifizierung zum zertifizierten AFCoach
Oktober und November 2016	3. Qualifizierung Multiplikatoren und BEM-Verantwortliche

bedarfsangemessene Zertifizierung weiterer Beschäftigter. Aktuell stehen 17 AFCoaches im Landratsamt München für die Mitarbeiterinnen und Mitarbeiter zur Verfügung. Alle AFCoaches bilden sich kontinuierlich hinsichtlich fachlicher, methodischer und sozialer Kompetenz fort, um mit der entsprechenden Handlungskompetenz für die Begleitung und Unterstützung der BEM-Berechtigten ausgestattet zu sein. Im Rahmen der jährlichen Evaluation können Anpassungen bei den Inhalten vorgenommen werden (z.B. Schulung der Moderationskompetenzen).

Neben den umfassenden Qualifizierungen wurde ein Datenschutzkonzept erarbeitet und das BEM durch intensive Öffentlichkeitsarbeit (Flyer, Intranet, Personalversammlungen etc.) bekannt gemacht. Von hoher Bedeutung war auch die Klärung der organisatorischen Rahmenbedingungen. Dies betraf insbesondere die exakte Erfassung aller BEM-Berechtigten und die Kontaktaufnahme mit den BEM-Berechtigten. Um den Prozess gut zu begleiten und Erkenntnisse zur Qualitätssicherung und -verbesserung zu gewinnen, wurde ein umfassendes Evaluationskonzept erarbeitet.

Überbetriebliche Ebene
Parallel dazu wurden auf überbetrieblicher Ebene gute Rahmenbedingungen erarbeitet. Das Landratsamt München war zunächst als Projektbetrieb Teilnehmer der neu eingeführten sogenannten Runden Tische. Im Rahmen dieser Netzwerktreffen externer Unterstützer (Rehabilitationsträger, Krankenversicherungen, Integrationsamt etc.) und Projekt-

betriebe wurden erfolgreiche, in die Zukunft gerichtete Strukturen zum fachlichen Austausch geschaffen. Nachdem zu Beginn viele strukturelle Themen Inhalt der Runden Tische waren, liegt der Schwerpunkt heute auf der Reflexion von Fällen, die anonymisiert vorgestellt werden. Ziel dieses Erfahrungsaustausches ist es, die Zusammenarbeit mit externen Partnern zu verbessern und sich gegenseitig durch »Gute Praxis« zu unterstützen.

Abbildung 3: Inhaltsverzeichnis der Dienstvereinbarung zum Betrieblichen Eingliederungsmanagement im Landratsamt München

Landratsamt München	DV-BEM

Inhaltsverzeichnis

1.	GELTUNGSBEREICH	3
2.	ZIELE	4
3.	ORGANISATION DES BETRIEBLICHEN EINGLIEDERUNGSMANAGEMENTS	4
3.1.	Zusammenarbeit der Verantwortlichen	4
3.1.1.	Steuerkreis BEM	4
3.1.2.	BEM-Koordination	6
3.1.3.	Arbeitsfähigkeitscoaches (AFCoaches)	6
3.2.	Ablauf des Betrieblichen Eingliederungsmanagements	7
3.2.1.	Feststellung der Arbeitsunfähigkeit, Kontaktaufnahme und Infogespräch mit BEM-Koordination	8
3.2.2.	Arbeitsfähigkeitscoaching (AFCoaching)	9
3.3.	Feststellung des Handlungsbedarfs	10
3.4.	Maßnahmenentwicklung und Maßnahmenspektrum	10
3.5.	Dokumentation	11
4.	QUALIFIZIERUNG DER BEM-VERANTWORTLICHEN	12
5.	EVALUATION DES BEM	12
6.	STREITIGKEITEN	14
7.	DATENSCHUTZ	13
8.	BETEILIGUNG INTERESSENSVERTRETUNGEN	13
9.	GELTUNGSDAUER	13
10.	SALVATORISCHE KLAUSEL	14

Anlagen

Anlage 1	Datenschutz zum BEM
Anlage 2	Datenschutzerklärungen im BEM-Akt
Anlage 3	Anschreiben
Anlage 4	Coaching-Vereinbarung
Anlage 5	Grobkonzept zur Qualifizierung „AF-Coaching"

Stand: 01.10.2016

Umsetzung des BEM auf individueller Ebene

Seit September 2014 werden BEM-Berechtigte beim Landratsamt München ausschließlich von den aktuell 17 Mitarbeitenden des Landratsamtes München als AFCoaches beim Eingliederungsprozess unterstützt. Sie sind diejenigen, die die BEM-Berechtigten in sieben Schritten (vgl. hierzu auch den Beitrag von Reuter/Giesert/Liebrich in diesem Buch) durch den gesamten Prozess begleiten. Mit Blick auf die individuellen Ressourcen und die Möglichkeiten im Landratsamt suchen wir gemeinsam mit den BEM-Berechtigten nach den bestmöglichen Lösungen, die für Wiederherstellung, Erhalt sowie Förderung der Arbeitsfähigkeit sorgen.

Zielgerade: Die Dienstvereinbarung BEM

Nach der Verankerung der Strukturen befasste sich der Steuerkreis in seinen regelmäßig stattfindenden Sitzungen zunehmend mit dem Entwurf einer Dienstvereinbarung, der im Sommer 2016 seinen erfolgreichen Abschluss fand. Die Erarbeitung erfolgte in einem transparenten, partizipativen Verfahren. Die Dienstvereinbarung wurde zum 1.10.2016 abgeschlossen (siehe Abbildung 3).

4. Erfolge und Stolpersteine bei der Umsetzung des BEM

Erfolge

Das AFCoaching leistet einen wesentlichen Beitrag zu einem guten, respektvollen, wertschätzendem Miteinander im Landratsamt München. Die klare Struktur im Prozess ist neben den engagierten und kompetenten AFCoaches und offenen Führungskräften ein Erfolgsfaktor.

Beschäftigte, die aus einer längeren Erkrankungsphase zurückkehren, erleben das AFCoaching als wertvolle Unterstützung ihrer eigenen Handlungskompetenz, um wieder gut ins Berufsleben integriert zu werden. Viele Beschäftigte schätzen die Wahlmöglichkeit, da in der Regel mehrere Coaches zur Begleitung zur Verfügung stehen.

Stolpersteine und Hindernisse

Unterschiedliche Akteure, Rollen und Erwartungen erfordern von allen Beteiligten ein hohes Maß an Professionalität, Einfühlungsvermögen und Flexibilität. Gerade die Klärung der Rollen erleben wir immer wieder als Herausforderung.

Ein weiteres Hindernis können die starren tarifrechtlichen Regelungen sein. Bei Umbesetzungen oder dauerhafter Leistungsminderung können sich Gehaltseinbußen ergeben, die von den BEM-Berechtigten insbesondere im Großraum München nur schwer getragen werden können. Das AFCoaching ist ein Suchprozess nach geeigneten Wegen, um die Balance zwischen Belastung und Ressource zu fördern. Insbesondere psychische Erkrankungen oder lange Zeit schwelende Konflikte am Arbeitsplatz sind auch im Rahmen eines gut strukturierten BEM-Prozesses nicht immer befriedigend zu lösen.

Beim AFCoaching geht es um individuelle Lösungen für BEM-Berechtigte. Im kollektiven Kontext kann es zu Mehrbelastungen der Kolleginnen und Kollegen kommen, die sich über längere Zeit in einer Vertretungsphase von BEM-Berechtigten befinden. Damit verdeutlicht sich die Notwendigkeit der Vernetzung in den Arbeitsschutz.

5. Evaluationsergebnisse

Die Evaluation des Prozesses ist ein wichtiger Baustein, um die Qualität unserer Maßnahmen zu sichern. Bedarfe und Themen (betrieblich, überbetrieblich und individuell) werden identifiziert und analysiert. Gegebenenfalls werden neue Maßnahmen ergriffen bzw. bestehende Maßnahmen angepasst. Darüber hinaus verstehen wir das BEM als ein wichtiges Handlungsfeld im BGM. Von daher müssen die Erkenntnisse des BEM auch in den Arbeitsschutz und in die Gesundheitsförderung mit einfließen – und umgekehrt.

Seit 2014 wird das BEM beim Landratsamt kontinuierlich evaluiert. Zusätzlich stehen Ergebnisse aus dem Projekt »BEM-Netz« zur Verfügung (vgl. Sporbert/Prümper/Reuter 2015). Seit Projektstart können wir eine deutliche Verbesserung des Bekanntheitsgrads und der Akzeptanz unseres BEM-Prozesses feststellen. Es zeigt sich bei den befragten BEM-Berechtigten, dass diese das AFCoaching als echte Unterstützung erleben. Besonders die Begleitung und Unterstützung durch die zertifizierten AFCoaches wird sehr positiv und hilfreich erlebt. Die Ergebnisse geben erste gute Hinweise, wie sich die individuelle Arbeitsfähigkeit vor und nach dem BEM hin zu einer Stabilisierung entwickelt.

Im Jahr 2015 wurde die Evaluation von Simone Jäckel (2016) begleitet, die ihre Bachelorarbeit hierüber erarbeitet hat. Am Beispiel des Landratsamts München untersuchte sie, ob das Arbeitsfähigkeitscoa-

Arbeitsfähigkeitscoaching in der Öffentlichen Verwaltung

ching einen erfolgreichen Ansatz für das BEM darstellt. Das Landratsamt München wurde für die Untersuchung ausgewählt, weil es ausgebildete AFCoaches sowie bearbeitete Fälle aufweisen kann, die systematisch mit dem AFCoaching umgesetzt wurden.

Als methodische Vorgehensweise bei der Datenerhebung wurden leitfadengestützte Experten- und Expertinneninterviews geführt. Dabei sollten alle beteiligten Funktionen abgedeckt werden: Personalabteilung, BEM-Koordination, Personalrat, Schwerbehindertenvertretung, AFCoaches sowie BEM-Berechtigte, die ein AFCoaching durchgeführt hatten. Da keine Vollerhebung stattfand, wurden die Akteure/Akteurinnen stellvertretend für ihre Interessengruppe befragt.

Anhand der Untersuchungsergebnisse des AFCoachings im Landratsamt München wurden die Potenziale und Hürden bei der praktischen Umsetzung auf der persönlichen, betrieblichen und überbetrieblichen Ebene aufgezeigt.

Persönliche Ebene

Auf der persönlichen Ebene der BEM-Berechtigten wurde das AFCoaching als sehr gewinnbringend beschrieben: »Mir hat es auf persönlicher Ebene sehr viel gebracht, muss ich ganz ehrlich sein.« Hier ist auch entscheidend, dass der BEM-Berechtigte in den Prozess miteinbezogen wird und eine aktive Rolle einnimmt. (»An und für sich ganz hervorragend. Denn letzten Endes wird der Arbeitnehmer gefragt, was kann man ändern, dass das nicht mehr passiert.«) Auch die Ausbildung von Kollegen und Kolleginnen aus dem Landratsamt als AFCoaches wird sehr positiv beurteilt.

Betriebliche Ebene

Auf betrieblicher Ebene wurden viele Strukturen (Steuerkreis, BEM-Koordination, Dienstvereinbarung) geschaffen, die für den gesamten Prozess unterstützend sind. Dennoch zeichnete sich bei den Gesprächen ab, dass die meisten Probleme auf betrieblicher Ebene stattfinden. So wurde die Zusammenarbeit mit den verschiedenen Akteuren und Akteurinnen im BEM unterschiedlich bewertet und hervorgehoben, dass die Zusammenarbeit mit den Führungskräften weiter ausgebaut werden muss. Dies hängt auch mit der Frage der Rollenklarheit zusammen. Hier besteht der Eindruck, dass vor allem bei den Führungskräften eine Sensibilisierung stattfinden muss, um sie ihrer Rolle bewusst zu machen. Es stellte sich heraus, dass den Schulungen eine große

Bedeutung beigemessen wird, einerseits für die Führungskräfte, aber auch zur Aufklärung der Belegschaft, um das Thema BEM noch mehr in den Fokus zu rücken und Sorgen oder Vorurteile abzubauen.

Bei der Steuerung des Verfahrens wurde eine Beschleunigung bei der Maßnahmenumsetzung als wichtiges Anliegen deutlich. Hier sollten engmaschigere Fristen und eine Kontrolle derselben die Verzögerung des Prozesses verhindern.

Überbetriebliche Ebene

Auf überbetrieblicher Ebene wird die Kooperation und der Austausch mit externen Akteuren und Akteurinnen beispielsweise durch den Runden Tisch sehr geschätzt. Für die Beteiligten im Landratsamt stellt diese überbetriebliche Ebene eine wichtige Unterstützung dar.

Insgesamt wurde das AFCoaching als sehr gut bewertet und wird auch anderen Unternehmen oder Behörden empfohlen.

»Wir haben in den letzten zwei Jahren, in denen wir aktiv in diesem Projekt mitgearbeitet haben, sehr viel dazugelernt. Wir haben das BEM bei uns im Landratsamt verbessert, wir haben Strukturen geschaffen und eine Dienstvereinbarung verabschiedet. Wir haben und werden weiterhin die Führungskräfte umfassend informieren und weiterhin sicherstellen, dass den AFCoaches der Raum zur Verfügung gestellt wird, den sie brauchen, um ihre Aufgabe wahrzunehmen. Ziel ist es ebenfalls, unsere Beschäftigten noch mehr mitzunehmen und Ängste abzubauen, die immer noch bei einigen bestehen. Als wirksamstes Mittel sehen wir auch hier die kontinuierliche Information unserer Mitarbeiter. Auch wenn noch Arbeit vor uns liegt, sind wir auf einem guten Weg und ich freue mich sehr über das bereits Erreichte.«

Das AFCoaching muss jedoch immer den Gegebenheiten in dem jeweiligen Unternehmen angepasst werden. Außerdem ist es essentiell, eine Akzeptanz auf allen Ebenen zu schaffen. Wichtig ist, dass ein BEM nicht nur auf dem Papier steht, sondern im Unternehmen gelebt wird. Eine wesentliche Voraussetzung dafür wurde im Landratsamt München geschaffen, indem zuerst die Strukturen aufgebaut wurden und der Prozess in Gang gebracht wurde und dieser jetzt mit der Dienstvereinbarung gefestigt und kontinuierlich verbessert wird.

6. Ausblick

Mit dem Arbeitsfähigkeitscoaching erfüllt das Landratsamt München den gesetzlichen Auftrag zum BEM und hilft den BEM-Berechtigten bei der Wiederherstellung der Balance zwischen Arbeitsanforderungen und den eigenen Möglichkeiten bzw. Ressourcen. Die Evaluationsergebnisse machen deutlich, dass sich das Landratsamt auf einem sehr guten Weg befindet. Sie verdeutlichen aber auch, dass es noch Verbesserungspotenziale gibt. Insbesondere bei der internen Zusammenarbeit besteht weiterer Handlungsbedarf. Erste Maßnahmen wurden abgeleitet und zum Teil bereits umgesetzt. Hervorzuheben sind umfangreiche Informations- und Qualifizierungsprogramme der Führungskräfte und Funktionsträger.

Für eine lebendige Dienstvereinbarung BEM soll mit Veranstaltungen, der Teilnahme an Gesundheitstagen und Personalversammlungen, interessanten Schulungsangeboten und konsequenter Öffentlichkeitsarbeit geworben werden.

Das Landratsamt München versteht sich als dynamischer und moderner Arbeitgeber, der im Dialog mit allen Beteiligten gute Lösungen anstrebt. Hürden, Kritik und Stolperfallen werden als Chance verstanden, sich weiterzuentwickeln.

Der Einsatz für gesundheitsfördernde Arbeitsbedingungen lohnt sich!

Literatur

BARMER GEK: Gesundheitsreport 2016 – Bayern. Junge Menschen am Start ihres Berufslebens. Wuppertal, 2016 [URL: http://firmenangebote.barmer-gek.de/barmer/web/Portale/Firmenangebote/Gesundheitsangebote-fuer-Beschaeftigte/Gesundheit-im-Unternehmen/Gesundheitsfakten/Gesundheitsreport/Gesundheitsreports-2016-PDF/Gesundheitsreport_20Bayern,property=Data.pdf, abgerufen am 29.11.2016].

Jäckel, S. (2016):»Das Arbeitsfähigkeitscoaching als Ansatz des betrieblichen Eingliederungsmanagements am Beispiel des Landratsamtes München«. Bachelorarbeit an der Pädagogischen Hochschule Heidelberg, Fakultät III, Bachelor-Studiengang Gesundheitsförderung.

Sporbert, A./Prümper, J./Reuter, T. (2015): Projektevaluation – Ergebnisse aus dem transnationalen BEM-Netz. In: J. Prümper/T. Reuter/A. Sporbert (Hrsg.), BEM-Netz – Betriebliches Eingliederungsmanagement erfolgreich umsetzen. Berlin: HTW, S. 110-118.

Helmut Haderlein/ Josef Morgenroth
Gemeinsam weiter – Coaching mit Perspektive
Über ein Pilotprojekt zur Betrieblichen Eingliederung (BEM)

Es kann jeden treffen: eine länger andauernde Krankheit und dann im Anschluss die Frage nach der Rückkehr an den Arbeitsplatz. Betriebliches Eingliederungsmanagement (BEM) ist den Arbeitgebern vom Gesetzgeber durch den § 84 Abs. 2 SGB IX für jene Beschäftigte vorgeschrieben, die in einem Zeitraum von zwölf Monaten wiederholt oder zusammenhängend länger als sechs Wochen arbeitsunfähig waren. Dies gilt auch oder insbesondere für die Beschäftigten in Produktionsbetrieben mit Vierschichtsystemen wie die Michelin-Reifenwerke Hallstadt bei Bamberg.

Steckbrief: die Michelin-Reifenwerke KGaA Hallstadt bei Bamberg

Das Werk in Hallstadt produziert seit 1971 PKW-Reifen mit einer derzeitigen Kapazität von 22.000 Reifen neuester Technologie pro Tag. Die Produktion läuft in einem Vierschichtsystem, das auch Wochenendarbeit mit einschließt. Der Standort ist ein »reiner« Produktionsstandort, der nur sehr wenig Verwaltung umfasst. Insgesamt arbeiten 972 Beschäftigte, davon 731 gewerbliche, am Standort (Stand März 2016). Der überwiegende Anteil sind männliche Mitarbeiter (918). 66 Beschäftigte haben einen Schwerbehindertenstatus bzw. sind Schwerbehinderten gleichgestellt. Die Quote der ungeplanten Abwesenheit liegt derzeit über dem Durchschnitt zu vergleichbaren anderen Michelinstandorten. Die Altersstruktur zeigt ein nicht untypisches Bild. Mit knapp 44 Jahren im Durchschnitt sind viele Beschäftigte in den Altersklassen der »Babyboomer« (50-60 Jahre) zu verorten. Dies bringt vor allem vor dem Hintergrund von Nacht- und Wechselschicht einige Herausforderungen für die Gesundheit und Arbeitsfähigkeit und damit auch für das Betriebliche Gesundheitsmanagement (BGM) mit sich.

Das Arbeitsfähigkeitscoaching® bei den Michelin-Reifenwerken Hallstadt

Ein Handlungsfeld des BGM ist das BEM, um insbesondere den von längeren Ausfallzeiten Betroffenen Unterstützungsmöglichkeiten mit an die Hand zu geben. Im Frühjahr 2014 startete im Werk ein Pilotprojekt zum BEM. Ziel war es, einen festen Standardablauf für die Wiedereingliederung kranker Mitarbeiter aufzustellen, um ihnen den Wiedereinstieg nach längerer Abwesenheit zu erleichtern. Manchmal müssen nach der Krankheitsphase auch angepasste Arbeitsplätze gefunden werden, wenn beispielsweise Arbeit im Schichtbetrieb nicht mehr ohne Weiteres möglich ist.

Betreut wurde das von der EU geförderte Projekt (www.bem-netz.org) von der Hochschule für Technik und Wirtschaft (HTW) Berlin, den Betriebsberaterinnen und -beratern des Instituts für Arbeitsfähigkeit (IAF) aus Mainz sowie von einer Projektgruppe (Personalreferenten, Werksarzt, Betriebsrat) vor Ort. Länger erkrankte Mitarbeiter wurden angeschrieben und erhielten das Angebot, am Projekt teilzunehmen. Sie werden von sogenannten Arbeitsfähigkeitscoaches (AFCoaches) (vgl. den Beitrag von Reuter, Giesert und Liebrich in diesem Band) betreut. Das sind speziell geschulte Kolleginnen und Kollegen aus dem Werk, die den Betroffenen mit Rat und Tat beim Wiedereingliederungsprozess zur Seite stehen.

Ein Fallbeispiel und O-Töne aus dem Werk

Herr O. arbeitete als Fertigungsteamleiter (RI) in Hallstadt, bevor er 2013 schwer erkrankte. Nach einer Operation kehrte er zurück an seinen Arbeitsplatz und wollte »*eigentlich ohne Wiedereingliederung auskommen*«. Ein erneuter Zusammenbruch zwang ihn, umzudenken. »*Ich freue mich über das BEM-Projekt und den strukturierten, klar vorgegebenen Ablauf. Auch die Betreuung durch den Coach hilft mir sehr, zumal für mich ein anderer Arbeitsplatz außerhalb der Produktion gefunden werden muss.*«

AFCoach Helmut Haderlein: »*Das Vertrauensverhältnis zwischen dem BEM-Berechtigten und dem Coach ist für den Erfolg der Wiedereingliederung mitentscheidend. Der Coach hilft bei auftretenden Problemen, aber auch beim erforderlichen Kontakt zu Ämtern. Ziel ist es, die Rückkehr in den Arbeitsalltag gemeinsam zu finden.*«

Wie komplex der Fall von Herrn O. ist, zeigen einige Eckdaten:
- Ab März 2013: Operation bei Herrn O., damit Krankenstand.
- Im September 2014 stufenweise Wiedereingliederung und Start des AFCoachings.
- Oktober 2014: Nach 18 Monaten Arbeitsunfähigkeit endete der Krankengeldbezug.
- Folglich musste sich Herr O. ab November 2014 arbeitslos melden.

Aus eigenem Engagement machte er halbtags im administrativen Bereich in einem Büro bei Michelin mit geringer Lärmbelastung (wesentliche Voraussetzung wegen Hörschädigung) einen Arbeitsversuch.
- Die komplexe Lösungsfindung musste mit der Agentur für Arbeit abgesprochen werden: Was darf der BEM-Berechtigte arbeiten? Was darf er zum Arbeitslosengeld dazu verdienen?

Mittendrin in der Eingliederungsphase: Herr O. (rechts im Bild) beim Gespräch mit seinem AFCoach Helmut Haderlein (Quelle: Michelin)

- Vereinbarung einer Zuzahlung durch Michelin.
- Zunächst Zuschuss vom Integrationsamt für eine neue Telefonanlage für Hörgeschädigte und späterer Zuschuss des Integrationsamtes für Umbau des Eingangsbereiches zur Verminderung des Lärmpegels, da im Großraumbüro ständige Unruhe herrscht.
- Mai 2015: Wiedereinstellung bei Michelin, halbtags auf Probe, Bürotätigkeit als Sachbearbeiter.
- Das Abschlussgespräch des AFCoachings erfolgte am 6. Mai 2015, das Nachhaltigkeitsgespräch am 23.07.2015.
- Diese Stelle wurde durch das BEM neu erschaffen.

Betriebsratsvorsitzender Josef Morgenroth ist ebenfalls als AFCoach aktiv: »*Dem Betriebsrat ist es wichtig, dass die BEM-berechtigten Kolleginnen und Kollegen möglichst wieder an ihrem alten Arbeitsplatz eingegliedert werden. Ist dies aus gesundheitlichen Gründen nicht möglich, können mit Hilfe des BEM verschiedenste Aktionen eingeleitet werden, um Arbeitsplätze entsprechend anzupassen oder einen geeigneten Arbeitsplatz im Betrieb zu finden.*«

Die Eingliederung von Herrn O. war ein schwieriger und zeitintensiver Fall, der zwar beendet ist, jedoch die Verantwortlichen immer wieder beschäftigen kann. Herr O. hat die Eingliederung geschafft, fühlt sich aber noch oft in seiner »neuen« Situation unwohl und beobachtet. Dass die Eingliederung gelungen ist, war nur möglich, da er selbst, sein AFCoach, die internen Akteurinnen und Akteure und externe Stellen, insbesondere das Integrationsamt, alle gut zusammengearbeitet haben.

BEM – Aktueller Stand (Stand Mai 2016)

Mit der Systematik des AFCoachings wurden seit Projektbeginn 18 Fälle erfolgreich abgeschlossen. Zwölf AFCoachings laufen derzeit. Aktuell haben 74 BEM-Berechtigte Anspruch auf ein BEM, wovon 17 Fälle bereits bearbeitet werden und 57 Fälle ausstehen. Die Erfahrung zeigt, dass nicht jeder Fall so intensiv betreut werden muss wie jener von Herrn O. Einige Fälle benötigen keine Unterstützung oder die Lösungen sind weniger komplex.

Bisherige Erfahrungen mit dem BEM

Was läuft gut?
- Viele der angeschriebenen BEM-Berechtigten folgten der Einladung zum Erstgespräch mit Vertretern der Personalabteilung und dem Betriebsrat, wovon sich etwa die Hälfte für ein AFCoaching entschieden haben.
- Die AFCoaches kommen insgesamt gesehen gut voran und sind sehr engagiert.
- Die Führungskräfte sind zum Thema BEM im Rahmen des Projektes ausgebildet worden und stehen grundsätzlich positiv dazu.
- Es werden auch externe Akteurinnen und Akteure bei Bedarf mit einbezogen (Integrationsfachdienst, Rentenversicherung, Berufsgenossenschaft etc.).
- BEM-Berechtigte fühlen sich durch den BEM-Prozess wertgeschätzt. Es wird zugehört und sie werden ernst genommen.

Was läuft (noch) nicht so gut?
- Die Zuordnung der AFCoaches auf die BEM-Berechtigten, sodass sich auch Möglichkeiten für die gemeinsamen Gespräche ergeben, ist wegen des komplexen Schichtsystems erschwert.
- Es gibt zu wenig zeitliche Ressourcen bei den AFCoaches und vielen anderen Akteurinnen und Akteuren.
- Die Terminfindung ist wegen der unterschiedlichen Arbeitszeiten oft schwierig und langwierig.
- AFCoaches, die im Vier-Schichtbetrieb arbeiten, brechen wegen des schwierigen Zeitmanagements, fehlender Ressourcen und der Doppelbelastung weg.
- Es gibt zu wenig geeignete Arbeitsplätze für gesundheitlich Angeschlagene.
- Die Bearbeitungszeit zieht sich manchmal wegen verzögerter Lösungsumsetzung in die Länge.
- Wir mussten feststellen, dass es auch Fälle gibt, wo BEM nicht mehr hilft (Arbeitsversuche wurden abgebrochen).
- Allgemein besteht Ressourcenknappheit.

Fazit und Ausblick

Das BEM mit dem AFCoaching steht und fällt mit der vertrauensvollen Zusammenarbeit aller Akteurinnen und Akteure. Auch die BEM-Berechtigten müssen ihrer aktiven Rolle nachkommen und an der Lösungsfindung mitwirken. BEM ist kein Instrument, das beliebig Wünsche erfüllen kann, sondern ein gutes Werkzeug, um einen kreativen Suchprozess anzustoßen und möglichst alle Lösungsansätze gemeinsam zu durchdenken. Um die Arbeits- und Beschäftigungsfähigkeit insgesamt zu fördern, reicht das BEM alleine nicht aus. Auch die weiteren Handlungsfelder des BGM müssen vor allem primärpräventiv greifen und damit Erkrankungen vor ihrem Entstehen verhindern. Dabei stehen vor allem die aktuellen Schicht-Arbeitszeitmodelle auf dem Prüfstand. So werden bereits Schichtsysteme mit freien Wochenenden vereinbart und eingeführt, Nachtschichten übernehmen temporär Vollkonti-Kollegen. Eine Abteilung wurde – ausgelöst durch das BEM – komplett auf Normalschicht mit Gleitzeit verändert. Einzelne Arbeitsplätze müssen nicht nur inhaltlich, sondern auch organisatorisch im Rahmen von BEM angepasst werden. Teilzeitarbeitsplätze müssen neu gedacht werden. Eine erste Stelle für einen BEM-Berechtigten mit 50% EM-Rente wurde bereits neu geschaffen. Neben dem Thema Schicht und Arbeitszeit wurden bereits die Anwesenheitszeiten der Physiotherapeuten aufgestockt und ein Gesundheitstag durchgeführt. Michelin ist sich aber bewusst, dass kein Weg an einem ganzheitlichen Gesundheitsmanagement vorbeiführt, an dem aktuell gearbeitet wird.

Ralph Conrads/Rupert Felder
Wandel gestalten – ein Parcours der Arbeitsfähigkeit in der Druckmaschinenindustrie

1. Einleitung

»*Veränderungsbereitschaft und soziale Partnerschaft stärken.*« Das war und ist das Motto des Sozialpartnerprojekts »*Wandel gestalten – Demografie, Qualifizierung und Gesundheit im Maschinenbau*«, das im Rahmen des Programms »weiter bilden« durch das Bundesministerium für Arbeit und Soziales und den Europäischen Sozialfonds zwischen 2013 und 2015 gefördert wurde. Da der Umgang mit dem demografischen Wandel für viele Betriebe ein Kraftakt ist, stärkte das Vorhaben Betriebe und Beschäftigte in der Druckmaschinenindustrie bei Veränderungsprozessen. Um Qualifizierungsziele in die betriebliche Praxis zu übertragen, hatte sich der Heidelberger Druckmaschinen Konzern in Heidelberg, Wiesloch, Ludwigsburg und Amstetten entschlossen, gemeinsam mit dem Internationalen Institut für Empirische Sozialökonomie (INIFES) und dem Institut für Arbeitsfähigkeit (IAF) als Partnern den Veränderungsprozess seit 2013 bis heute zu gestalten. Denn eines ist auch heute noch bei allen Beteiligten unstrittig: In den vergangenen Jahren konnte zwar eine spürbare Steigerung der Erwerbsbeteiligung Älterer in Deutschland erzielt werden, doch bleiben weiterhin – das ist nachdrücklich zu betonen – die Erwerbschancen von Personen, die über 50 Jahre alt sind, gering. Die gegenwärtige Arbeitsmarktsituation älterer Arbeitnehmer/innen in Deutschland zeigt, dass nur ca. ein Drittel der Beschäftigten tatsächlich bis zum 65. Lebensjahr erwerbstätig ist.[1] Wer möchte da ernsthaft von »*guten*« Erwerbschancen sprechen?

---

[1] Die erwähnte Zunahme älterer Erwerbstätiger lässt sich in großen Teilen durch eine gestiegene Erwerbsbeteiligung von Frauen mit 50 Jahren und älter erklären. Es muss weiterhin auf die Arbeitsmarktprobleme Älterer hingewiesen werden (Bundesagentur für Arbeit 2015), denn letztlich verbleiben die Erwerbstätigenquoten trotz allem auf niedrigem Niveau. Die Folge ist vor dem Hintergrund des steigenden Renteneintrittsalters fatal, denn lediglich ein Bruchteil der Beschäftigten

Ein Parcours der Arbeitsfähigkeit in der Druckmaschinenindustrie

Einhellig war ebenso das gemeinsame Urteil der Projektpartner, dass ein Industriezweig wie die Druckmaschinenindustrie, der sich in den Turbulenzen eines strukturellen Umbruches befindet und jahrelang nur in geringem Umfang Nachwuchs rekrutieren oder übernehmen konnte, auf eine gute Arbeitsfähigkeit der stetig älter werdenden Belegschaft angewiesen ist. Anstatt ihn zu beschleunigen, wie zuvor oft geschehen, wollte man nun den frühen Erwerbsaustritt der Älteren verzögern und auch die Arbeitskraft wie gleichermaßen die Innovationsfreude der gesamten Belegschaft stärken (unter anderem mit dem aufrüttelnden Motto: »*Wir alle gemeinsam oder gar nicht!*«). In diesem Szenario profitieren beide Seiten: Die einen müssen sich bei einem möglichen weiteren Personalabbau nicht dem selbst für ausgewiesene Spezialisten schwierigen Arbeitsmarkt für Ältere stellen, die anderen sichern wertvolles betriebliches Know-how, vermeiden Fehlzeitenkosten und bleiben als globaler Konzern überlebensfähig. In dieser Win-win-Konstellation beschloss man nun, ein Projekt zur Stärkung der Arbeitsfähigkeit der gesamten Belegschaft zu starten und sich hierbei ganz dem Modell der Arbeitsbewältigungsfähigkeit in Anlehnung an Ilmarinen/Tempel (2002) und einem ganzheitlichen Ansatz des betrieblichen Gesundheitsmanagements gemäß Giesert/Liebrich u.a. (2014) zu verschreiben (vgl. auch den Beitrag von Giesert/Reuter/Liebrich in diesem Band, insbes. die Abbildungen auf S. 18 und 28).

2. Qualifizierung im Rundgang – Demografie-Arena

Ein schwieriger Einstieg

Sich solch hehre Projektziele zu setzen, ist noch der einfachste Teil eines derartigen Vorhabens. Zum Projektbeginn war noch vieles vollkommen unklar. Welche Fachbereiche des Unternehmens und der Konzernstandorte wollen mitmachen? Wie soll Arbeitsfähigkeit in die betriebliche Praxis vermittelt werden? Wie qualifiziert man selbstbewusste Fachexperten und spezialisierte Ingenieure, Maschinenbauer und Metallfachkräfte, die zum Teil viele Jahre nicht an Qualifizierungen teilgenommen hatten (»*Was wir brauchen, das können wir doch schon*

---

arbeitet tatsächlich bis zum regulären Renteneintrittsalter. Der Rest der Rentenneuzugänge erfolgt rentenmindernd aus der Arbeitslosigkeit, der Altersteilzeit oder einer geringfügigen Beschäftigung (Conrads u.a. 2016; Bäcker u.a. 2010).

sehr gut!«)? Der Versuch der begleitenden Forschungsinstitute INIFES und IAF, dem Konzern ein durchdachtes Qualifizierungs- und Umsetzungskonzept »überzustülpen«, war daher auch ein aussichtsloses Unterfangen. Erste Workshops und Absprachen verliefen ergebnislos oder riefen offene Ablehnung hervor. Zugleich forderte der europäische Fördergeber zügig Nachweise, und viele einschränkende Vorgaben ließen das Interesse etlicher Beteiligter an dem Projekt schnell verrauchen. »*Zu sperrig!*«, »*was hat mein Meisterbereich davon?*«, »*das bringt unsere Abläufe zum Erliegen, das geht gar nicht!*«, waren Aussagen, die das Projekt an den Rand des Scheiterns brachten. Umso beachtenswerter war dann der Leitungsbeschluss des Unternehmens, umfangreich Personal für die interne Mobilisierung und das interne Projektmanagement einzusetzen. Mit diesem wirklich starken Bekenntnis zur Projektidee, viel Einsatz und Einfallsreichtum konnte es dem Projektteam, das sich nun aus Personalexperten, Arbeitnehmervertretern wie Leitungspersonen der Unternehmen wie auch den Arbeitswissenschaftlern der Institute zusammensetzte, gelingen, verschiedene Projektfelder abzustecken und den betrieblichen Bedarf auszuloten. Daraus entstanden verschiedene Teilprojekte, die sich unter anderem mit Altersstrukturprojektionen, Wissensmanagement bei hoher Altersfluktuation oder gesundheitlichen Beschwerden in besonders belasteten Tätigkeitsfeldern der Unternehmen auseinandersetzten.

Aber die eigentliche Aufgabe bestand darin, das Thema »Demografie und Arbeitsfähigkeit« breit im Bewusstsein der Belegschaften und Führungskräfte zu verankern. Auch um dem fatalen Effekt entgegenzuwirken: »*Was kümmern mich die Sorgen von morgen, wenn heute schon die Hütte brennt?*« Diese Stimmungslage galt es abzuwehren und eine Aufgeschlossenheit für die komplexen Herausforderungen des demografischen Wandels zu erzielen. Zugleich war es eine Anforderung an das Projektteam, die etwas sperrigen und nicht augenfälligen Themen und Inhalte der »*Demografie*« so aufzubereiten, dass diese gut begreifbar wurden und der betriebliche Nutzen sichtbar werden konnte.

Qualifizierung ohne »Schulbank-Charakter«

»*Hohe Bildung kann man dadurch beweisen, dass man die kompliziertesten Dinge auf einfache Art zu erläutern versteht.*« (George Bernhard Shaw, zit. n. Nöbauer/Kriz 2006: 31).

Auf der Suche nach einer passenden Qualifizierungsform musste das Projektteam diesem hohen Anspruch genügen. Denn zum einen sollten die Inhalte gut präsentiert und dargeboten werden. Zugleich sollte andererseits der zu vermittelnde Stoff möglichst realitätsnah und mit hohem Bezug zur betrieblichen Arbeitswelt nicht zu großen Teilnehmendengruppen nahegebracht werden. Das bedeutete auch, dass die Schulungsperioden auf eine Dauer von 2,5 Stunden begrenzt waren. Viele der potenziellen Teilnehmenden waren ferner über lange Zeiträume nicht mehr in klassischen Schulungsmaßnahmen gewesen, weswegen die traditionelle »Schulbank«-Situation zu vermeiden war. Daher wurde eine Idee aufgegriffen, die in früherer Zeit in den Heidelberger Druck-Betrieben wegen fehlender Umsetzungsmöglichkeiten nicht optimal realisiert werden konnte: die Demografie-Ausstellung. Doch diesmal sollten bei einem umfassenden »Relaunch« das Konzept und die Inhalte vollkommen neu strukturiert und designt werden. In Arbeitsgruppen, die durch Betriebsvertreter und mit den Fachleuten der Institute besetzt waren, wurden alle inhaltlichen Felder des »*Hauses der Arbeitsfähigkeit*« in die Sprache der beteiligten Unternehmen übersetzt. Stockwerk für Stockwerk, Schritt für Schritt, Lernbaustein für Lernbaustein wurden Bilder, Texte, Arbeitsaufgaben und Interaktionen über alle Elemente des Arbeitsfähigkeitsmodells durchdekliniert. Über die Projektmittel konnte auch ein professionelles Design erstellt werden, das eine klare aussagekräftige und einheitliche Bildsprache beinhaltete und für alle didaktischen Materialien zur Anwendung kommen konnte (siehe Abbildung 1).

Das schaffte dann auch die Voraussetzung dafür, dass eine weitere Vorgabe zur Entwicklung der Demografie-Arena erfüllt wurde. Durch die großen Bilder und den Fokus auf kurze prägnante Textbotschaften wirkten die Plakate auch in den großen Werkshallen der Heidelberg-Betriebe. Die Arena wurde auf diese Weise sowohl in Verwaltungsräumen, Montagehallen, Ausbildungszentren oder auf dem Gelände von Metallgießereien einsetzbar. Somit konnte die Arena auch bei geänderten betrieblichen Anforderungen und bei aufkommender Nachfrage an verschiedenen betrieblichen Standorten mit Erfolg eingesetzt und somit auch weiterentwickelt werden.

Ein weiterer deutlich erhobener Anspruch an die Demografie-Arena war das Element der Interaktivität. Damit sollte aus didaktischen Gründen und zur besseren Lernzielerreichung den Arenabesucher/-innen eine aktive und mitwirkende Rolle abverlangt werden. An den verschiedenen Standorten der Demografie-Arena haben die verantwortlichen Umsetzungsteams eigene Interaktionen und Übungen erarbeitet, die

Abbildung 1: Bildsprache und Plakatdesign der Demografie-Arena

Plakat 1: »So war es, so ist es... und *so bleibt es!*
Plakat 2: »Junger Hüpfer!
Plakat 3: »Und was lernen wir morgen?

Quelle: Conrads/Giesert/Ludwig 2015

im besten Sinne der Balance von Anforderungen und Kapazitäten im Modell der Arbeitsfähigkeit auf der profunden Kenntnis der Arbeitsbedingungen vor Ort und der besonderen Kapazitäten und Bedürfnisse der jeweiligen Belegschaftsgruppen fußten.

In dem in Abbildung 2 gezeigten Beispiel ging es um die Veranschaulichung des Zusammenhangs von Ernährung, Bewegung und seelischer Gesundheit für ein gesundes Leben und Arbeiten. Gemäß den Erkenntnissen der Bundeszentrale für gesundheitliche Aufklärung ist das Beachten dieses »Dreiklangs« bedeutsam für eine gesundheitsförderliche Lebensweise. Bewegung ist deswegen auch für Menschen in beruflichen Tätigkeiten mit physischer Belastung wichtig, um dem gesamten menschlichen Bewegungsapparat die nötige abwechslungsreiche Bewegung zu ermöglichen, damit Muskeln, Beweglichkeit, Bandscheibenfunktionalität etc. erhalten bleiben und gestärkt werden. Denn der Arbeitsalltag ermöglicht hierfür oft nicht genügend Bewegungsspielräume – auch in körperlich anforderungsreichen Tätigkeitsfeldern. Für Verwaltungstätigkeiten gilt dies umso mehr. Zugleich ermöglicht die regelmäßige Bewegung den Abbau von Stresshormonen und unterstützt so die seelische Gesundheit. Diese wiederum hängt von Faktoren wie Bewegung und Ernährung ab, kann aber auch durch entsprechende Maßnahmen zur Stärkung der Resilienz wie progressive Muskelentspannung nach Jacobsen oder Achtsamkeitstraining gestärkt werden. Ein schlechter seelischer Gesundheitszustand kann wiederum zu gesundheitsschädlichen Ernährungsweisen führen (»Frustessen« oder »Essblockaden«). Auf der anderen Seite können die Zubereitung und das genüssliche Verzehren von leckeren Speisen und Getränken in Gesellschaft zu Lust, Freude und Wohlbefinden und somit zur besseren Gesundheit ungemein beitragen. Man kann sich hier vielfältigste Zusammenhänge in diesem Dreiklang von Bewegung, Ernährung und seelischer Gesundheit ausmalen.

Um dies im Rahmen der Demografie-Arena in der Metallgießerei Amstetten möglich zu machen, wurde eine kleine Teamübung entwickelt. Eine Murmel muss von drei Beschäftigten gemeinsam in der Balance gehalten werden, um Gesundheit und Wohlbefinden symbolisch zu erhalten. Hierzu genügt es nicht, wenn nur einer der drei Anwender/-innen sich bemüht, beispielsweise die Ecke »Bewegung« mit seinem Griff

Abbildung 2: Interaktive Übung zum Dreiklang Ernährung, Bewegung und seelische Gesundheit in der Demografie-Arena Amstetten

Quelle: Currle 2016

im Lot zu halten. Denn alle drei Ecken des »Dreiklangs« müssen gut in Balance gehalten werden, damit die Murmel im »grünen Bereich« verbleibt. Zusätzlich erschwert wird dies, wenn eine Ecke mit zusätzlichen Gewichten belastet wird, was dann zum Beispiel schlechte Ernährung in einer Betriebskantine symbolisieren kann. Der didaktische »Kniff« an diesen Übungen in der Demografie-Arena ist, dass das zuvor Gelernte so noch einmal »spielerisch« erarbeitet wird und unterdessen ein Teamgefühl durch das gemeinschaftliche Bearbeiten von Aufgaben erzielt wird. Die guten Werte der Evaluation sowie die hohe Zahl an angegangenen Gestaltungsinterventionen durch die Rundganggruppen bestätigen die Wirksamkeit dieses interaktiven Schulungsansatzes. In der Folge solcher Übungen erfolgte auch immer die Übertragung auf die konkrete Arbeitssituation der einzelnen Rundganggruppen. Hier wurde dann zum Beispiel gemeinsam erörtert, warum es sinnvoll ist, an dem betrieblichen Angebot zur »bewegten Pause« oder zum »Rückenmobil« teilzunehmen. Der werksärztliche Dienst konnte für entsprechende Angebote eine deutlich gestiegene Nachfrage, die durch die Arenarundgänge angestoßen wurde, vermelden.

Seit Anfang 2014 wurden in diesem Parcours-Prinzip Beschäftigte, Führungskräfte und Multiplikatoren an den Standorten der Demografie-Arena qualifiziert und ein reger Erfahrungsaustausch zur Stärkung des Wissens rund um das Thema Demografie anhand des Modells der Arbeitsfähigkeit organisiert. Wesentliches Ziel war hierbei, neben der Vermittlung von Grundlagenwissen zum Thema »Demografie und Arbeitsfähigkeit«, Beschäftigte und Führungskräfte zu sensibilisieren und für konkrete Maßnahmen zu mobilisieren.

Die Erfolgsbilanz kann sich sehen lassen: Fast 5.000 Besucher/innen, davon über 400 Führungskräfte, absolvierten standortübergreifend den Arena-Parcours (der Anteil weiblicher Besucherinnen lag – der Personalstruktur der beteiligten Betriebe entsprechend – bei 12%). Generell zeigte die Demografie-Arena gute Evaluationsergebnisse: 80% der Besucher/innen meldeten einen guten bzw. sehr guten Gesamteindruck zurück. Darüber hinaus vermeldeten 70% der Beschäftigten und 80% der Führungskräfte, dass sie interessante persönliche Anregungen mitnehmen konnten.

Beispielsweise nehmen viele Führungskräfte mit, besser die ergonomische Arbeitsweise ihrer Beschäftigten zu berücksichtigen. So wird nun öfter darauf geachtet, dass bei Arbeiten über Kopf oder auf den Knien kürzere Tätigkeitsphasen eingehalten werden, um dann eine Rotation zu erwirken (dies auch fallweise gegen den Wunsch der Beschäftigten selbst).

Ebenso ist beachtlich, dass sich über 250 Vertreter/innen externer Unternehmer und Institutionen an den Rundgängen beteiligten. Ein erweitertes Format war der »*Demografie-Marktplatz*«, auf dem ausgewählte externe Akteure Ideen, Dienstleistungen oder praktische Lösungen zur Förderung von Arbeitsfähigkeit ca. 120 Besucher/innen vorstellen konnten.

3. Kein Nachlassen – Heidelberg »bleibt am Ball«

Die Veränderungen des Unternehmens durch Personalabbau und die gleichzeitige Nicht-Einstellung von neuem Personal führten zu einer demografischen Schieflage. Ein Blick auf die Altersstruktur zeigt: Der durchschnittliche Heidelberger Druck-Beschäftigte ist rund 47 Jahre alt, acht von zehn Beschäftigten sind älter als 40 Jahre, es sind mehr Beschäftigte über 50 Jahre alt als darunter. Eine Möglichkeit zur kurzfristigen Verjüngung der Belegschaft durch Neueinstellungen ist im Moment nicht absehbar. Nach der Anforderung an Führung durch die Restrukturierung kommt nun schließlich die Anforderung durch besagte demografische Schieflage. Die zentrale Frage für Führung ist: Wie können wir die Projekterfolge fortsetzen und die Stärken unserer stabilen, erfahrenen, engagierten Mitarbeiterinnen und Mitarbeiter nutzen? Wie den Herausforderungen eines Beschäftigtenstamms mit Schwerpunkt im letzten Drittel des Arbeitslebens begegnen? Die Ziele des Projekts reflektieren die genannten unternehmerischen Herausforderungen:
- Wandel in den Köpfen: WIR sind Heidelbergs Zukunft,
- Stärkung der Arbeitsfähigkeit einer älter werdenden Belegschaft,
- Förderung von Flexibilität und Innovationskraft,
- Realisierung einer demografie-konformen Führungskultur.

Maßnahmen und Zeitrahmen – die Führungskraft als zentraler Bezugspunkt demografieorientierter Führung
Die leitende Grundüberzeugung lautet wie folgt: Die Ziele können nur dort erreicht werden, wo die zuständige Führungskraft persönlich von der Handlungsnotwendigkeit überzeugt ist. Daher erfolgte eine Abfrage des Unterstützungsbedarfs für Führungskräfte mit folgenden Maßnahmen:

- Workshops in Managementrunden zur Identifizierung des Unterstützungsbedarfes für Führungskräfte,
- Expertenkreise zur Ausbildung von Multiplikatoren,
- Beratung und Umsetzungsbegleitung für Fachbereiche mit besonderer Konstellation,
- Einbindung in Regelprozesse,
- Breit angelegte Bewusstseinsbildung und konkrete Teamaktionen (Demografie-Arena),
- Herstellung von Nachhaltigkeit.

Ausgehend von der Entwicklung der Altersstruktur, der Fehlzeiten und weiterer struktureller Analysen wurden »Demografie-Landkarten« erarbeitet: Wo steht das Unternehmen, vor allem aber die konkrete organisatorische Einheit mit der verantwortlichen Führungskraft in den vier definierten Handlungsfeldern Gesundheit, Qualifizierung, Führung und Zusammenarbeit sowie Arbeitsgestaltung? Der Ist-Zustand wurde mit den erwarteten Entwicklungen der Aufgaben des Bereichs in Zusammenhang gebracht und daraus Aktionen abgeleitet. Diejenigen mit der größten Hebelwirkung wurden umgesetzt.

Vier Expertenkreise zu den Themen Wissensmanagement, Kennzahlen, Betriebliches Gesundheitsmanagement und Arbeitsfähigkeitscoaching® erarbeiteten unter fachkundiger Anleitung die Grundlage, um selbständig als Multiplikator und Fachexperte für die jeweiligen Themen in ihren Fachbereichen tätig zu werden. Die lokale Führungskraft konnte sich anschließend der Unterstützung der Experten bedienen.

Zwei Bereiche mit mehreren hundert Beschäftigten sowie einige kleinere Fachbereiche machten sich auf den Weg, die in den »Workshops in Managementrunden« beschriebenen Schritte ausführlich und unter Berücksichtigung der komplexen Zusammenhänge durchzuführen. In einem partizipativ angelegten Prozess wurde die komplette Belegschaft der Logistik in die Ideenfindung für nachhaltige Verbesserungen eingebunden. Erste Ergebnisse sind u.a. ergonomische Verbesserungen beim Ersatzteilversand und ein speziell auf Servicetechniker zugeschnittenes Fitnessprogramm. Weitere Aktionen sind im Entscheidungsprozess.

Einbinden der Stärkung der Arbeitsfähigkeit in Regelprozesse

Um der Gefahr einer Strohfeuer-Aktion zu begegnen, machten sich Arbeitsgruppen daran, die Stärkung der Arbeitsfähigkeit dauerhaft in Regelprozesse einzubinden. Aktionen zur Stärkung der Arbeitsfähigkeit, Förderung der Flexibilität und der Offenheit für Neues wurden inzwischen in das Heidelberg-Produktionssystem und die Jahresziele der Bereiche übernommen. Demografiethemen wurden im Führungssystem »Balanced Scorecard« verankert und im jährlichen Regelprozess evaluiert.

Der Leitfaden zum Mitarbeitergespräch wurde so überarbeitet, dass Arbeitsfähigkeit, Flexibilität und Eigenverantwortung dauerhaft in der Aufmerksamkeit von Führungskräften und Beschäftigten bleiben. In der zentralen Führungsbeziehung sollen die Demografieaspekte berücksichtigt und im jährlichen Mitarbeitergespräch verankert werden.

In einem zweiten Schritt erarbeiteten sie auf Teamebene eine oder mehrere Aktionen, die in der aktuellen Situation des Teams besonders hilfreich sind. Über 100 Aktionen wurden durchgeführt, von ergonomischen Verbesserungen über Sport und Ernährung sowie Achtsamkeitskursen bis hin zu Schnittstellenworkshops und Teambildungsaktionen. Damit ist der betriebliche Vorgesetzte sichtbar Verantwortlicher für den Prozess. Gleiches gilt für die verbindlichen Nachbereitungen in der Linienfunktion.

»Wir bleiben am Ball« war das Motto, als Bilanz aus der Projektphase gezogen wurde. Nur nette Worte für die Presse? Die Umsetzungsprojekte werden weitergeführt, der Steuerkreis sorgt für Kontinuität auf oberster Managementebene und mit starker Beteiligung des Betriebsrates. Es startete eine mehrere tausend Beschäftigte ansprechende Auffrischungsaktion der Demografie-Arena. Weiterhin werden sich die Führungskräfte in einem mehrstufigen Prozess mit »gesunder Führung« auseinandersetzen. Eine Plakatserie wird die wichtigsten Aussagen auch künftig im Bewusstsein halten. Nachhaltiges, kontinuierliches Dranbleiben wird Selbstvertrauen, Arbeitsfähigkeit und Innovationskraft dauerhaft stärken. In weiteren personalpolitischen Instrumenten, etwa dem Mitarbeitergespräch oder der Balanced Scorecard, wurden Elemente aufgenommen, um den Führungsprozess zu stärken.

Die zweite große Herausforderung des demografischen Wandels wird die »Wachablösung« sein, wenn sich die in den 1960er Jahren geborenen geburtenstarken Jahrgänge in den Ruhestand verabschieden und dadurch innerhalb von zehn Jahren die Hälfte der Beschäftigten und Führungskräfte weggehen.

Konkrete Maßnahmen gemäß dem Modell der Arbeitsfähigkeit

Das »Haus der Arbeitsfähigkeit« und die vier – aufgrund des im Betrieb bereits eingeführten Bildes mit Säulenstruktur – tragenden Säulen bestimmen auch die künftigen Handlungsfelder nach Projektende.

Wichtig ist hierbei gemäß dem Motto »Wir sind Heidelberg«, sowohl die Eigenleistung und den Eigenbeitrag des Beschäftigten als auch die Leistung des Unternehmens deutlich zu machen. Denn, um es an dieser Stelle provokant zu formulieren: Demografie-Maßnahmen sind kein Konsumartikel, der vom Unternehmen geleistet wird. Ohne das eigene Engagement des Einzelnen wird es nicht funktionieren. Und doch kann es selbstverständlich andererseits nicht ohne entsprechende Rahmenleistung und Einzelinvestition des Unternehmens gelingen. Denn das Modell der Arbeitsfähigkeit verkörpert im Grundsatz das Zusammenwirken von Arbeitgeber und Arbeitnehmer: Ohne die aktive und ernsthafte Mitwirkung der jeweils anderen Seite wird das »Haus der Arbeitsfähigkeit« kein stabiles Gebäude sein!

Die Demografie-Arena stellte die betriebliche Ausgangssituation in diesen Fragen vor und definierte damit die abgeleitete Notwendigkeit für Veränderungen. Für alle vier »Säulen« wurden Ansatzpunkte und gute Beispiele diskutiert und auf die eigene Situation übertragen. Sowohl die Verantwortung der Beschäftigten als auch die Verantwortung des Unternehmens wurden im Projekt erörtert.

Dabei hat jede Gruppe mit ihrer direkten Führungskraft (z.B. Meister) den Rundgang absolviert, nicht mit einem »fremden« Moderator. Damit wurde die Verbindlichkeit und Identifikation zwischen Führungskraft und Beschäftigten signifikant. Gleiches galt für die Moderation: Diese erfolgte in Ko-Moderation mit den Projekt-Trainer/innen von den Instituten INIFES und IAF. Das legte bereits die Umsetzung nach Projektende an: Auch hier hat und hatte die direkte Führungskraft die zentrale Rolle. Es gibt keine »Demografie-Abteilung«, die verantwortlich wäre. Verantwortlich ist die Führungskraft, natürlich unterstützt und begleitet durch Experten, die auch nach Projektende im Bereich der Personalentwicklung schwerpunktmäßig das Demografiethema bearbeiten (vgl. Abbildung 3).

Die Begleitmaterialien und Arbeitshefte aus dem Projekt mit zusammenfassenden Informationen zur Arena, Platz für Notizen zu Arbeitsfragen und Kurzchecks fanden und finden darüber hinaus Anwendung: zur Reflexion der persönlichen Umsetzungsmöglichkeiten sowie zur Förderung und Stärkung der persönlichen Arbeitsfähigkeit. Damit konnten (und können künftig) Ideen, Abläufe und Umsetzungsmöglichkeiten für den zugehörigen Arbeitsbereich angedacht und notiert werden. Ein Moderationsleitfaden sowie ein eigens entwickeltes Ideenheft mit Maßnahmenfeldern unterstützten die Führungskräfte, in einem Gruppen-

Ein Parcours der Arbeitsfähigkeit in der Druckmaschinenindustrie

Abbildung 3: Das Haus der Arbeitsfähigkeit mit betrieblichen Unterstützungsmöglichkeiten für Führungskräfte

- » Aufbau von Ressourcen: z. B. Gewähren von Handlungsspielraum, mehr Information und Mitsprache. Förderung der Zusammenarbeit
- » Belastungen reduzieren: z. B. quantitative und qualitative Arbeitsbelastungen Arbeitsunterbrechungen, Umfeldbedingungen
- » Ehrliche Wertschätzung zeigen: z. B. durch regelmäßiges Feedback, Anerkennung und Lob. Mitarbeitergespräche, Lösungswege aufzeigen, Partizipation fördern
- » Altersdiskriminierung und Vorurteile reduzieren
- » Lernförderliche Arbeitsbedingungen schaffen: z. B. durch job rotation
- » Weiterbildungsaktivitäten erhöhen und alle Beschäftigten an Weiterbildungsmaßnahmen beteiligen
- » Zielgruppenspezifische Weiterbildungsangebote
- » Betriebliche Gesundheitsförderungsmaßnahmen bzw. -möglichkeiten aufzeigen und Zugang gewährleisten
- » Vorbild sein
- » Gesundheitsverantwortung stärken

Quelle: Giesert u.a. 2014: 41

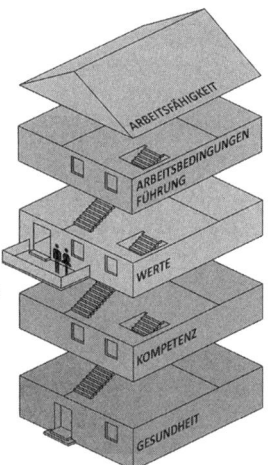

gespräch eine Umsetzungsaktion im Team zur Optimierung der Arbeit bzw. zur entlastenden Gestaltung zu identifizieren und zu beschließen (vgl. Abbildung 4).

Die beschlossenen und auch umgesetzten Aktivitäten erstreckten sich über alle Felder des Hauses der Arbeitsfähigkeit. Hier sollen einige der in Teams erarbeiteten Maßnahmen exemplarisch aufgezeigt werden:

- Bewegte Pause mit Übungsanleitung
- Durchführung einer Obstwoche und Einführung »gesunder Ernährung«
- Schrittzähleraktion; Angebot von Raucher-Entwöhnungskursen
- Besuch des »Rückenmobils« im Team (Rückenstärkung am Arbeitsplatz)
- Gemeinsam erstellte Spielregeln für Konflikte
- Flexibilitätsmatrix mit Rotation der Tätigkeiten im Team
- Kurzschulungen durch Kollegen und Anlernpaten-Initiative
- Achtsamkeitskurse und Kurse zum Umgang mit Belastungen (Schlagwort: Resilienz)
- Ergonomische Arbeitsplatzgestaltung (z.B. rückenfreundliche Abläufe, Bewegung im Büroalltag)
- Führungskräfteschulung »Gesundes Führen«

Abbildung 4: Ideensammlung zur alternsgerechten Arbeitsgestaltung gemäß dem Haus der Arbeitsfähigkeit bei der Heidelberger Druckmaschinen AG

Die zur Anwendung gebrachten Leitfragen lauteten und lauten dabei: Was kann ich als Beschäftigter wie am Arbeitsplatz tun, um meine Arbeitsfähigkeit zu stärken? Was kann der Betrieb tun? Welche Gewohnheiten sollten überdacht werden? Was nehme ich mir persönlich vor? Was sollten meine Vorgesetzen, die Arbeitnehmervertretung, der werksärztliche Dienst u.a. angehen? Durch das öffentliche Sichtbarmachen der Aktivitäten in den einzelnen Arbeitsbereichen und Teams entstand ein Wettbewerb um die bestmöglichen Gestaltungsideen und »sozialer Druck«, im Vergleich der Arbeitsbereiche die Stärkung der Arbeitsfähigkeit anzugehen und umzusetzen. Bereiche mit guten Ideen und vorbildlichem Umsetzungsengagement wurden und werden im Betrieb besonders herausgestellt und prämiert.

4. »Wieder etwas gelernt...« – Ausblick und Konsequenzen

In der Fachdiskussion um den demografischen Wandel herrscht der Konsens vor, dass eine Entwicklung zu einer älter werdenden und später auch deutlich schrumpfenden Gesellschaft stattfindet. Dies wird auch die Personalstrategien für Unternehmen wie den Heidelberger Druckmaschinen-Konzern beeinflussen.

Bedeutend ist dabei ein weiterer Trend: Die seit 2002 realisierten Maßnahmen des Gesetzgebers zur Erhöhung des Renteneintrittsalters wirken sich aus (Bosbach/Korff 2012). Der Bezug einer Altersrente setzte in den letzten Jahren zunehmend später ein und lag 2014 für Frauen bei 64,3 Jahren und bei Männern bei 63,9 Jahren (1997/1998: Männer 62,0 Jahre, Frauen 62,2 Jahre) (Deutsche Rentenversicherung Bund 2016: 68).

Das trifft aber nicht ausnahmslos jede Berufsgruppe gleich hart. Diverse Auswertungen zeigen, dass hauptsächlich in Berufen mit hohem Qualifikationsniveau und geringen Arbeitsbelastungen solch ein angestrebtes ausgedehnteres Arbeitsleben erreichbar ist. Beschäftigte in Berufen mit geringem Qualifikationsniveau, schlechter Arbeitsmarktlage und hohen Arbeitsbelastungen (z.B. in der Gastronomie) weisen dagegen nur eine geringe Erwerbsbeteiligung Älterer auf (Bäcker u.a. 2009). Ferner zeigt ein Blick in die Arbeitsmarktzahlen noch zwei weitere wesentliche Gesichtspunkte (Conrads u.a. 2016): Zum einen nimmt mit steigendem Alter die Bedeutung geringfügiger Beschäftigung und von Minijobs nachdrücklich zu (2014 1,3 Millionen »Mini-Jobber« zwischen 55 und 65 Jahren). Zum anderen haben ältere Personen, wenn sie arbeitslos werden, ein deutlich erhöhtes Risiko, langzeitarbeitslos zu werden (der Anteil der Langzeitarbeitslosen liegt bei Älteren bei fast 50%) (Bundesagentur für Arbeit 2015). Diese Fakten zeigen deutlich, dass künftig in vielen Fällen die Arbeitsmarktsituation für Ältere weiter schwierig bleiben wird.

Insofern bilden betriebliche Gesundheitsberichte der Krankenkassen ein wichtiges Indizienmaterial für die Personalarbeit der Unternehmen im demografischen Wandel. Sie verdeutlichen auf Basis der konkreten Belegschaft die Beschäftigungsfähigkeit in der Gesundheitsdimension. Somit erscheinen aktuell aufgrund der beschriebenen Trends und aufgrund der betrieblichen Gesundheitsdaten Gesundheitsmaßnahmen zur Stärkung der Arbeitsfähigkeit prioritär. In der Konsequenz werden die Heidelberger Druck-Betriebe hierauf künftig einen essentiellen

Schwerpunkt legen und ein eigenes, innerbetriebliches Gesundheitszentrum realisieren: nicht als »Fitnesscenter« angelegt, sondern mit einem therapeutischen Ansatz, der genau die festgestellten Defizitbereiche (Rücken, Muskulatur) in den Mittelpunkt des Behandlungsangebotes stellt. Die Unterstützung der Krankenkassen nach dem Präventionsgesetz ermöglicht ein attraktives Angebot an die Belegschaft. Ein externer, durch Expertise ausgezeichneter Betreiber wird den therapeutischen, gesundheitserhaltenden Ansatz umsetzen. Ohne das vorgelagerte Projekt der »Demografie-Arena« wären die Akzeptanz und die Realisierung des Gesundheitszentrums wohl nicht möglich gewesen. Der wirkungsvolle Beitrag der Arena ist hierbei, die wichtigen Erfolgsparameter demografieorientierter Personalarbeit bereitet zu haben: die Einstellung des Einzelnen, das Engagement des Beschäftigten sowie die Verantwortung wie den Mut der Führungskräfte, diese Themen anzugehen, und das innerbetriebliche Klima der ernsthaften Veränderungsbereitschaft sowie zur konkreten Gestaltung. Hier sind und bleiben aber die Führungskräfte gemeinsam mit den Beschäftigten die zentralen Treiber und Gestalter des Wandels.

Literatur/Quellen

Bäcker, G./Kistler, E./Trischler, F. (2009): Die Voraussetzungen stimmen nicht. Erster Monitoring-Bericht des Netzwerks für eine gerechte Rente. Berlin.
Bäcker, G./Kistler, E./Trischler, F. (2010): Rente mit 67? Zu wenig Arbeitsplätze und zu wenig gute Arbeit für ein Arbeiten bis 67. Vierter Monitoring-Bericht des Netzwerks für eine gerechte Rente. Berlin.
Börsch-Supan, A. (2002): Eine Blaupause für eine nachhaltige Rentenreform in Deutschland. Mannheim.
Bosbach, G./Korff, J. (2012): Altersarmut in einem reichen Land. Zur Logik eines scheinbaren Widerspruchs. In: Butterwege, C./Bosbach, G./Birkwald, M. (Hrsg.): Armut im Alter. Probleme und Perspektiven der sozialen Sicherung. Frankfurt a.M., S.175ff.
Bundesagentur für Arbeit (2015): Der Arbeitsmarkt in Deutschland – Ältere am Arbeitsmarkt, Nürnberg.
Conrads, R./Giesert, M./Ludwig, J. (2015): Abschluss-Dokumentation ESF-Projekt »Wandel gestalten – Demografie, Qualifizierung und Gesundheit im Maschinenbau«. Stadtbergen (unveröffentl. Manuskript).
Conrads, R./Holler, M./Schneider, D. (2016): Altersübergang – Chancen und Risiken für Ältere. In: forum arbeit (Nr. 03-2016), S. 16-24.
Conrads, R./Ludwig, J. (2014): Demografie-Arena. Kurz und bündig. Kurz-

Ein Parcours der Arbeitsfähigkeit in der Druckmaschinenindustrie

anleitung für Moderatorinnen und Moderatoren sowie Führungskräfte im ESF-Projekt »Wandel gestalten – Demografie, Qualifizierung und Gesundheit im Maschinenbau«. Stadtbergen.
Currle, J. (2016): Bericht an den Arbeitskreis Demografie, 11.7.2016. Amstetten (unveröffentl. Manuskript).
Deutsche Rentenversicherung Bund (2016): Rentenversicherung in Zahlen 2016. Berlin.
Giesert, M./Liebrich, A./Reuter, T./Conrads, R. (2014): Arbeitsfähigkeitsmanagement im Demographischen Wandel. Ein Leitfaden für Unternehmen und Beschäftigte im Demographischen Wandel. Stadtbergen.
Ilmarinen, J./Tempel, J. (2002): Arbeitsfähigkeit 2010 – Was können wir tun, damit Sie gesund bleiben? Hrsg. von Marianne Giesert. Hamburg.
Nöbauer, B./Kriz, W.C. (2006): Mehr Teamkompetenz. Göttingen.

Claus-Eric Gehrke
Arbeitsfähigkeit fördern durch ein systematisches Betriebliches Gesundheitsmanagement
Das Beispiel des thyssenkrupp-Standortes Andernach

Die Geschäftseinheit Packaging Steel von thyssenkrupp, die thyssenkrupp Rasselstein GmbH in Andernach, ist ein führender Weißblechhersteller mit ca. 2500 Mitarbeitern. Das Betriebliche Gesundheitsmanagement (BGM) am Standort Andernach geht auf das Projekt »Der gesunderhaltende Betrieb« in den Jahren 2003-2006 zurück.[1] Einen wesentlichen Anstoß zu dem Projekt gab eine Altersstrukturanalyse. Diese ergab bereits damals, dass auch bei der Rasselsteiner Belegschaft, und zwar insbesondere in der mit Vollkonti-Schichtarbeit und zum Teil schweren körperlichen Tätigkeiten stark belasteten Gruppe der Facharbeiter, eine Zunahme der Mitarbeiter in höherem Lebensalter zu erwarten ist. Ziel des Projekts war es, systematische, ineinander verzahnte Maßnahmen der Verhaltens- und Verhältnisprävention zu implementieren, um die Arbeitsfähigkeit der Mitarbeiter auch im höheren Lebensalter zu gewährleisten.

Aus dem Projekt hat sich ein mittlerweile über zehn Jahre bestehendes systematisches betriebliches Gesundheitsmanagement entwickelt, das sowohl Maßnahmen der Verhaltens- als auch der Verhältnisprävention zielgerichtet verfolgt. Das Health Council mit Vertretern aus den vier Ressorts Technik, Personal, Vertrieb und Finanzen sowie Experten aus Health Management, Safety/Environment/Energy, Human Resources Development, HR Industrial Engineering und Communications and Market Development entwickelt das BGM kontinuierlich wei-

---

[1] Vgl. dazu Kroll, D./Dzudzek, J. (2010): Neue Wege des Gesundheitsmanagements. »Der gesunderhaltende Betrieb« – das Beispiel Rasselstein. Wiesbaden.

Arbeitsfähigkeit fördern durch ein systematisches BGM

ter, die Stelle eines Gesundheitsmanagers wurde für koordinative Aufgaben geschaffen.

Der Erhalt der Arbeitsfähigkeit der Mitarbeiter ist ein zentrales Ziel des betrieblichen Gesundheitsmanagements auch bei der thyssenkrupp Rasselstein GmbH. Folgende vier Maßnahmen werden beispielhaft dargestellt: ganzheitliche Vorsorgeuntersuchung, IMBA, betriebliches Eingliederungsmanagement und Arbeitsfähigkeitscoaching®.

Ganzheitliche Vorsorgeuntersuchung

Die ganzheitliche Vorsorgeuntersuchung adressiert über tätigkeitsspezifische Aspekte der arbeitsmedizinischen Vorsorge (siehe Abbildung 1) und Eignungsuntersuchungen hinausgehend individuelle Gesundheitsrisiken, um die Gesundheit der Mitarbeiter langfristig zu erhalten.

Die Teilnahme an dem erweiterten Vorsorgeangebot ist freiwillig und wird mit dem Mitarbeiter zu Beginn einer arbeitsmedizinischen Vorsorge- oder Eignungsuntersuchung vereinbart.

Die ganzheitliche Vorsorgeuntersuchung umfasst folgende Bausteine:
- Erweiterter Gesundheitsfragebogen, in dem auch der Work Ability Index eingearbeitet ist

Abbildung 1: Arbeitsmedizinische Vorsorge

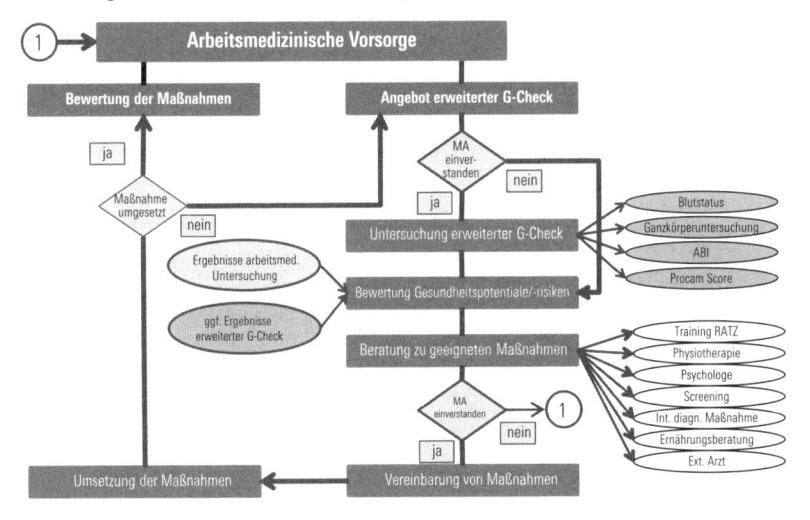

- Laboruntersuchung mit Bestimmung zahlreicher Organ- und Stoffwechselparameter
- Erweiterte körperliche Untersuchung (Ganzkörperstatus)
- Beratungsgespräch

Das ärztliche Beratungsgespräch hat dabei eine zentrale Rolle. Aufbauend auf den erhobenen Befunden erfolgt eine gezielte Beratung mit Empfehlungen zu gesundheitsfördernden Maßnahmen. Dabei werden bereits Risikokonstellationen wie Nikotinkonsum, Übergewicht oder Bewegungsmangel adressiert. Über die Untersuchungsparameter können die »Volkskrankheiten« Bluthochdruck, Zuckerkrankheit und Fettstoffwechselstörung als wesentliche Risikofaktoren für das Herz-Kreislauf-System frühzeitig erkannt und einer Therapie zugeführt werden. Bei vorbestehenden Erkrankungen wird im Rahmen der ganzheitlichen Vorsorgeuntersuchung geprüft, ob die aktuelle Therapie noch angemessen ist, gegebenenfalls erfolgt die Empfehlung, diese über den behandelnden Arzt optimieren zu lassen. Die ganzheitliche Vorsorgeuntersuchung umfasst somit die Primär-, Sekundär- und Tertiärprävention.

Der Work Ability Index dient einerseits als Grundlage für die individuelle Beratung, bei schlechtem oder mäßigem Work Ability Index erfolgt gemäß dem »Haus der Arbeitsfähigkeit« eine ganzheitliche Betrachtung der aktuellen Arbeitsfähigkeit, dabei werden bedarfsweise andere Unterstützer wie betriebliche Vorgesetzte oder Experten z.b. aus dem Human Resources Development eingebunden, um ein Konzept zur Verbesserung der Arbeitsfähigkeit zu erarbeiten. Gegebenenfalls kann auch ein Arbeitsfähigkeitscoaching erfolgen.

Darüber hinaus werden die Werte des Work Ability Index teambezogen aggregiert, um hieraus mögliche Interventionsschwerpunkte für das betriebliche Gesundheitsmanagement aufzudecken.

Um eine niederschwellige und zeitnahe Umsetzung der im Beratungsgespräch identifizierten Bedarfe zu gewährleisten, wurde eine umfangreiche betriebliche Gesundheitsförderung aufgebaut. Herzstück des betrieblichen Präventionsangebotes ist das firmeneigene Trainingszentrum mit der Möglichkeit des individuellen Trainings rund um die Uhr sowie zahlreichen Kursangeboten.

Hier gibt es die Möglichkeit zu allgemeinem Ausdauertraining wie auch gezieltem Muskelaufbau zum Beispiel bei Rückenerkrankungen oder nach Verletzungen. Werkseigene Sanitäter führen Eingangs- und Re-Checks unter Nutzung eines Kraftmessgerätes als Grundlage für die individuelle Trainingsplanerstellung durch. Die Nutzung durch mehr als 30% der Belegschaft jährlich zeigt die gute Akzeptanz des Trainingszentrums. Darüber hinaus besteht die Möglichkeit zu Physiotherapie auf dem Werksgelände und betriebsinternem Haut- und Venenscreening. Kooperationen mit einem Psychologen, einer Psychiaterin und einer Ökotrophologin gewährleisten zeitnah Zugang zu diesen Beratungsangeboten.

Spätestens im Rahmen der nächsten arbeitsmedizinischen Vorsorge- oder Eignungsuntersuchung kann der Erfolg der Maßnahme überprüft und bei fortbestehendem Bedarf die Beratung zu weiteren gesundheitsfördernden Maßnahmen erfolgen.

IMBA

IMBA (Integration von Menschen mit Behinderungen in die Arbeitswelt) ist ein Dokumentations- und Profilvergleichssystem, das es ermöglicht, sowohl Anforderungen von Arbeitsplätzen als auch menschliche Fähigkeiten mit einem standardisierten, systematischen und definierten Merkmalkatalog zu beschreiben. Über neun sogenannte Hauptmerkmalkomplexe mit zahlreichen Untermerkmalen ist eine sehr detaillierte Erhebung der Anforderungen von Arbeitsplätzen sowie der Fähigkeiten von Mitarbeitern möglich.

Der Profilvergleich des Fähigkeitsprofils eines Mitarbeiters mit gesundheitlichen Einschränkungen mit dem Anforderungsprofil von einem oder auch mehreren Arbeitsplätzen ermöglicht eine Aussage bezüglich der gesundheitlichen Eignung des Probanden für diese Arbeitsplätze. Bei Diskrepanz zwischen Fähigkeits- und Anforderungsprofil kommen Maßnahmen zur Anpassung des Arbeitsplatzes oder der Verbesserung der gesundheitlichen Situation des Mitarbeiters infrage, um die Arbeitsfähigkeit zu erhalten. Ist die Arbeitsfähigkeit am alten Arbeitsplatz nicht wiederherzustellen, unterstützt IMBA bei der Suche nach einem fähigkeitsgerechten Alternativarbeitsplatz.

Die Einführung des Profilvergleichssystems IMBA wurde aus drei Gründen beschlossen:
1. Gefährdungsanalyse von körperlichen Belastungen wie z.B. Heben, Tragen, Schieben, Ziehen etc.
2. Verbesserung des betrieblichen Eingliederungsmanagements
3. Unterstützung bei betrieblicher Umsetzung aus gesundheitlichen Gründen und Arbeitsfähigkeitscoaching

Nach einer Inhouse-Schulung von Mitarbeitern aus den Bereichen HR Industrial Engineering, Human Resources Development, Health Management und Safety/Environment/Energy 2012 und Festlegung der Verantwortlichkeiten (Erstellung der Anforderungsprofile: HR Industrial Engineering, Erstellung der Fähigkeitsprofile: Health Management, Profilvergleich: Human Resources Development) sowie der Zugriffsrechte in der Software MARIE erfolgte 2012/13 die Erstellung der Anforderungsprofile von 75 Arbeitsplätzen im Pilotteam Adjustage. Bereits im Pilotteam zeigte sich, dass die ursprünglichen Erwartungen übertroffen wurden. Neben einer transparenten Darstellung körperlicher Belastungsschwerpunkte erbrachte IMBA bei der differenzierten Betrachtung von Arbeitsabläufen zum Beispiel auch Hinweise für die Verbesserung der Arbeitssicherheit.

Mittlerweile ist die Erstellung der Fähigkeitsprofile für alle Arbeitsplätze in der Produktion abgeschlossen. Änderungen an Arbeitsplätzen mit Einfluss auf das Anforderungsprofil werden von den Technikteams an HRI (Human Resource Industrial, ehemals Arbeitswirtschaft) gemeldet, damit eine Anpassung der Profile erfolgen kann. Darüber hinaus führt HRI ca. alle fünf Jahre eine systematische Nachbewertung durch.

Derzeit wird IMBA unter folgenden Aspekten genutzt:
1. Systematischer Ansatz zur Verbesserung der Ergonomie
In Teams, in denen die Erstellung der Anforderungsprofile abgeschlossen ist, erfolgt eine systematische Betrachtung aller Arbeitsplätze mit hohen oder sehr hohen Belastungen, um durch technische und/oder organisatorische Maßnahmen Verbesserungen zu erreichen.
Zahlreiche Verbesserungen konnten bereits umgesetzt werden, und zwar teilweise durch eine andere Arbeitsorganisation wie z.b. ergonomisch günstigere Lagerung von Materialien oder Änderung der Packungsgröße, teilweise durch technische Maßnahmen wie Fertigung aus leichteren Materialien bis hin zur Entwicklung bzw. zum Einbau technischer Hilfen wie z.b. eines Ergolifters, um das Heben von Signodeband in ungünstiger Körperhaltung zu vermeiden, oder eines halbautomatischen Palettenwechslers.
2. Umsetzung der Verordnung zur arbeitsmedizinischen Vorsorge
IMBA wird auch genutzt, um die Arbeitsplätze zu ermitteln, bei denen gemäß Verordnung zur arbeitsmedizinischen Vorsorge eine Angebotsvorsorge aufgrund von »Tätigkeiten mit wesentlich erhöhten kör-

perlichen Belastungen, die mit Gesundheitsgefährdungen für das Muskel-Skelett-System verbunden sind«, erforderlich ist.

3. Betriebliches Eingliederungsmanagement (BEM)
Im Rahmen des betrieblichen Eingliederungsmanagements ermöglicht IMBA eine gute Transparenz der Anforderungen des Arbeitsplatzes, bedarfsweise kann durch die Werkärzte ein Fähigkeitsprofil erstellt werden, dies erfolgt vor allem, wenn eine Umsetzung aus gesundheitlichen Gründen erforderlich ist.
Mit der deutschen Rentenversicherung Rheinland-Pfalz konnte über »Stärke durch Vernetzung« eine Vereinbarung geschlossen werden, dass stationäre Reha – Maßnahmen bei orthopädischen Erkrankungen in einer Rehaklinik durchgeführt werden, die ebenfalls IMBA anwendet. Das Unternehmen stellt zu Beginn der Reha-Maßnahme das Anforderungsprofil des Arbeitsplatzes zur Verfügung, bei Entlassung erhält der betriebsärztliche Dienst das Fähigkeitsprofil des Mitarbeiters zum Entlassungszeitpunkt als Grundlage für das betriebliche Eingliederungsmanagement.

Betriebliches Eingliederungsmanagement

Die Verantwortung für das betriebliche Eingliederungsmanagement obliegt dem Team Human Resources Development. Mittels regelmäßiger SAP-Abfrage werden alle Mitarbeiter ermittelt, die länger als sechs Wochen in zwölf Monaten arbeitsunfähig waren. Diese Mitarbeiter erhalten ein Anschreiben mit dem Angebot eines Erstgesprächs durch den zuständigen Personaler. Ergibt sich im Erstgespräch, dass die Arbeitsfähigkeit weiter gefährdet ist oder aktuell nur eingeschränkt vorliegt oder der Mitarbeiter ein BEM-Gespräch ausdrücklich wünscht, wird das BEM-Team unter Beteiligung des Mitarbeiters, des zuständigen Personalers, eines Teamvertreters, des Werkarztes, des Betriebsrats, bei schwerbehinderten Mitarbeitern auch des Schwerbehindertenvertreters, einberufen. Zeigt sich dabei, dass die Arbeitsfähigkeit für den alten Arbeitsplatz absehbar nicht zu erhalten ist, werden weitere Maßnahmen wie zum Beispiel die Erstellung eines IMBA-Fähigkeitsprofils oder ein Arbeitsfähigkeitscoaching vereinbart, um die Wiedereingliederung in einen fähigkeitsgerechten Arbeitsplatz zu erreichen.
Bereits bei einer ununterbrochenen Arbeitsunfähigkeit über vier Wochen erhält der Mitarbeiter über die Vorgaben des SGB IX hinausge-

hend im Rückkehrgespräch durch den Schichtführer das Angebot eines betriebsärztlichen Beratungsgesprächs möglichst vor- bzw. spätestens zu Beginn der Tätigkeitsaufnahme. Aufgrund seiner Arbeitsplatzkenntnisse, gegebenenfalls unterstützt durch die Anforderungsprofile in IMBA, kann der Betriebsarzt passagere (vorübergehende) Tätigkeitseinschränkungen formulieren oder auch eine stufenweise Wiedereingliederung anregen. Bei Bedarf werden Folgegespräche vereinbart, bis die Wiedereingliederung am Arbeitsplatz abgeschlossen ist, oder der Betriebsarzt beruft über den Personaler das BEM-Team ein.

Arbeitsfähigkeitscoaching®

Arbeitsfähigkeitscoaching (vgl. Reuter/Giesert/Liebrich in diesem Buch) wurde 2016 als ein ergänzendes Angebot bei komplexen BEM-Fällen bei der thyssenkrupp Rasselstein GmbH eingeführt. Aufbauend auf den vier Handlungsfeldern des »Hauses der Arbeitsfähigkeit« erfolgt eine ganzheitliche Betrachtung der aktuellen Situation des Mitarbeiters mit dem Ziel, Maßnahmen zu erarbeiten, die Arbeitsfähigkeit am alten Arbeitsplatz wiederherzustellen oder einen neuen fähigkeitsgerechten Arbeitsplatz zu erlangen.

Das Arbeitsfähigkeitscoaching umfasst folgende Schritte: Nach einem Erstgespräch, in dem die Rahmenbedingungen geklärt werden, erfolgt die »Analyse«. Diese beginnt mit zwei Fragen des Work Ability Indexes (WAI), in denen die globale Einschätzung der eigenen Arbeitsfähigkeit erhoben wird. Danach wird die Situation des Mitarbeiters im Hinblick auf alle Ebenen des »Hauses der Arbeitsfähigkeit« betrachtet, um mögliche persönliche und betriebliche Ansatzpunkte zur Verbesserung der Arbeits- und Beschäftigungsfähigkeit zu erarbeiten. Diese werden im Maßnahmenworkshop mit allen für die Umsetzung erforderlichen Akteuren abgestimmt, die Umsetzung wird durch regelmäßige Gespräche zwischen Coach und Mitarbeiter begleitet.

Mittels einer Inhouse-Schulung durch das IAF wurden 2016 Arbeitsfähigkeitscoaches aus dem Betriebsrat und den Teams Human Resources Development, HR Industrial Engineering und Health Management ausgebildet.

Mittlerweile wurde mit zehn Mitarbeitern, bei denen aufgrund gesundheitlicher Einschränkungen die Arbeitsfähigkeit am alten Arbeitsplatz nicht mehr gegeben war oder sich bei Umsetzung aus betrieblichem

Anlass die Erlangung eines neuen fähigkeitsgerechten Arbeitsplatzes als schwierig erwies, ein Arbeitsfähigkeitscoaching durchgeführt. Sechs Fälle wurden mittlerweile abgeschlossen, in fünf Fällen konnte eine innerbetriebliche Lösung erarbeitet werden.

»Alternde« Belegschaften stellen eine zentrale Herausforderung für das betriebliche Gesundheitsmanagement dar. Die dargestellten Maßnahmen sind gute Instrumente, um zum einen über die Gestaltung der Arbeitsplätze, zum anderen über die Erhaltung bzw. Wiederherstellung der individuellen Gesundheit die Arbeitsfähigkeit auch bis ins höhere Lebensalter zu erhalten.

Marianne Giesert
Arbeitsfähigkeitscoaching® – Unterstützung für Selbständige

1. Einleitung

Die Arbeitsfähigkeit von Selbständigen zu unterstützen und zu fördern, ist eine besondere Herausforderung, die immer mehr an Bedeutung gewinnt: Zum einen, da die Zahl der Selbständigen in freien Berufen in der Bundesrepublik Deutschland kontinuierlich steigt. So ist deren Anzahl in Deutschland von 2006 bis 2016 von ca. 0,9 Millionen auf über 1,3 Millionen gestiegen (IFM Bonn 2017). Zum anderen, da die Unterstützungsmaßnahmen bei Krankheit, Unfall und Rehabilitation für den Einzelnen schwer durchschaubar sind: Selbständige sind meist individuell und sehr unterschiedlich vertraglich durch Krankenkassen und Rentenversicherungsträger versichert.

1.2. Besonderheiten selbständiger Arbeit

Im Kontext der Unterstützung der Arbeitsfähigkeit von Selbständigen ist es unabdingbar, sich damit auseinanderzusetzen, was selbständige Arbeit im Grunde bedeutet. Unter selbständiger Arbeit wird in der Bundesrepublik Deutschland jede Tätigkeit verstanden, die nicht in einem abhängigen Arbeitsverhältnis durchgeführt wird (s. § 7 Viertes Buch Sozialgesetzbuch – SGB IV).

Folgende *Merkmale* leiten sich somit für die selbständigen Arbeiten ab:
- die eigene Entscheidungsfreiheit,
- die Verfügung über eigene Arbeits- und Betriebsmittel,
- der Einsatz eigenen Betriebskapitals,
- die Beschäftigung von Mitarbeiterinnen und Mitarbeitern und die eigenen Werbungs- und Akquisemöglichkeiten.

Hier gilt der Grundsatz, dass derjenige, der sie ausübt, in eigener Verantwortung (d.h. auch mit eigener Haftung und mit eigener Versicherung ohne staatliche Anteile) Erwerbsziele realisiert.

Selbständige Arbeit ist die Tätigkeit von Unternehmern, Händlern und Gewerbetreibenden genauso wie die der so genannten freien Berufe

Arbeitsfähigkeitscoaching – Unterstützung für Selbständige

wie Journalisten, Rechtsanwälte, Künstler oder niedergelassene Ärzte. Als selbständige Arbeit werden auch Marketing- und Vermittlungsgeschäfte auf Provisionsbasis gesehen oder die unterschiedlichsten Tätigkeiten von Einpersonenfirmen. Die selbständige Tätigkeit wird nach dem Charakter ihrer Haupttätigkeit steuerlich veranlagt. (Wikipedia 2017) Für die Absicherung von Krankheit, Unfall, Rehabilitation oder vorzeitigen Rentenansprüchen gibt es unterschiedliche Möglichkeiten, die mit einer Krankenkasse und dem Rentenversicherungsträger versicherungspflichtig oder freiwillig zu unterschiedlich hohen monatlichen Beitragskostensätzen vereinbart werden können.

2. Unterstützung durch Arbeitsfähigkeitscoaching®

Das Arbeitsfähigkeitscoaching® ist ein vielversprechender Ansatz, die Arbeitsfähigkeit von selbständig arbeitenden Personen zu unterstützen. Vor allem, wenn die Begleitung durch einen AFCoach so früh wie möglich begonnen wird, entweder präventiv oder so schnell wie möglich bei einer Erkrankung, um die größtmögliche Unterstützung geben zu können. Das Vorgehen entspricht im Wesentlichen dem im Beitrag Reuter, Giesert und Liebrich vorgestellten allgemeinen Ablauf des individuellen AFCoachings (vgl. Abbildung 1) – jedoch sind Inhalte und Vorgehensweisen in den einzelnen Schritten von deutlichen Unterschieden geprägt, da Selbständige, wie im Abschnitt 1 erläutert, über ihre eigenen Arbeits- und Betriebsmittel verfügen und in ihren Entscheidungen nicht an einen Arbeitgeber gebunden sind.

Nach dem formalen Schritt der Kontaktaufnahme und der Vergabe des Coachingauftrages durch den Selbständigen an den AFCoach beginnt der Prozess mit einem Erstgespräch. Alle Schritte sind hier, wie im organisationalen Kontext, freiwillig, d.h., der/die Klient/in kann den Prozess jederzeit auch wieder abbrechen.

Das Erstgespräch beinhaltet das gegenseitige Kennenlernen (persönlich oder telefonisch), die genaue Beschreibung des Verfahrens und der Ziele, die Klärung des Datenschutzes durch eine Datenschutzerklärung für alle Schritte sowie eine Vereinbarung in Form eines Coachingvertrages. Zur umfassenden Dokumentation des Coachings wird ebenfalls ein Arbeitsfähigkeitsbuch ausgehändigt, das alle standardisierten und erforderlichen Materialien, den Coachingvertrag sowie die Datenschutzerklärung beinhaltet.

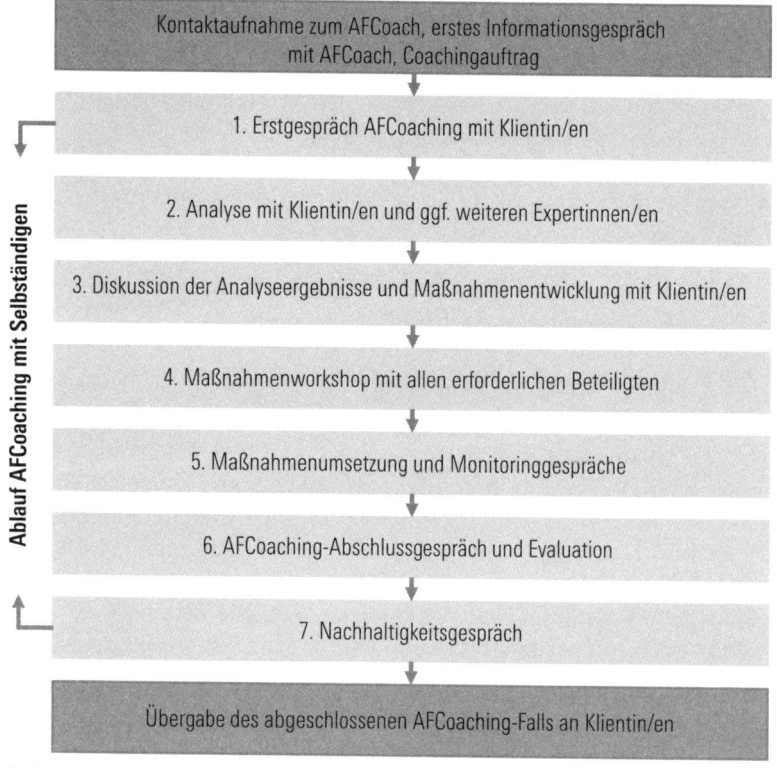

Abbildung 1: Sieben Schritte des Arbeitsfähigkeitscoachings mit einer/m Klientin/en

Kontaktaufnahme zum AFCoach, erstes Informationsgespräch mit AFCoach, Coachingauftrag

Ablauf AFCoaching mit Selbständigen:
1. Erstgespräch AFCoaching mit Klientin/en
2. Analyse mit Klientin/en und ggf. weiteren Expertinnen/en
3. Diskussion der Analyseergebnisse und Maßnahmenentwicklung mit Klientin/en
4. Maßnahmenworkshop mit allen erforderlichen Beteiligten
5. Maßnahmenumsetzung und Monitoringgespräche
6. AFCoaching-Abschlussgespräch und Evaluation
7. Nachhaltigkeitsgespräch

Übergabe des abgeschlossenen AFCoaching-Falls an Klientin/en

Quelle: modifiziert nach Giesert u.a. 2013

In Schritt 2 wird die Ausgangssituation umfassend anhand des »Hauses der Arbeitsfähigkeit« betrachtet (vgl. Abbildung 2).

Gemeinsam mit dem/der Klienten/in werden Ressourcen und Defizite im Bereich Gesundheit, Kompetenz, Werte, Einstellungen und Motivation, Arbeitsbedingungen und Führung sowie im persönlichen, familiären und regionalen Umfeld erörtert. Grundlegend hierfür sind zwei Perspektiven:
1) Was kann die/der Klient/in persönlich und
2) was kann das Unternehmen/der Klient in seiner Rolle als Selbständiger tun, um die Arbeitsfähigkeit wiederherzustellen bzw. zu erhalten und zu fördern?

Arbeitsfähigkeitscoaching – Unterstützung für Selbständige

Abbildung 2: Das Haus der Arbeitsfähigkeit

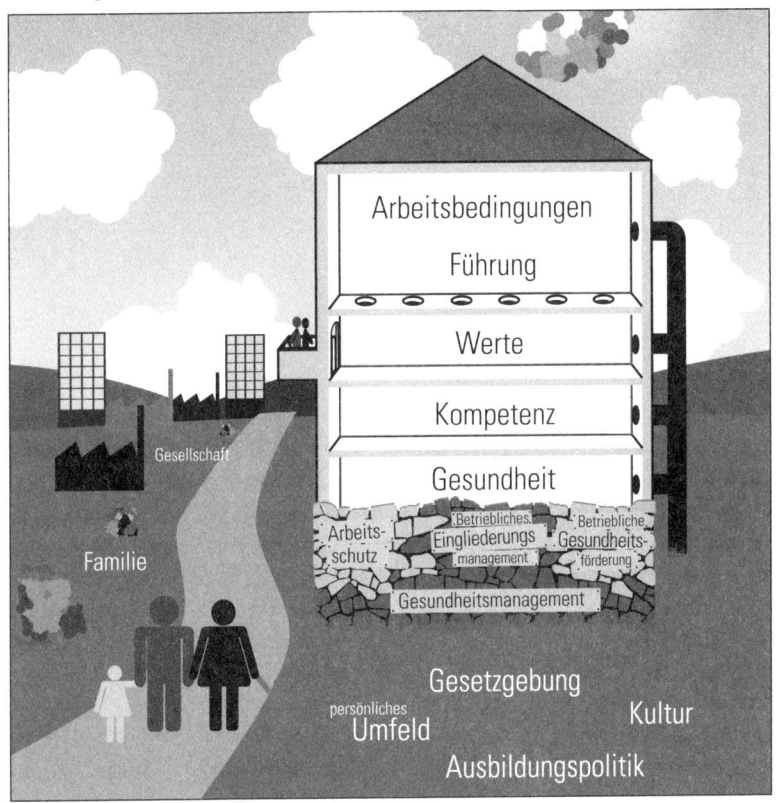

Quelle: Giesert u.a. 2013, modifiziert nach Ilmarinen

Die Ergebnisse dieser umfassenden Analyse sind Grundlage für die Maßnahmenentwicklung. Diese beginnt zunächst im Dialog zwischen AFCoach und Klient/in (Schritt 3), so dass die Expertise der Betroffenen zum Tragen kommt und sich das Selbstvertrauen und die Handlungsmöglichkeiten weiter aufbauen. Die entwickelten und priorisierten Maßnahmen aus Schritt 3 sind Basis für den »Maßnahmenworkshop«. Hier setzen sich die Personen zusammen (alternativ dazu gibt es eine Telefonkonferenz), die die Umsetzung der wichtigsten entwickelten Maßnahmen zur Wiederherstellung und Förderung der Arbeitsfähigkeit unterstützen können. Dabei werden konkrete Schritte und Umsetzungstermine beschlossen. Nach der Umsetzung folgt ein Abschlussgespräch über den Verlauf des Prozesses sowie ein Nachhaltigkeitsgespräch nach ca. sechs Monaten.

Alle Schritte werden umfassend dokumentiert, um einen transparenten und zielführenden Prozess zu gewährleisten. Hinzu kommt, dass der/die Klient/in den Erfolg der Eingliederung beurteilen müssen. Wesentliches Ziel ist es, die Arbeitsfähigkeit wiederherstellen, zu erhalten und zu fördern. Für dieses Ziel werden im Rahmen des AFCoachings die beiden ersten Dimensionen des Arbeitsbewältigungsindexes genutzt. In einem Vorher-Nachher-Vergleich (Schritt 2 und 6) wird die persönliche Einschätzung der Arbeitsfähigkeit auf einer Skala von 0 bis 10 von »völlig arbeitsunfähig« bis »derzeit die beste Arbeitsfähigkeit« im »Arbeitsbewältigungswert« (Tempel/Ilmarinen 2013) erfasst und beurteilt. Zudem wird auf einer Skala von 0 bis 5 (sehr schlecht bis sehr gut) jeweils die körperliche wie auch die psychische Arbeitsfähigkeit zu Anfang und am Ende des Coachings bewertet.

3. Fallbeispiel aus der Praxis – der Trainer und Berater Herr F.

Herr F. ist 50 Jahre alt und arbeitet seit zehn Jahren als selbständiger Berater und Trainer. Er war nach einer neurologischen Erkrankung mit anschließender Anschlussheilbehandlung insgesamt zehn Wochen arbeitsunfähig.

Herr F. hat während des Aufenthalts in einer Reha-Klinik mit Unterstützung einer Sozialarbeiterin einen Antrag auf Wiedereingliederung bei der Deutschen Rentenversicherung gestellt, der auch zeitnah bewilligt wurde. Der Hausarzt übernahm Ende Juni 2016 die weitere medizinische Betreuung und überprüfte bei regelmäßigen Terminen seine körperliche Genesung.

Herr F. bekam ab dem 18. Tag, also mit Beginn der Anschlussheilbehandlung, ein Übergangsgeld von der Deutschen Rentenversicherung. Dieses wurde nicht aus dem letzten Nettoarbeitsentgelt berechnet, sondern aus 80% des Einkommens ermittelt, das den vor Beginn der Leistungen für das letzte Kalenderjahr gezahlten Beiträgen zugrunde liegt. Alle weiteren Leistungen liefen ab diesem Zeitpunkt ebenfalls über die DRV.

Medizinisch war Herr F. gut versorgt. Im Laufe der Wiedereingliederung häuften sich jedoch Fragen wie beispielsweise: Wann kann ich wieder voll arbeiten? Wie schaffe ich es, meine Berufstätigkeit als Selbständiger nach einer so langen Pause langsam wieder aufzunehmen? Was kann ich mir an Arbeiten zumuten? Wie kann ich meine Leistungsfähigkeit wiedererlangen? Kann ich weiterhin beruflich unterwegs sein? Kann ich meine Kunden in diesen Wiedereingliederungs-Prozess mit einbeziehen? Wer kann mich unterstützen, die richtige Balance zu finden? Für diese Fragen und Unsicherheiten bzgl. seiner Wiedereingliederung konnte er jedoch keinen konkreten Ansprechpartner bei den für ihn zuständigen Institutionen ausfindig machen, der ihn bei der Klärung unterstützte. Der Empfehlung einer Beraterkollegin folgend begann er Anfang Juli 2016 ein AFCoaching auf telefonischer Basis.

Erstgespräch AFCoaching

Nachdem Herr F. dem AFCoaching zugestimmt hat, wurde ein vertrauensvolles Erstgespräch telefonisch geführt, in dem das Verfahren und die am Anfang zu treffenden Vereinbarungen (Coachingvertrag, Datenschutzerklärung) vorgestellt und besprochen wurden. Die Übermittlung des Coachingvertrages, der Protokolle/Dokumentationen sowie weiterer Unterlagen wurde per E-Mail vollzogen. Aufgrund der Entfernung fanden auch alle weiteren Gespräche am Telefon statt.

Analyse mit dem Klienten

Gemeinsam wurde eine Tätigkeitsbeschreibung erarbeitet, um erst einmal die Vielfalt der zu erbringenden Anforderungen und Tätigkeiten zu erkennen.

Das Tätigkeitsspektrum von Herrn F. reichte von der Gestaltung der Arbeitsorganisation, über die Kundenakquise, die Ausführung der Kundenaufträge, das Schreiben der Rechnungen, die Buchhaltung und die Reinigung des Büros. Dies ist ein prototypisches Bild für ein Ein-Mann-Unternehmen, wie es bei vielen Selbständigen der Fall ist.

Er arbeitet in der Regel von Montag bis Freitag, seine durchschnittliche Arbeitszeit beträgt acht Stunden täglich. Je nach Auslastung, Kundenaufträgen und auch eigener Befindlichkeit schwankt die Arbeitszeit, so dass es auch Zehn- bis Zwölf-Stunden-Tage gibt. Nach intensiven Kundenaufträgen gibt es auch freie Tage zum Regenerieren. Seine Arbeitsorte sind wechselnd, d.h. im eigenen Büro, beim Kunden oder auch in Tagungshäusern. Die Tätigkeiten sind unterschiedlich: Coaching und Supervisionen im Büro, Seminare, Teamcoachings und Moderationen bei Kunden usw. Herr F. hat sich immer wieder auch weitergebildet und sich neuen Anforderungen in seinem beruflichen Alltag gestellt.

Die weitere Analyse wurde anhand des finnischen Arbeitsfähigkeitskonzeptes vollzogen.

1. Stockwerk »Gesundheit«
Zu Beginn des AFCoachings lag die Selbsteinschätzung der Arbeitsfähigkeit mit dem Arbeitsbewältigungswert bei 6 von 10 Punkten, 3 von 5 Punkten für die körperlichen Anforderungen, 3 von 5 Punkten für die psychischen Anforderungen.

Unterschiedlich körperliche Einschränkungen und Schmerzen belasten ihn, z.B. Kopfschmerzen, Schwindel und Unwohlsein. Durch die medizinische Begleitung seines Hausarztes und den Einsatz von Medikamenten sowie weiterer begleitender und abgestimmter Therapien fühlte er sich seit Ende Juni 2016 medizinisch gut versorgt.

Herr F. machte zur Zeit des Erstgespräches viel Sport: Nach morgendlichen Dehn- und Kräftigungsübungen ging er zweimal wöchentlich zum Reha-Sport, besuchte einen Fitnesskurs und machte regelmäßig Nordic Walking. Zur Krankheitsverarbeitung hatte er eine begleitende Psychotherapie angefangen, die ihn unterstützt. Weiterhin schrieb er für seine eigene Reflexion täglich Tagebuch.

2. Stockwerk »Kompetenz«
Bezogen auf seine Arbeitsfähigkeit konnte Herr F. auf viele Ansätze aus der Arbeitsorganisation und dem Zeitmanagement zurückgreifen. Er besitzt ein umfangreiches Wissen zum Selbstmanagement und kann seine Arbeit gut strukturieren und auch Engpässe überwinden. Zur Zeit des Coachings entwickelte er mit seiner Ehefrau eine neue Fortbildungsreihe, in die er viel Wissen, Kompetenz und Praxiserfahrungen einsetzen kann. Er fokussierte sich dabei auf das Wesentliche. Der Tätigkeitsbereich der Akquise fällt ihm im Gegensatz dazu etwas schwerer.

Zur Verbesserung der Arbeitsfähigkeit in Bezug auf seine Kompetenz/Qualifikation möchte er längerfristig mit einer Psychodrama-Weiterbildung beginnen.

Außerdem überlegt er, zu einem späteren Zeitpunkt das Thema Gesundheit in seine Arbeit zu integrieren.

3. Stockwerk »Werte, Einstellungen, Motivation«
Herr F. handelte ab September sehr pragmatisch. Er arbeitete seine Aufgaben lediglich ab, was er so nach eigener Aussage nicht von sich kannte. Seine Freude an der Arbeit ist ihm verloren gegangen. Gleich-

zeitig fragt er sich, wo seine Motivation geblieben ist, seine Kunden initiativ anzusprechen. Derzeit hat er keine Aufträge und weiß auch noch nicht konkret, wie er die Akquise bewerkstelligen soll. Er plant, ab Mitte September wieder erste Auftragsklärungsgespräche wahrzunehmen und dann Kundenaufträge durchzuführen.

Seine wechselnde und nicht vorhersehbare Befindlichkeit bereitete Herrn F. immer wieder Sorgen. Er fühlte sich dadurch besonders herausgefordert, denn er kann keine größeren Aufgaben planen, da er nicht weiß, ob er diese aufgrund körperlicher Symptome zu Ende führen und genauer reflektieren kann. Als Möglichkeit, seine Arbeitsfähigkeit zu verbessern, möchte er seine regelmäßig durchgeführte Tagesplanung bei Unwohlsein überprüfen und sie an seine Befindlichkeit anpassen. Er möchte dann konkret entscheiden, ob und wie lange er noch arbeitet. Als Arbeitnehmer und gleichzeitig Unternehmer möchte er sich freigeben, wenn es ihm nicht gut geht. Es ist für ihn eine Möglichkeit, fürsorglich und wertschätzend mit sich umzugehen.

4. Stockwerk »Arbeitsbedingungen und Führung«
Im Großen und Ganzen ist Herr F. zufrieden mit seinen Arbeitsbedingungen: Sein Büro hat einen Büroarbeitsplatz und einen Beratungsbereich. Er sitzt nicht den ganzen Tag am Schreibtisch, sondern steht öfter auf und verändert seine Arbeitsposition. Herr F. arbeitet strukturiert. Seine Aufgaben und Termine organisiert er mit Outlook und schafft durch eine gute Arbeitsorganisation zügige Abläufe. Er integriert regelmäßig nützliche Tipps für Arbeitsorganisation und Zeitmanagement im Alltag.

Im Verlauf des AFCoachings fällt Herrn F. auf, dass seine Büroausstattung nicht optimal ist: So lassen sich Schreibtisch und Arbeitsstuhl nicht richtig an seine Körpergröße anpassen. Auch die Deckenbeleuchtung ist nicht ideal.

Herr F. hat die Idee, für den besseren Umgang mit Stress einen Timer zu nutzen, um seine Arbeitszeiten und Pausen klarer einzuteilen.

Um die Arbeitsfähigkeit zu erhalten oder verbessern, müsste er als Unternehmer einige Anschaffungen tätigen, z.B. einen höhenverstellbaren Schreibtisch, eine neue Deckenlampe, ein fahrbares Regal für seine Arbeitsmaterialien, neue PC-Lautsprecher sowie einen Dokumentenscanner. Außerdem könnte er die Reinigung des Büroraumes an eine Reinigungskraft abgeben. Das ist natürlich mit entsprechenden Investitionen verbunden. Trotz der Unsicherheit bzgl. seiner Kundenaufträge will er diese einplanen, da ihm seine Gesundheit sehr viel wert ist.

Faktor »Persönliches Umfeld und Familie«
Die Ehefrau von Herrn F. unterstützt ihn organisatorisch und finanziell. Sie lässt ihm viele Freiräume, die ihm helfen, beruflich und gesundheitlich gut voranzukommen. Sie begleitet ihn liebevoll bei seiner Wiedereingliederung.

Das Singen im Chor macht ihm viel Freude. Er kann dabei gut abtauchen und alles vergessen.

Seine bisherigen Aufgaben im Haushalt nimmt er nach und nach wieder auf. Nur das Rasenmähen strengt ihn körperlich sehr an, sodass er es erst einmal nur in Etappen schafft.

Bezüglich des Umfelds ist er gut aufgestellt: Er erfährt über Freunde, Bekannte, Beraterkollegen viel Zuspruch und kann bei Bedarf auf punktuelle Unterstützung zurückgreifen. Als Unternehmer will er zum Erhalt und zur Förderung seiner Arbeitsfähigkeit einen Urlaubsplan aufstellen und damit seine großen Erholungspausen rechtzeitig festlegen, damit sie ihm bei hohem Arbeitsaufkommen nicht verloren gehen.

Diskussion der Analyseergebnisse und Maßnahmenentwicklung mit dem Klienten

Bei der gemeinsamen Analyse der eigenen Arbeitssituation wurden von Herrn F. bereits erste Lösungsideen gefunden. Bei der Entwicklung der Maßnahmen wurden diese Ideen weiterhin systematisch bearbeitet und konkretisiert. Dabei wurde jedes Stockwerk – analog zum AFCoaching im organisationalen Rahmen – von zwei Seiten betrachtet:»Was kann ich als Klient tun, um meine Arbeitsfähigkeit zu erhalten, zu verbessern oder zu fördern?« sowie »Was kann ich in meiner Rolle als Unternehmer/Selbständiger tun?« Diese beiden Rollen einzunehmen, war anfangs etwas fremd für Herrn F., aber er konnte sich schnell einfinden.

1. Stockwerk »Gesundheit«

Zur Verbesserung seiner Arbeitsfähigkeit möchte Herr F. seine sportlichen Aktivitäten auch längerfristig weiterführen. Klar ist ihm aber, dass er den Umfang reduzieren muss, wenn die Wiedereingliederung abgeschlossen ist und er wieder voll arbeitet. Daher trifft er mit sich selbst die Vereinbarung, einmal täglich Sport zu treiben, ob alleine oder beim Reha-Sport.

Seine bereits langfristig terminierten Arzt- und Kontrolltermine wird er für seine medizinische Versorgung wahrnehmen.

Arbeitsfähigkeitscoaching – Unterstützung für Selbständige

Darüber hinaus ist ihm wichtig, die Handlungsspielräume als Selbständiger im Alltag auszuschöpfen. Herr F. möchte die Zeiteinteilung bezüglich der Tages- und Wochenplanung an seine körperliche und psychische Befindlichkeit anpassen. Außerdem will er bewährte Arbeitsroutinen wieder aufnehmen. Er hat bisher wenige Kundentermine. Er macht jetzt Kundenakquise und will erproben, wie weit er belastbar ist, um so eine bessere Einschätzung für sich selber zu erhalten.

In der Rolle als Unternehmer/Selbständiger geht es ihm darum, sich selbst einen passenden Rahmen zu geben, um den Stufenplan zur Wiedereingliederung so schnell wie möglich umsetzen zu können, damit er auch wieder ein Einkommen generieren kann. Andererseits spürt er aber immer noch seine Einschränkungen und möchte sich Zeit lassen, um wirklich wieder voll arbeitsfähig zu werden.

Mitte September stellt sich Herr F. die Frage: Kann die Wiedereingliederung Ende September abgeschlossen und die volle Erwerbstätigkeit wieder aufgenommen werden?

Nein, Herr F. traut sich zu diesem Zeitpunkt die volle Erwerbsarbeit noch nicht zu, und so plant er, die Arbeitszeiten ab 1. Oktober erst einmal noch zu verkürzen. Vorschlag: vier Tage die Woche von 8.00 bis 17 Uhr mit 60 Minuten Mittagspause und einen Tag mit fünf Stunden Arbeit. Dieser Tag soll frei variierbar sein.

Bei Kundenterminen ist es Herrn F. wichtig, auf sich aufzupassen, keine Arbeitszeiten über zehn Stunden zu planen und regelmäßige Pausen wie in gewohnter Art und Weise vorzusehen.

Die Termine der ärztlichen Versorgung durch den Hausarzt sind im Kalender geblockt und nicht verschiebbar.

2. Stockwerk »Kompetenz«
Herr F. möchte sich gerne weiterbilden. Er hat sich über eine mögliche Psychodrama-Weiterbildung informiert. Was für ihn stärker im Laufe des Prozesses in den Vordergrund rückt, ist die Schwierigkeit, die wirklich wichtigen Tätigkeiten seiner Selbständigkeit umzusetzen. Deshalb hat er sich kurzfristig für ein Programm zum Zeit- und Selbstmanagement angemeldet, das auf seine Situation als Selbständiger zugeschnitten ist.

3. Stockwerk »Werte, Einstellungen, Motivation«
Durch die seit September laufenden Kundenaufträge hat Herr F. wieder deutlich gespürt, was ihm in der Arbeit wichtig ist. Auch die Freude in der konkreten Beratungsarbeit ist für ihn wieder zu spüren.

Die WAI-Arbeitsfähigkeitsskala von 0-10 hilft Herrn F. immer wieder, auch täglich seine körperliche und psychische Arbeitsfähigkeit einzuschätzen. Seine Antwort ist der konkrete Gradmesser, ob er noch weiterarbeiten kann bzw. ob er seine Arbeit beendet. Es gelingt ihm immer besser, seine momentane konkrete Arbeitsfähigkeit einzuschätzen.

Was ihm auch gut im Umgang mit seiner Erkrankung und bei der Förderung der Arbeitsfähigkeit hilft, ist die Verkürzung der Arbeitszeiten pro Woche und die grundsätzliche zeitliche Planung von maximal drei Tagen mit Außenterminen bei Kunden.

4. Stockwerk »Arbeitsbedingungen und Führung«
Die Arbeitsorganisation mit Outlook hilft ihm, klar und gut strukturiert zu arbeiten. Die Verbesserung der Büroeinrichtung hat er nach und nach umgesetzt bzw. für nächstes Jahr terminiert. Auch hat er manche neue Ideen gleich umgesetzt. So hat er z.b. einen deutlich leiseren Aktenvernichter angeschafft.

Die Urlaubsplanung bis Ende 2016 hat er im laufenden Prozess aufgestellt. Die Planung für 2017 ist auf Mitte Dezember 2016 terminiert.

Für eine bessere Pausengestaltung hat er mit neuen Arbeitsrhythmen experimentiert. Hier hilft ihm auch ein Timer auf dem Schreibtisch, diese auch bei höherem Arbeitsaufkommen nicht zu vergessen.

Faktor »Persönliches Umfeld und Familie«
Seine Ehefrau ist weiterhin eine wesentliche Stütze bei der Stärkung seiner Arbeitsfähigkeit. Auch von langjährigen Freunden und Kollegen erhält er viel Zuspruch und Unterstützung. Im Haushalt kann er viele Dinge wieder übernehmen. Er freut sich, dass sich seine körperlichen und psychischen Einschränkungen weiter reduzieren.

Maßnahmenumsetzung und Monitoringgespräche
Während der Umsetzungsphase wurden die vereinbarten Maßnahmen überprüft. Manches wurde angepasst und neue Entscheidungen gefällt.

Insgesamt berichtet Herr F., dass er durch den AFCoaching-Prozess gelernt habe, sich besser mit seinen körperlichen und psychischen Kräften einzuschätzen. Durch die Nachfragen ist sein Blickwinkel geschärft worden. Dadurch könne er die angedachten Maßnahmen überprüfen und ggf. verändern. Er sei dadurch achtsam und umsetzungsstark. Die Einführung regelmäßiger Pausen und die veränderten kürzeren Arbeitszeiten sieht er als Prozess; denn es sei nicht immer

Arbeitsfähigkeitscoaching – Unterstützung für Selbständige

einfach, lange Arbeitszeiten zu kürzen – wenn ein Kundenauftrag fertig werden muss. Die Teilnahme am Zeitmanagementprogramm helfe ihm aber auch dabei.

3.5. Abschlussgespräch und Evaluation

Nach sechs Monaten und neun Telefonterminen wurde im Dezember 2016 das Abschlussgespräch geführt. Herr F. berichtete, dass seine Arbeit weiterhin vielfältig und herausfordernd sei. Die Kundenaufträge außerhalb des Büros habe er auf maximal drei Tage pro Woche reduziert. Seine wöchentlichen Arbeitszeiten beliefen sich jetzt noch weiterhin auf vier volle Tage und einen halben Tag. Außerdem halte er bei der Arbeit im Büro die regelmäßigen Pausen ein. Damit komme er gut zurecht. Diese Einschätzung spiegelte sich auch bzgl. seiner Selbsteinschätzung auf der Arbeitsfähigkeits-Skala wider: Der Arbeitsbewältigungswert hat sich von 6 Punkten auf 9 von 10 Punkten verbessert. Hinsichtlich der körperlichen und psychischen Anforderungen gab es jeweils eine Verbesserung von 3 auf 4 von 5 Punkten.

Er sieht sich als sehr motiviert und verwirklicht die Ansätze aus der Fortbildung zum Zeit- und Selbstmanagement in seiner Arbeit. In seiner Rolle als Unternehmer kann er sich gut unterstützen, z.b. mit einem Budget für die geplante Fortbildung und mit zeitlicher Freistellung.

Wünsche an sich selbst bestehen darin, sich selbst wertzuschätzen und zu erkennen, worin seine Kompetenzen liegen, die er dann auch verwirklichen kann. Als Unternehmen hat er den Wunsch, die geplanten Rahmenbedingungen weiter umzusetzen und perspektivisch in einer Bürogemeinschaft zu arbeiten.

Auch im Bereich der Arbeitsbedingungen hat er einiges verwirklicht: Bei einem genussvollen Cafébesuch mit sich selbst überprüft er einmal monatlich seine Ziele. Auch einige Anschaffungen hat er verwirklicht, manche sind noch in der Planung. Hierfür ist die Bereitstellung eines Budgets sehr wichtig.

Das Umfeld trägt und stärkt Herrn F., dabei kann er gut unterscheiden, mit wem er welche Themen bespricht. Die Zusammenarbeit mit seiner Frau erlebt er als sehr stärkend und professionell. Sie können die Weiterbildung gut planen und durchführen. Dabei ergänzen sie sich, Unstimmigkeiten können sie zügig besprechen.

Nach dem halben Jahr Rehasport möchte Herr F. nun weiterhin regelmäßig Sport treiben und ein Fitnesscenter besuchen.

Ein Nachhaltigkeitsgespräch ist bereits für Juli 2017 vereinbart.

Ergebnis

Nach einer neurologischen Erkrankung mit anschließender Anschlussheilbehandlung war Herr F. insgesamt zehn Wochen arbeitsunfähig. Anschließend begann die stufenweise berufliche Wiedereingliederung die weitere acht Wochen umfasste. Diese konnte im Oktober 2016 erfolgreich abgeschlossen werden.

Die Arbeitsfähigkeit von Herrn F. hat sich insgesamt und hinsichtlich der körperlichen und psychischen Anforderungen verbessert. Der Arbeitsbewältigungswert stieg von 6 auf 9 von 10 Punkten. Hinsichtlich der körperlichen und psychischen Anforderungen trat eine Verbesserung von 3 auf 4 von 5 Punkten ein.

Die Unterstützung der Arbeitsfähigkeit konnte durch die Eigeninitiative von Herrn F. gleich nach seiner Reha-Maßnahme zügig bearbeitet werden. Er bekam durch das AFCoaching professionelle Unterstützung, einen festen Rahmen und Stabilität. Die Handlungskompetenz und Ressourcen von Herrn F. konnten nachhaltig gestärkt werden.

Sein privates Umfeld hat ihm Unterstützung bei der Wiedereingliederung gegeben. Darüber hinaus bekommt er dadurch weiterhin eine gute Grundlage für den Erhalt und die Förderung seiner Arbeitsfähigkeit.

4. Fazit

Durch das vorgestellte Fallbeispiel wird deutlich, dass die Begleitung durch einen AFCoach eine große Unterstützung für Selbständige sein kann. Durch die Analyse in einem vertraulichen und geschützten Rahmen werden die eigene aktuelle Situation und die vorhandenen Einschränkungen deutlich. Die festgelegten Instrumente und besonders das Modell des »Hauses der Arbeitsfähigkeit« mit seinen unterschiedlichen Stockwerken wurde von Selbständigen als sehr hilfreich beschrieben, um die gesamte Situation besser analysieren und reflektieren zu können.

Der Prozess des AFCoachings kann als Orientierung und Hilfe in extrem herausfordernden und belastenden Lebenssituationen genutzt werden. Die Entwicklung von Maßnahmen und deren Umsetzung unter der aktiven Beteiligung der Selbständigen und weiterer Fachleute bringen Selbstsicherheit und Handlungskompetenzen, so dass diese aktiv an der Förderung ihrer Arbeitsfähigkeit mitwirken können. Dies ist vor allem deshalb von großer Bedeutung, da bei dieser Personengruppe die Auswirkungen einer längeren Erkrankung besonders einschneidend sind, sowohl arbeitsorganisatorisch als auch finanziell, andererseits besteht vonseiten der gesetzlichen Institutionen kaum Unterstützung. Mit dem AFCoaching können Selbständige Handlungsstrategien und Ressourcen auch im zukünftigen Umgang mit Krankheiten und Krisen auf- und ausbauen.

Literatur

Giesert, M./Reiter, D./Reuter, T. (2013): Neue Wege im Betrieblichen Eingliederungsmanagement – Arbeits- und Beschäftigungsfähigkeit wiederherstellen, erhalten und fördern. Ein Handlungsleitfaden für Unternehmen, betriebliche Interessenvertretungen und Beschäftigte. Düsseldorf: DGB Bildungswerk.
IFM Bonn (2017): Selbstständige/Freie Berufe [URL: http://www.ifm-bonn. org/statistiken/selbststaendigefreie-berufe/#accordion=0&tab=1, abgerufen am 9.1.2017].
Tempel, J./Ilmarinen, J. (2013): Arbeitsleben 2025. Das Haus der Arbeitsfähigkeit im Unternehmen bauen. Hrsg. von Marianne Giesert. Hamburg: VSA.
Wikipedia (2017): Selbstständigkeit (beruflich) [URL: https://de.wikipedia.org/ wiki/Selbständigkeit_(beruflich), abgerufen am 9.1.2017].

Alexander Frevel/ Heinrich Geißler
Arbeitsfähigkeit im Erwerbsverlauf unterstützen und fördern
Instrumente und praktische Beispiele[1]

Gesund alt werden in der Arbeit

Der demografische Wandel wirkt in Unternehmen, Verwaltungen und Organisationen. Unverkennbar ist, dass auch die beste Rentenreform nicht dafür sorgen kann, dass die Menschen in der Arbeit gesund bleiben und sie gut bewältigen können. Insofern erscheint es unumgänglich, die Arbeit so zu gestalten, dass sie möglichst über die gesamte Erwerbsarbeitsphase schädigungslos, ausführbar erträglich und persönlichkeitsförderlich ist. Oder anders ausgedrückt: Für eine Erwerbsarbeit, die bis zum (steigenden) Renteneintrittsalter ausgeübt werden soll, besteht die Anforderung, die Arbeitsbedingungen so zu arrangieren, dass möglichst viele Menschen in gutem Wohlbefinden, gesund, gerne und produktiv arbeiten können, wollen und dürfen. Um dies zu erreichen, ist eine gute Passung zwischen den Kapazitäten der Personen und den Arbeitsanforderungen erforderlich. Die Förderung der Arbeitsfähigkeit[2] steht auf der Agenda von Betrieben und Organisationen.

- *Arbeitsfähigkeit* (work ability) bezeichnet die Summe der Faktoren, die einen Menschen in die Lage versetzen, die ihr/ihm gestellten Arbeitsaufgaben erfolgreich zu bewältigen (s. Tempel/Ilmarinen 2013). Die Einflussgrößen und individuellen wie betrieblichen Handlungsbe-

---

[1] Dieser Aufsatz ist die überarbeitete und erweiterte Fassung des Beitrags von Frevel/Geißler im BKK-Gesundheitsreport 2016 (s. Knieps/Pfaff 2016: 359-366).
[2] Das Konzept der Arbeitsfähigkeit wird in diesem Band in verschiedenen Beiträgen ausführlich erläutert, so dass hier auf weiterführende Erläuterungen verzichtet wird.

reiche sind im Konzept der Arbeitsfähigkeit zusammengestellt. Das Modell »Haus der Arbeitsfähigkeit« veranschaulicht die wesentlichen Elemente und deren Wechselbeziehungen.
Der Begriff der Arbeitsfähigkeit ist abzugrenzen gegen:
- *Leistungsfähigkeit:* Als Voraussetzung für die Erfüllung von Arbeitsaufgaben gilt die physische, mentale und psychische Leistungsfähigkeit einer Person, also personenbezogene Eigenschaften (wie z.B. Geschlecht, Konstitution/Fitness, Gesundheit und Alter) sowie erworbenes Wissen, Fähigkeiten und Fertigkeiten.
- *Beschäftigungsfähigkeit* (employability). Diese bezieht sich auf die grundsätzliche Möglichkeit einer Beschäftigung. Hier werden die Eigenschaften einer Person im Hinblick auf die Anforderungen und Möglichkeiten auf dem Arbeitsmarkt betrachtet.

Unter den Argumenten bei der Auswahl eines Berufes und eines Arbeitgebers wird die Möglichkeit, gesund alt werden zu können, an Bedeutung gewinnen. Erforderlich ist die Ausgestaltung von Arbeit, die für Jung und Alt attraktiv ist und genügend Flexibilität für eine gute Vereinbarkeit mit allen anderen Lebensbereichen bereitstellt.

Eine alters- und alternsgerechte Arbeit sollte die persönlichen Kapazitäten und individuellen Bedürfnisse genauso wie die Arbeitsanforderungen berücksichtigen. Diese Faktoren verändern sich im Verlauf des (Arbeits-)Lebens. Aufgabe von Organisationen und Beschäftigten ist es deshalb, die Bedingungen rechtzeitig bedarfsgerecht anzupassen, damit die Arbeitsfähigkeit erhalten bleibt und die Produktivität gesichert ist. Voraussetzungen dafür sind insbesondere
- eine achtsame und wertschätzende Personalpolitik,
- alters- und alternsgerechte, an Lebensphasen orientierte Erwerbsverläufe
- und gesundheits- sowie persönlichkeitsförderliche Arbeitsbedingungen.

Alter und Altern

Der Begriff Alter bezeichnet einen Zeitpunkt im Lebenslauf. Das kalendarische Alter (x Jahre) sagt jedoch nur bedingt etwas über das wirkliche Alter einer Person aus. Relevant sind das biologische Alter (körperliche Fitness, Leistungsvermögen), das psychische Alter (Selbsteinschätzung) und das soziale Alter (Fremdeinschätzung).

Altern ist der individuelle Veränderungsprozess über die Lebensspanne. Auch hier gibt es Unterschiede in biologischen, psychischen und sozialen Aspekten. Es gibt keine wissenschaftlich einheitliche Klassifikation von »alt«, da sich Altern in einzelnen Fähigkeitskategorien unterschiedlich entwickelt. Ein eindeutiges »Älterwerden« lässt sich zum Beispiel bei Körperfunktionen feststellen, die in der Kindheit und Jugend rasch zunehmen, ihr Niveau über einen gewissen Zeitraum halten und sich über die folgenden Lebensjahre reduzieren. Ein deutlicher Altersgang zeigt sich bei allen biologischen Funktionen (Lungenvolumen, Muskelmasse, Elastizität von Sehnen, Bindegewebe etc. mit Folgen für die körperliche Leistungsfähigkeit wie Kraft, Schnelligkeit und Beweglichkeit) sowie bei den Wahrnehmungssystemen (Sehen, Hören usw.).

Die Leistungspotenziale Älterer gegenüber Jüngeren sind nicht »schlechter«, sie wandeln sich jedoch. Zwar lassen körperliche Funktionalitäten nach, dafür wachsen Erfahrung, soziale Kompetenzen, Kommunikationsfähigkeiten etc. Die Lernfähigkeit bleibt im Wesentlichen gleich (Falkenstein/Gajewski 2014).

Die individuelle Ausprägung des Alterungsprozesses ist abhängig von vielfältigen Einflussfaktoren wie genetische Disposition, Sozialisation, Ausbildung, Gesundheitszustand, Erfahrung, Leistungsanforderungen, Lernanregungen, Lebensführung usw.

Eine Leistungseinschätzung, die sich allein am kalendarischen Alter orientiert, ist nur bedingt sinnvoll und sollte allenfalls als grobe Orientierung dienen.

Alternsgerechte Arbeit beginnt bei den Jüngeren

»Alternsgerechtes Erwerbsleben« ist eine betriebliche Strategie, um die Folgen des demografischen Wandels zu bewältigen. »Mit-alternde Arbeit« ist die Umsetzung von Maßnahmen in den betrieblichen Gestaltungsfeldern zur Förderung der Arbeitsfähigkeit.

»Alter(n)sgerechte Berufsverläufe« ist ein erprobtes Instrument zur Impulsberatung von Unternehmen, Verwaltungen und Organisationen.

Alternsgerechtes Arbeiten muss bei den Jüngeren beginnen, um langfristig wirken zu können. Jedes Alter und jede Lebensphase bzw. Lebenssituation ist in den Blick zu nehmen.

Der Lebensverlauf ist von Schwankungen (Hochs und Tiefs) geprägt. Diese sind zum Beispiel bedingt durch Übergänge (Schule, Ausbildung,

Tätigkeits- oder Arbeitgeberwechsel, Karriereschritte) oder durch Veränderungen in der familiären Situation (Kinder, zu pflegende Angehörige). Manche Tätigkeiten sind mit zunehmendem Alter schwieriger zu bewältigen als andere. Montagearbeit, Pflegetätigkeit oder Arbeit in der Verwaltung sind körperlich und psychomental sehr verschieden. Bei der Bewertung spielt vor allem die Dauer der Exposition hoher Belastungen eine Rolle. Vereinfacht sprechen wir von alternskritischen Bedingungen, wenn eine Kombination von Expositionsdauer und/oder Alter relevant ist. Die folgende Zusammenstellung zeigt einige Beispiele für alter(n)skritische Elemente von Arbeit; eine differenzierte Auswahl bietet die Checkliste »Alternskritische Tätigkeiten« (Spirduso et al. 1995; Arbeiterkammer 2013):

- häufige physische Überforderung (Haltearbeit, Monotonie, Lärm, Hitze ...)
- chronischer Zeitdruck und Überstunden (Nachreiner et al. 2005)
- Arbeiten in Wechsel- und vor allem in Konti-/Nachtschicht
- unzureichendes Führungsverhalten, mangelnde Anerkennung
- geringe Handlungsautonomie
- Ausschluss von Weiterbildung.

Proaktive Strategien für eine mit-alternde Arbeit – Arbeit muss zum Menschen passen

Das Konzept der Arbeitsbewältigung ist Leitbild für die alternsgerechte Gestaltung von Arbeit. Es stellt den Wandel der individuellen Kapazitäten im Lebensverlauf und die Veränderbarkeit der Arbeitsanforderungen in den Mittelpunkt. Aufgabe von Betrieben und Beschäftigten ist es, die relevanten Einflussgrößen (Gesundheit, Kompetenz, Werte/Einstellungen, Arbeitsbedingungen und Führung, Vereinbarkeit von Arbeit und Privatleben) zu beachten und sie im Bedarfsfall anzupassen, damit die Arbeitsfähigkeit erhalten bleibt und die Produktivität gesichert ist.

Zu lösen ist die Aufgabe, die wachsende individuelle Unterschiedlichkeit in der Arbeit zu beachten. Das funktioniert unseres Erachtens nur durch eine Arbeitsgestaltung, die sich an den Möglichkeiten der Personen orientiert und damit – bei einem notwendigen Grad an Standardisierung – eine größere Individualität zulässt. Arbeitsorganisatorisch bedeutet das, dass (insbesondere den älter werdenden) Beschäftigten zunehmend mehr Wahlmöglichkeiten für berufliche Entwicklungen und durch Anpassungen in den Arbeitsanforderungen angeboten werden müss(t)en.

Erforderliche Analysen
Grundlage einer proaktiven Strategie für alternsgerechte Arbeit ist eine umfassende Kenntnis des Ist-Zustandes in der Organisation. Informationen zu betrieblichen Strukturdaten (z.b. Altersverteilung heute und in fünf bzw. zehn Jahren, Qualifikationsgefüge, Verteilung nach Geschlecht) sind hilfreich, um quantitative und qualitative Entwicklungen abschätzen zu können. In Verknüpfung mit Einschätzungen zur Marktentwicklung, zu technischen und organisatorischen Veränderungen usw. können Simulationen zu personalwirtschaftlichen Erfordernissen erstellt werden.

Die gesetzlich erforderliche Beurteilung physischer und psychischer Belastungen sollte unter Gesichtspunkten der Möglichkeiten zur Arbeitsbewältigung ergänzt werden um alter(n)s- und geschlechtersensible Analysen der Beanspruchungen sowie der individuellen und organisatorischen Ressourcen.

Zu prüfen ist, ob die Personalpolitik (Personalgewinnung, -einsatz; Vertretungsregelungen; rechtzeitige Qualifizierung etc.) die relevanten Aspekte von Altern und Vielfalt ausreichend berücksichtigt. Dabei ist die Kompetenz für alterns- und geschlechtergerechte sowie gesundheitsförderliche Führung zu erweitern.

Insbesondere Tätigkeiten mit besonders hohen Anforderungen an Spezialwissen, langjährige Erfahrung und gute Netzwerke können eine frühzeitige Wiederbesetzungsplanung erforderlich machen. Das Wissensmanagement ist darauf auszurichten.

Mögliche Handlungsfelder
In vielen Organisationen wird der Prozess des beruflichen Lebensverlaufes für die Mehrheit der Erwerbspersonen nicht wirklich geplant, sondern scheint eher eine Abfolge zufälliger Entwicklungsmöglichkeiten zu sein.

Vorteilhafter ist eine pro-aktive Strategie, in der die Ziele und Aufgaben bei der Ausgestaltung von alterns- und geschlechtergerechten Berufsverläufen im Leitbild der Organisation und in den Führungsgrundsätzen verankert sind. Die wesentlichen Handlungsfelder dabei sind:
- Gestaltung der Arbeitsumgebung, der Arbeitsinhalte, der Arbeitsorganisation, der Arbeitsmenge und der Arbeitszeit

Arbeitsfähigkeit im Erwerbsverlauf unterstützen und fördern

- Arbeitsschutz, Gesundheitsmanagement und Gesundheitsförderung, Betriebliches Eingliederungsmanagement
- Wertschätzende Führung
- Kompetenzentwicklung, Gestaltung der Berufsverläufe
- Vereinbarkeit von Beruf und anderen Lebensbereichen.

Der Personalführung kommt besondere Bedeutung zu, da sie durch die Gestaltung der Arbeitsbedingungen und Arbeitsanforderungen »Co-Produzentin« von Gesundheit ist. Wertschätzende Führung (Bökenheide et al. 2015) hat den größten Einfluss auf die Arbeitsbewältigung.

Mit-alternde Arbeit

Nicht selten wird eine vakante Stelle besetzt, indem eine Person gefunden wird, deren Kompetenzprofil möglichst weitgehend den Anforderungen genügt. Zeiten der Einarbeitung bis zur Erlangung einer produktiven Routine werden nicht immer in ausreichendem Umfang und mit genügender, budgetierter Unterstützung von erfahrenen Kolleginnen und Kollegen zur Verfügung gestellt. Dabei werden Lernprozesse der/dem Einzelnen überlassen. Wenn es gut geht, geht es gut. Aber dann und wann geht es nicht gut – die Person verlässt den Betrieb wieder oder es stellt sich heraus, dass Person und Arbeit (hier) nicht zusammenpassen. Es entstehen unerwünschte Fluktuationskosten.

Es könnte auch anders sein. Neueinsteigende kommen auf Stellen mit Entwicklungspotenzial. Betrieb und Person schauen gemeinsam, welche Tätigkeiten in weiteren Entwicklungsschritten in Betracht kommen. Einstiegstätigkeiten dienen zum gegenseitigen Kennenlernen, zum Erfahren des betrieblichen Systems, zum Aufbau erster Routine. Der Bedarf an Stellen mit höheren Qualifikationsanforderungen kann innerbetrieblich besetzt werden. Die Organisation erweitert ihre Wahlmöglichkeiten – und die Beschäftigten auch. Voraussetzung dafür ist, dass das Unternehmen eine langfristige Personalentwicklungsstrategie im Sinne eines Konzeptes von Berufsverlaufsmöglichkeiten verfolgt.

Leitfragen zum Berufsverlauf

Zur Identifikation der Gestaltungsmöglichkeiten in der Organisations- und Personalentwicklung ist zu prüfen, welche Tätigkeiten für welche Berufs- und Lebensphase passfähig sind. Die Leitfragen zu Berufsverläufen lauten unter anderem:
- Welche Tätigkeiten sind für den Einstieg in den Beruf/Betrieb am besten geeignet, um Erfahrung und Routine aufzubauen?

- Welche horizontalen, diagonalen und vertikalen Entwicklungsmöglichkeiten gibt es?
- Welche Tätigkeiten bzw. Tätigkeitselemente respektive Rahmenbedingungen sind mit zunehmendem Alter oder bei längerer Dauer von Belastungsexpositionen gegebenenfalls kritisch für die ausübenden Personen? Welche Entlastungsmöglichkeiten (andere Tätigkeiten, Ergonomie, Job Rotation ...) gibt es?
- Welche Tätigkeiten können die Menschen über eine lange Zeit (bis zum Renten-/Pensionseintritt) ausführen? Gibt es spezifische Ausstiegsmöglichkeiten (möglichst ohne Status- und Einkommensverlust)?

Basis-Modell von Berufsverläufen

Das Basis-Modell von Berufsverläufen unterscheidet vier Tätigkeits-Typen (s. Abb. 1) im Berufsverlauf unter Berücksichtigung alterskritischer (Teil-)Tätigkeiten.

Um alternsgerechte Berufsverläufe für einen bestimmten Betrieb zu erarbeiten und zu implementieren, kann ein externer Beratungsimpuls sinnvoll sein, weil die fremde Sichtweise eine erwünschte Offenheit für im Alltag nicht mehr Hinterfragtes und für Neues eröffnet.

Abbildung 1: Basis-Modell für Berufsverläufe – Arbeitsplatz-/Anforderungs-Typologie

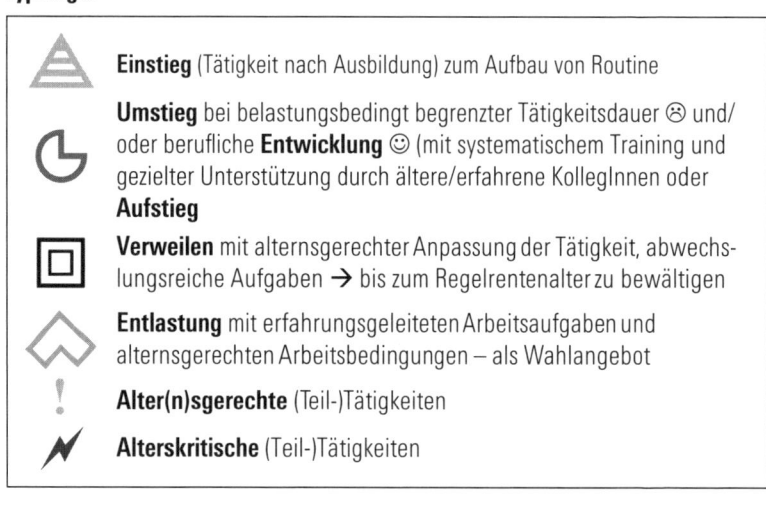

Einstieg (Tätigkeit nach Ausbildung) zum Aufbau von Routine

Umstieg bei belastungsbedingt begrenzter Tätigkeitsdauer ☺ und/oder berufliche **Entwicklung** ☺ (mit systematischem Training und gezielter Unterstützung durch ältere/erfahrene KollegInnen oder **Aufstieg**

Verweilen mit alternsgerechter Anpassung der Tätigkeit, abwechslungsreiche Aufgaben → bis zum Regelrentenalter zu bewältigen

Entlastung mit erfahrungsgeleiteten Arbeitsaufgaben und alternsgerechten Arbeitsbedingungen – als Wahlangebot

Alter(n)sgerechte (Teil-)Tätigkeiten

Alterskritische (Teil-)Tätigkeiten

Impulse durch externe Beratung

Der erprobte Beratungsprozess beschränkt sich auf drei bis vier Tage vor Ort mit zwei Beratungspersonen. Er ist inhaltlich komplex und bedarf langjähriger Erfahrung in diversen Branchen sowie umfassender arbeits- und gesundheitswissenschaftlicher Kenntnisse. Die dialogische Prozessberatung ermittelt im partizipativen Erkundungsprozess Hinweise der Beschäftigten, denn diese sind die wichtigsten Experten und Expertinnen im Betrieb – für sich selbst und ihre Arbeit. In der Beratung werden ausführliche Gespräche mit Fach- und operativen Führungskräften geführt. Die Neugier der Fragenden auf das (verborgene) Alltägliche ist eine wichtige Voraussetzung, um einen freien Blick auf die individuelle und kollektive Konstruktion der Wirklichkeit der Arbeit erlangen zu können.

- Die Beratungspersonen erhalten im Vorwege alle relevanten Informationen über den Betrieb/Bereich wie Tätigkeitsbeschreibungen, Gefährdungsbeurteilungen, Altersstruktur, Betriebsvereinbarungen, Schichtsystem.
- Am ersten Tag findet ein Einstiegs-Workshop von etwa zwei Stunden mit dem Steuerkreis (Bereichsleitung, Personalleitung, Betriebsrat, Sicherheitsfachkraft, Betriebsärztlicher Dienst, operative Führung) statt. Dabei werden die betrieblichen Besonderheiten, bisherigen Lösungen, vorhandene Probleme u.ä. besprochen.
- Anschließend erfolgt eine Begehung im Betrieb/Pilotbereich, um einen sinnlichen Eindruck von den Tätigkeiten zu erhalten.
- Am Nachmittag des ersten Tages und am zweiten Tag finden leitfadengestützte Experten-Gespräche mit sechs operativen Führungskräften und zehn Mitarbeiter/innen verschiedener Altersgruppen (< 30, 30–50, > 50) statt.
- Die Ergebnisse aus allen Gesprächen werden nach zwei Strukturelementen aufbereitet.
    - *Welche Hinweise zur Gestaltung altersgerechter Arbeit gibt es?*
    Aufbereitung nach dem Haus der Arbeitsfähigkeit (Gesundheit/Gesundheitsmanagement, Kompetenz/berufliche Entwicklung, Betriebsklima und Führung, Arbeitsgestaltung [Arbeitszeit, Arbeitsmenge, Arbeitsmittel …]).
    - *Welche Hinweise gibt es zu Berufsverläufen?*
    Aufbereitung nach der Typologie der Berufsverläufe.
- Am Folgetag wird ein Workshop (ca. 2,5 Stunden) mit den befragten Beschäftigten durchgeführt, um eine Gruppeneinschätzung für die Richtigkeit und Vollständigkeit der Hinweise zu erzielen.

- Nach der endgültigen Aufbereitung der Ergebnisse erfolgt nachmittags die Ergebnispräsentation im strategischen Steuerkreis, der erste Veränderungsmaßnahmen vereinbart.

Ergebnisse aus Veränderungsprozessen

Das Konzept »Alternsgerechte Berufsverläufe« wurde in etlichen Betrieben in verschiedenen Branchen durchgeführt. Neben einer Vielzahl von spezifischen Ergebnissen liegt ein wesentliches Augenmerk auf der Entwicklung einer langfristigen Personalentwicklungs-Strategie und einem dafür geeigneten Instrument, der Berufsverlaufs-Matrix.

Berufsverlaufs-Matrix als Instrument

Mit den Analyseergebnissen der Impulsberatung gibt es erste Hinweise auf Berufsverlaufsmöglichkeiten. Für eine vollständige Erhebung sind Nacharbeiten erforderlich, die alle Tätigkeiten nach der Typologie erfassen und realistische Anlern- und Verweilzeiten bestimmen.

Die Berufsverlaufs-Matrix (Luipl et al. 2012) ist ein quantitatives und qualitatives Planungsinstrument für den Personalbedarf und die Personalentwicklung. Die Datenbank ermöglicht die Simulation alternsgerechter Berufsverläufe.

Die Matrix (Abb. 2 ist ein Prinzip-Bild) zeigt im Original:
- alle Arbeitsplatzbeschreibungen (als Datei hinterlegt)
- die erforderlichen Qualifikationen und Anforderungen je Arbeitsplatz
- die Dauer der Qualifizierung/Anlernzeit
- die Bewertung aller Arbeitsplätze nach Einstiegs-, Entwicklungs-/Aufstiegs-, Verweil-, Entlastungs-/Ausstiegsarbeitsplatz
- alternskritische Differenzierungen nach physischen und/oder psycho-mentalen Belastungen
- die Mitarbeitenden nach Alter und differenziert nach Altersgruppen
- an welchen Arbeitsplätzen welche Personen im Einsatz bzw. einsatzbereit sind
- wer aktuell an welchen Tätigkeiten im Anlernprozess ist
- wer welche Tätigkeiten ausgeübt hat, zurzeit aber inaktiv ist bzw. bei wem Tätigkeitspraxis fehlt
- welche Mitarbeitenden aus gesundheitlichen Gründen welche Tätigkeiten nicht mehr ausüben dürfen und damit
- individuelle Möglichkeiten, an andere Arbeitsplätze zu wechseln.

Abbildung 2: Berufsverlaufs-Matrix »Alternsgerechte Berufsverläufe«

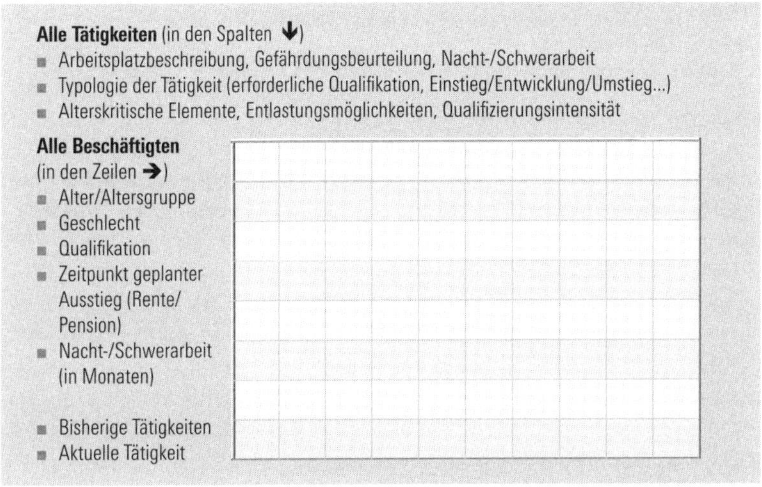

Alle Tätigkeiten (in den Spalten ⬇)
- Arbeitsplatzbeschreibung, Gefährdungsbeurteilung, Nacht-/Schwerarbeit
- Typologie der Tätigkeit (erforderliche Qualifikation, Einstieg/Entwicklung/Umstieg...)
- Alterskritische Elemente, Entlastungsmöglichkeiten, Qualifizierungsintensität

Alle Beschäftigten
(in den Zeilen ➜)
- Alter/Altersgruppe
- Geschlecht
- Qualifikation
- Zeitpunkt geplanter Ausstieg (Rente/Pension)
- Nacht-/Schwerarbeit (in Monaten)

- Bisherige Tätigkeiten
- Aktuelle Tätigkeit

»Alternsgerechte Berufsverläufe« als langfristige Personalentwicklungs-Strategie

In einem österreichischen Unternehmen der Edelstahlproduktion mit 2.000 Beschäftigten ist die Matrix in mittlerweile 15 Produktionsbetrieben ein Werkzeug für die individuelle und kollektive Bedarfs- und Entwicklungsplanung. Durch den Einsatz entsteht eine vollständige Transparenz über die Arbeitssysteme wie auch die Laufbahnmöglichkeiten im Unternehmen. In der Zwischenbilanz zum Halbjahr 2016 sind insgesamt mehr als 200 umgesetzte Maßnahmen in neun operativen Betrieben verzeichnet.

Im Idealfall wird das Beratungsprojekt »Alternsgerechte Berufsverläufe« durch eine Qualifizierung der (operativen) Führungskräfte zum Themenkomplex »Alter(n), Arbeit & Gesundheit« ergänzt. Die Personen erarbeiten darin unter anderem die Spezifik der Belastungssituation und erkunden Möglichkeiten zur alternsgerechten Arbeitsgestaltung.

Mit den Führungskräften wird zur individuellen Sensibilisierung bezüglich der eigenen Arbeitsbewältigungs-Fähigkeit vorab ein Gespräch nach dem Konzept des Arbeitsbewältigungs-Coaching® (ab-c) geführt (Bundesanstalt 2012; Frevel/Gruber 2015, Frevel 2015).

Übersicht 1: Beispiele für Gestaltungslösungen zur Unterstützung alternsgerechter Erwerbsverläufe in verschiedenen Branchen

Ergebnisse aus verschiedenen Anwendungsbereichen im Überblick
Mit Beispielen für verschiedene Maßnahmen unterschiedlicher Reichweite in diversen Branchen zeigt die folgende Übersicht Möglichkeiten auf, alterskritische (Teil-)Tätigkeiten zu beachten und (Rahmen-)Bedingungen zu gestalten, um alternsgerechte Erwerbsverläufe besser zu ermöglichen.

Stahlproduktion
- Der betriebsärztliche Dienst bietet allen Beschäftigten das Arbeitsbewältigungs-Coaching an. Einschränkungen der Arbeitsbewältigungsfähigkeit werden frühzeitig erkannt und in einem Regelprozess im Sinne der Erhaltung der Beschäftigung bearbeitet (präventives Eingliederungsmanagement).
- Weniger Nachtschichten für Ältere durch Änderungen in der Schichtplanung.
- Job-Rotation für Belastungswechsel und zur Erprobung von Tätigkeitswechseln (Umstieg/horizontale Entwicklung).
- Für Anlernprozesse werden systematische Inhalts- und Ablaufpläne erarbeitet und Zeitbudgets für Lehrende/Mentoren zur Verfügung gestellt.
- Für alle Beschäftigten in der Nachtschicht stellt der Betrieb eine warme, leicht verdauliche Suppe.

Automobil-Zulieferer
Aus dem Pilotprojekt in einem Betriebsteil wurden von den 80 abgeleiteten Maßnahmen innerhalb eines Vierteljahres 38% umgesetzt und 36% sind in Bearbeitung.

Software-Entwicklung
Ältere wünschen einen Einsatz mit mehr Planungsaufgaben und eine Entlastung vom stressigen Rund-um-die-Uhr-Einsatz in der produktionsnahen Störungsbehebung.

Kran- und Anlagenschlosserei
- Die Ausbildung von Führungskräftenachwuchs war bislang auf unter 35-Jährige zugeschnitten. Jetzt wird unter Beachtung des Erfahrungswissens der »Meister 45plus« eingerichtet.
- Das anlagenspezifische Erfahrungswissen Älterer wird bei der Beschaffung berücksichtigt.

Altenpflege
- Übernahme von Beratungs- und Planungsaufgaben zur Entlastung von der anstrengenden Pflegetätigkeit. Nebeneffekt: Entlastung der

Arbeitsfähigkeit im Erwerbsverlauf unterstützen und fördern 229

> Führungskräfte von administrativen Aufgaben und dadurch mehr Zeit für Personalführung.
> - Belastungswechsel durch Teilaufgaben wie z.b. Pflegeaufnahme, Beauftragte/r für Verbandmaterial etc.
> - Vereinbarung von definierten Pausenzeiten, die in der Tourenplanung berücksichtigt sind. Pause ist Pause; keine Unterbrechungen, keine Nebentätigkeiten.
> - Vereinbarung von definierten Funktionszeiten für operative Führungskräfte.
> - Entlastung der Pflege in bestimmten arbeitsintensiven Phasen und in Übergabezeiten durch bessere Kooperation mit der Alltagsbetreuung.
>
> **Straßenmeistereien**
> - Berücksichtigung der Sonneneinstrahlung bei der Planung von Außenarbeiten (z.b. rechte/linke Straßenseite; Nord-/Südrichtung bei Arbeiten an Böschungen).
> - An private Dienste vergebene Tätigkeiten werden bezüglich der Arbeitsschwere überprüft (In-Sourcing).
>
> **Öffentlicher Personennahverkehr**
> - Zusätzliche bezahlte Entlastungstage für Ältere und für Personen, die aus medizinischer Sicht Entlastung benötigen.
> - Möglichkeit, das Urlaubsgeld (für das Unternehmen kostenneutral) in zusätzliche Urlaubstage zu tauschen.

ab-c auf Dauer stellen
Für eine vertiefende Analyse hat sich das Stahlwerk entschieden, den ab-c-Beratungsprozess einzusetzen, um
- spezifische Bedingungen in den jeweiligen Betrieben zu erkunden und dort geeignete kollektive Maßnahmen zu ergreifen
- mögliche Einschränkungen in der Arbeitsfähigkeit bei einzelnen Personen frühzeitig zu erkennen und präventive oder kurative individuelle Maßnahmen zu setzen.

Dafür wurde der Auftrag an den externen Betriebsärztlichen Dienst[3] ausgeweitet, schrittweise – jeweils in der Folge eines Beratungsprozesses zu alternsgerechten Erwerbsverläufen – diesem Teilbetrieb einen ab-c-Prozess anzubieten.

---

[3] Der BÄD hat zwei zusätzliche ärztliche Stellen mit ab-c erfahrenen Personen eingerichtet.

In geregelten Vorsorgeuntersuchungen (z.B. zu Nachtschichttauglichkeit, Gefahrstoff(un)verträglichkeit) sowie in Gesundenuntersuchungen (Gesundheits-Checks) wird
- der Work Ability Index (WAI) erhoben
- das ab-c-Gespräch geführt.

Die kollektiven Ergebnisse, insbesondere die Hinweise/Vorschläge zur Förderung der Arbeitsfähigkeit, werden im üblichen Verfahren an den betrieblichen Steuerkreis gegeben.

Ergeben sich in der Erhebung/im ab-c-Gespräch Hinweise auf eine Instabilität in der Arbeitsfähigkeit, wird die Person gefragt, ob sie individuell eine betriebliche Unterstützung zur Verbesserung der Arbeitsfähigkeit benötigt und gegebenenfalls in Anspruch nehmen möchte.

Der (in der Abbildung 3 aufgezeigte) Prozessverlauf wird der Person vorgestellt. Wenn die Person einwilligt, kann die Ärztin/der Arzt mit betrieblichen Vertrauenspersonen (hier Betriebsrat, aber ggf. auch Personen aus dem Betrieblichen Gesundheitsmanagement/BGM, dem Ausschuss für das Betriebliche Eingliederungsmanagement/BEM-Aus-

Abbildung 3: Prozess »Präventives BEM« (Böhler Edelstahl 2014)

Umsetzungsprozess: »Arbeitsfähigkeit & Berufsverlaufsmatrix«

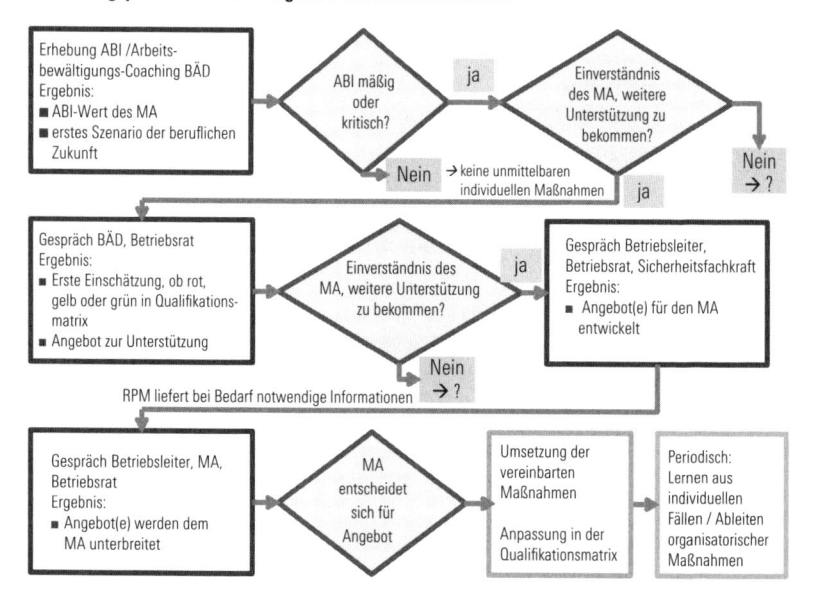

schuss o.ä.) prüfen, ob eine individuelle Entlastung durch Aufgabenwechsel, Tätigkeitswechsel, technisch-organisatorische Anpassungen oder Ähnliches möglich ist. Dafür werden die Daten zu Tätigkeitsbeschreibungen und die weiteren Elemente der Berufsverlaufs-Matrix genutzt.

Die Prüfergebnisse werden mit der Person besprochen. Erst bei erneuter Zustimmung zur Konkretisierung der tatsächlichen Möglichkeiten werden weitere Personen aus dem Betrieb hinzugezogen, insbesondere die unmittelbaren Führungskräfte und ggf. die Personalabteilung. Der/dem Beschäftigten werden in einem Gespräch – eventuell alternative – Angebote aufgezeigt. Bei Einvernehmen werden die vereinbarten Maßnahmen umgesetzt.

Ergebnisse früh erkannter unstabiler Arbeitsbewältigungskonstellationen waren:
- Verbleib am Arbeitsplatz mit
  - Anpassung in der Arbeitszeit, Reduktion von Überstunden
  - Vermeidung belastender Tätigkeiten
- Wechsel der Tätigkeit oder des Arbeitsbereiches gemäß Berufsverlaufsmatrix
- Verbleib am Arbeitsplatz mit Unterstützungen laut Förderplan und Eigenmaßnahmen zur Förderung der Arbeitsfähigkeit
- Ausscheiden aus dem Betrieb, vorzeitiger Renteneintritt
- Keine weitere Beratung/Betreuung gewünscht.

Fazit/Ausblick

Die Arbeitsfähigkeit sollte über den gesamten (beruflichen) Lebensverlauf in einem möglichst stabilen Zustand sein. Das erhält die Gesundheit und ist betriebs- und volkswirtschaftlich produktiv. Dafür sind individuelle und organisatorische Entwicklungspotenziale zu identifizieren und systematisch in den Arbeitsanforderungen zu gestalten.»Mitalternde Arbeit« ist ein Konzept für eine pro-aktive Personal- und Organisationsentwicklung und dient damit der betrieblichen Bewältigung der Folgen des demografischen Wandels. Dies schließt ein vorausschauendes Gesundheitsmanagement ein, das in den Analysen alterns- und geschlechtergerechte Anforderungen und Bewältigungsmöglichkeiten beachtet und organisatorische Ressourcen erfasst respektive aktiv fördert.

Zunehmend mehr – aber gefühlt immer noch zu wenige – Unternehmen und Verwaltungen bemühen sich, den Spagat zwischen alters-/ alternsgerechter Arbeit, attraktiven Arbeitsbedingungen, Nachwuchssicherung und der Bewältigung neuer technischer und wirtschaftlicher Herausforderungen zu leisten. Größere Organisationen haben Ressourcenvorteile, aber auch Komplexitätsnachteile. Kleinere Betriebe haben mehr Schwierigkeiten, Differenzierungen bei homogeneren Arbeitsanforderungen zu gestalten, können aber im Bedarfsfall schneller agieren. Je differenzierter die Organisation ist, desto höher sind die Anforderungen an ein planvolles und strukturiertes Maßnahmenpaket. Einen größeren Gewinn von einer pro-aktiven Strategie haben Unternehmen, deren Arbeitsbedingungen noch alternskritisch sind, die Probleme bei der Gewinnung von Nachwuchskräften haben und/oder solche, die eine niedrige Anwesenheits- und eine hohe Fluktuationsquote aufweisen.

Literatur

Arbeiterkammer Vorarlberg (Hrsg.) (2013): Gute Arbeit für Frauen – Gute Arbeit für Männer. Leitfaden zum Generationen-Management. Feldkirch [URL: http://media.arbeiterkammer.at/vbg/PDF/GenMan_GuteArbeit_2013.pdf, abgerufen am 24.1.2017].
Bökenheide, T./Frevel, A./Geißler, H. (2015): Wertschätzende Dialoge als wichtigste Führungsaufgabe. In: Laske, S./Orthey, A./Schmid, M. (Hrsg.): PersonalEntwickeln (Losebl., Aktualisierung Nr. 195), Beitrag Nr. 6.144. Köln.
Bundesanstalt für Arbeitsschutz- und Arbeitsmedizin/Initiative Neue Qualität der Arbeit, Text: Gruber, B./Frevel, A. (2012): Arbeitsbewältigungs-Coaching®. Der Leitfaden zur Anwendung im Betrieb. Bericht Nr. 38, 2. überarb. Aufl. Dortmund/Berlin.
Falkenstein, M./Gajewski, P. (2014): Förderung mentaler Gesundheit bei älteren Arbeitnehmern. In: Das Demographie Netzwerk (Hrsg.) – Drupp, P./Grauer, S./Seele, S. et al.: Gesundheits- und Demographiemanagement. Den demographischen Wandel im Betrieb gesund gestalten. Bremen.
Frevel, A. (2015): Arbeitsbewältigungs-Coaching® – Beschäftigte und Betriebe bauen gemeinsam am »Haus der Arbeitsfähigkeit«. In: Bundesanstalt für Arbeitsschutz und Arbeitsmedizin – Richter, G./Niehaus, M. (Hrsg.): Personalarbeit im demografischen Wandel. Beratungsinstrumente zur Verbesserung der Arbeitsqualität. Bielefeld.
Frevel, A./Geißler, H. (2015): Mitalternde Arbeit – Alternsgerechte Berufsverläufe. In: Laske, S./Orthey, A./Schmid, M. (Hrsg.): PersonalEntwickeln (Losebl., Aktualisierung Nr. 197), Beitrag Nr. 7.68. Köln.

Frevel, A./Gruber, B. (2015): Arbeitsbewältigungs-Coaching®. Förderung der individuellen und kollektiven Arbeitsfähigkeit. In: Laske, S./Orthey, A./Schmid, M. (Hrsg.): PersonalEntwickeln (Losebl., Aktualisierung Nr. 196), Beitrag Nr. 8.92. Köln.

Knieps, F./Pfaff, H. (Hrsg.) (2016): Gesundheit und Arbeit. BKK-Gesundheitsreport 2016, Berlin.

Luipl, J./Gerhalter, B./Käfer, H. (2012): Laufbahnmatrix bei der Böhler Edelstahl GmbH & Co. KG, Kapfenberg, internes Arbeitspapier.

Nachreiner, F./Rädiker, B./Janßen, D./Schomann, C. (2005): Untersuchungen zum Zusammenhang zwischen der Dauer der Arbeitszeit und gesundheitlichen Beeinträchtigungen. Oldenburg.

Spirduso, W./Francis, K./MacRae, P. (2013): Physical Dimensions of Aging. Champaign-Urbana, 1995. In erweiterter Fassung in: Arbeiterkammer Vorarlberg.

Tempel, J./Ilmarinen, J. (2013): Arbeitsleben 2025. Das Haus der Arbeitsfähigkeit im Unternehmen bauen. Hamburg.

Vernetzung

Peter Krauss-Hoffmann
Gesunde Arbeit in Zeiten rasanter Digitalisierung
Der Beitrag der Initiative Neue Qualität der Arbeit auf dem Weg zum »Arbeiten 4.0«

1. Einführung

Arbeitsschutz und Gesunderhaltung der Beschäftigten sind soziale Verpflichtung und nicht zuletzt Prämisse zum Erhalt der Leistungsfähigkeit des Sozialstaates. Gute Arbeitsbedingungen, die die Gesundheit und das Wohlbefinden der Beschäftigten erhalten bzw. fördern, sind eine Frage der wirtschaftlichen Vernunft, denn nur gesunde, kompetente und motivierte Beschäftigte sichern die Wettbewerbsfähigkeit sowie die Innovationskraft von Unternehmen.

Angelehnt an die Tradition der Humanisierung der Arbeitswelt stellt sich angesichts des aktuellen strukturbedingten Wandels der Arbeit (z.B. Digitalisierung) sowie der demografisch bedingten Herausforderungen (z.B. Alterung der Belegschaften) heute mehr denn je die Frage nach einer »Neuen Qualität der Arbeit«, die über den bewährten Rahmen der betrieblichen Prävention hinausgeht.

Gute Arbeitsbedingungen in Organisationen können zielführend mit Dimensionen der »Qualität der Arbeit« aus Sicht der Beschäftigten konkretisiert werden. Diese umfassen im Kern die sieben Dimensionen »Arbeitssicherheit«, »Entlohnung«, »Arbeitszeit«, »Beschäftigungssicherheit«, »Arbeitsbeziehungen«, »Qualifikation/Weiterbildung« sowie »Zusammenarbeit/Motivation« (Statistisches Bundesamt 2010).

Die vorgenannten Dimensionen haben Einfluss auf die Arbeitszufriedenheit der Beschäftigten. Sie sind aber auch für die Qualität und den Innovationsgehalt der erbrachten Dienstleistungen und der hergestellten Produkte – somit für die Wettbewerbsfähigkeit der Unternehmen – von hoher Relevanz.

Unternehmen sind daher vor dem Hintergrund der Folgen des demografischen und digitalen Wandels gut beraten, zur Sicherung der eigenen Wettbewerbsfähigkeit Beschäftigte an sich zu binden, zu motivieren und nicht zuletzt ihre Arbeits- und Beschäftigungsfähigkeit zu erhalten und dazu gemeinsam eine Organisationskultur mit gesunden und sicheren Arbeitsbedingungen aufzubauen.

Hier setzt die vom BMAS im Jahr 2002 initiierte Initiative Neue Qualität der Arbeit (INQA) an. Sie wird im Folgenden vorgestellt und die sich aus ihr ergebenden Perspektiven aufgezeigt.

2. Grundausrichtung der Initiative Neue Qualität der Arbeit 2002ff.

Die Initiative Neue Qualität der Arbeit, die das damalige Bundesministerium für Arbeit und Sozialordnung (BMA) im Jahr 2002 ins Leben rief, wurde ursprünglich von der für den Arbeitsschutz zuständigen Fachabteilung im Ministerium in Zusammenarbeit mit externen Fachakteuren als moderner Ansatz der Arbeitsschutzpolitik mit dem Motto »Gemeinsam handeln, jeder in seiner Verantwortung« und auch als neuer Interventionstyp konzipiert (Fischer 2010: 295). Neben der Projektförderung stand die Netzwerkarbeit zum Themenfeld »Sicherheit und Gesundheit bei der Arbeit« im Zentrum der Idee der Initiative Neue Qualität der Arbeit.

Die Initiative konnte hinsichtlich der Projektförderung auf zwei prominente Programme zurückgreifen: Zum einen auf das »Forschungsprogramm zur Humanisierung des Arbeitslebens« (HdA, ab 1974) und zum anderen auf das Folgeprogramm »Arbeit und Technik« (AuT), das von 1989 bis 2001 umgesetzt wurde. Beide Programme forderten einen umfassenden Innovationsansatz sowie eine stärkere Herausstellung der Prävention und unterstrichen die Bedeutung einer humanen und sozial angemessenen Arbeitswelt.

Die Initiative Neue Qualität der Arbeit wurde nicht als Forschungsprogramm, das die Wissensgenerierung in den Vordergrund stellt, initiiert, sondern sollte dazu beitragen, die praktische Umsetzung der gewonnenen Erkenntnisse durch Transferprojekte zu fördern. So gesehen ist INQA ein Transferprogramm. Das Wissen zur Verbesserung der menschengerechten Arbeitsgestaltung und zur Verbesserung der Arbeitsqualität soll in die Unternehmen, insbesondere in Klein- und Mittelunternehmen (KMU), gelangen, dorthin also, wo es konkret angewandt werden muss und wo teilweise noch Defizite in der Information oder im Commitment bestehen. So will INQA dazu beitragen, die Arbeitssituation für die Beschäftigten konkret zu verbessern und die Arbeitsqualität zu erhöhen. Dies folgt der Grundidee, dass bereits viel Wissen vorhanden ist und dieses zielgruppenspezifisch aufbereitet und transferiert werden muss. Die Grundidee war 2002, dass sich in einer modernen Arbeitswelt nicht einfach alles verordnen lässt, sondern dass die Begleitung des Transfers auch mit Netzwerken,»Botschaftern«, guten Beispielen sowie konkreten Hilfen für Unternehmen, Beschäftigte, Führungskräfte und Fachakteure zu stärken sei.

Eine Initiative wie INQA kann aber nur erfolgreich sein, wenn viele Akteurinnen und Akteure aktiv ihre Fachkompetenzen, Netzwerkstrukturen und Distributions- bzw. Kommunikationskanäle einbringen. Hier ist es INQA gelungen, frühzeitig einen starken Verbund aufzubauen. Nachfolgende Partner wirkten dazu in der ersten Dekade (teilweise wechselnd) bei INQA mit:

- Bundesministerien für Arbeit und Soziales (BMAS); Bildung und Forschung (BMBF); Familie, Senioren, Frauen und Jugend (BMFSFJ), Gesundheit (BMG) sowie die entsprechenden Ministerien aller Bundesländer.
- Fachinstitutionen wie die Bundesanstalt für Arbeitsschutz und Arbeitsmedizin (BAuA); der Projektträger des Deutschen Zentrums für Luft- und Raumfahrt (DLR); die Gemeinschaftsinitiative »Gesünder Arbeiten e.V.« (GIGA) und das Rationalisierungs- und Innovationszentrum der Deutschen Wirtschaft (RKW)
- Sozialpartner wie der Deutsche Gewerkschaftsbund (DGB); der Bundesverband der Arbeitgeber (BDA); die Gewerkschaft Nahrung-Genuss-Gaststätten (NGG); die Industriegewerkschaft Metall (IG Metall) sowie die Vereinte Dienstleistungsgewerkschaft (ver.di)
- Stiftungen wie die Hans-Böckler-Stiftung, die European Foundation for the Improvement of Living and Working Conditions (Eurofound) und die Bertelsmann-Stiftung
- Verbände wie der Zentralverband des Deutschen Handwerks (ZDH) und die Bundesarbeitsgemeinschaft für Sicherheit und Gesundheit bei der Arbeit e.V.; die Bundesverbände der allgemeinen Ortskrankenkassen (AOK), der Betriebskrankenkassen (BKK) sowie der landwirtschaftlichen Berufsgenossenschaften (BLB) und die Deutsche Gesetzliche Unfallversicherung (DGUV)

Die Geschäftsstelle der Initiative wurde bei der BAuA eingerichtet, die INQA mit ihrem Fach- und Transferwissen aus dem Arbeits- und Gesundheitsschutz unterstützte.

INQA: Gesunde Arbeit in Zeiten rasanter Digitalisierung

Der Transfer zum Arbeitsschutz wurde zusätzlich mit dem Thema der Arbeitsqualität verknüpft, um die Wahrnehmung zu steigern, die gesellschaftliche Diskussion zur Arbeitsqualität neu zu beleben und neue Themen wie Führung und Zusammenarbeit, Lernen und Kompetenzentwicklung und Branchenfragen in den Blick zu nehmen. Die grundlegende Orientierung bei allen Fragen bot damals aber noch der Zielkorridor des Arbeitsschutzes, also der Erhalt der Gesundheit bei der Arbeit bis zum Erreichen der Altersgrenze und die Frage, wie durch betriebliche Verhaltens- und Verhältnisprävention dazu beigetragen werden könne.

3. INQA 2.0: Neuausrichtung in der 17. Legislaturperiode (2009-2013)

Nach einer sehr erfolgreichen Zeit des Aufbaus und der Verbreitung von INQA in den Jahren 2002-2010 und der Bildung einer Vielzahl von sog. Thematischen Initiativkreisen – z.b. einem Initiativkreis Lebenslanges Lernen (Große-Jäger u.a. 2006, S.13ff.), den der Autor koordinierte und dabei gemeinsam mit dem AOK-Institut für Gesundheitsconsulting ein Netzwerk für KMU zur Verbesserung von Gesundheit und Arbeitsqualität aufbaute (Kirschbaum/Krauss-Hoffmann 2008) – war es notwendig geworden, die Initiative neu zu bündeln und zu fokussieren.

Im Jahr 2011 wurden durch die Gruppe AzA,»Unternehmensbezogene Aktivitäten einer zukunftsgerechten Arbeitswelt, Gesellschaftliche Verantwortung«, im BMAS, in der der Autor als Arbeitswissenschaftler im Rahmen einer Abordnung von der BAuA arbeitete, gemeinsam mit INQA-Akteuren Impulse für die Weiterentwicklung der Initiative Neue Qualität entwickelt. Zentrales Ziel der Neuausrichtung war es dabei, INQA strukturell und inhaltlich zu fokussieren, um die öffentliche Wahrnehmbarkeit zu erhöhen und den Transfer in die Unternehmenslandschaft sowie in den öffentlichen Dienst zu stärken.

Ein Blick zu unserem europäischen Nachbarn Finnland bot dazu eine grundlegende Orientierung für die Neuausrichtung. So wurde in Finnland bereits Ende der 1990er Jahre vom »Finnish Institute of Occupational Health« (FIOH) das Konzept der Arbeitsfähigkeit vorgestellt. Dieses ist eng mit dem Namen von Prof. Ilmarinen verbunden. Wesentliches Ergebnis der Untersuchungen der Wissenschaftler am FIOH ist die Erkenntnis, dass die Arbeitsfähigkeit des Individuums auf der Wechselwirkung zwischen menschlichen Ressourcen und Arbeitsanforderungen beruht. Nur wenn die Anforderungen der Arbeit und die

Ressourcen der Arbeitenden zusammenpassen, kann die Arbeit gut ausgeführt werden. Neu am Konzept ist insbesondere die Betonung der Wechselseitigkeit der Prozesse. Es liegt weder nur an den Arbeitenden selbst noch nur an ihrer Arbeit oder Arbeitsumgebung, ob die Arbeit gut ausgeführt werden kann oder nicht. Es geht um die Passung zwischen Arbeitenden und Arbeit. Eine gute Arbeitsfähigkeit bedeutet, dass die Menschen mit den ihnen zur Verfügung stehenden Ressourcen die gewünschte Arbeit gut leisten können. Prof. Ilmarinen entwickelte zur Veranschaulichung des Konzeptes der Arbeitsfähigkeit das »Haus der Arbeitsfähigkeit«, das hier als bekannt vorausgesetzt wird.

Die Neuausrichtung der Initiative Neue Qualität der Arbeit baute fachlich-inhaltlich auf den beschriebenen Erkenntnissen auf. INQA wollte dazu beitragen, diese erklärten Zusammenhänge verstärkt in die Unternehmenslandschaft hineintragen, um so insbesondere KMU eine Orientierung zu bieten. »Unternehmen der Zukunft« sollten den Erhalt der Arbeitsfähigkeit (Workability) ihrer Mitarbeiterinnen und Mitarbeiter und die Förderung ihrer Beschäftigungsfähigkeit (Employablity) als erklärtes Ziel definieren. »Unternehmen der Zukunft« sollten dazu auf der Basis fairer und gesunder Arbeitsbedingungen eine mitarbeiterorientierte Unternehmenskultur aufbauen, um die Grundlagen für ihr nachhaltiges wirtschaftliches Wirken – das sind gesunde, kompetente und motivierte Beschäftigte als zentrales Unternehmenskapital – zu schaffen (Krauss-Hoffmann/Merfert 2012).

Die Abbildung 1 enthält das Modell, das im Rahmen der Neuausrichtung der Initiative Neue Qualität der Arbeit auf Basis der wissenschaftlichen Erkenntnisse von Prof. Ilmarinen erarbeitet wurde. Dargestellt werden die vier Themensäulen, die die Etagen des Hauses der Arbeitsfähigkeit reflektieren:

- Die Themensäule »Personalführung« ist auf die Förderung einer mitarbeiterorientierten Unternehmenskultur ausgerichtet.
- Die Themensäule »Chancengleichheit und Diversity« zielt darauf ab, Mitarbeitern unabhängig von Alter, Geschlecht oder ethnischer Herkunft die gleichen Entwicklungschancen einzuräumen sowie Kreativität und Leistungsbereitschaft zu fördern.
- Die Themensäule Gesundheit fokussiert Investitionen in gesunde Arbeitsbedingungen bei gleichzeitiger Förderung individueller Bewältigungsstrategien.
- Die Themensäule »Wissen und Kompetenz« verfolgt das Ziel der (Weiter-)Qualifizierung der Beschäftigten sowie der Etablierung

INQA: Gesunde Arbeit in Zeiten rasanter Digitalisierung

Abbildung 1: Themensäulen im Haus der Arbeitsfähigkeit

Unternehmen der Zukunft

Personalführung	Chancengleichheit & Diversity	Gesundheit	Wissen & Kompetenz
Die Initiative Neue Qualität der Arbeit unterstützt Unternehmen dabei, ein passgenaues Gesamtkonzept für die Personalarbeit zu entwickeln.	Die Initiative Neue Qualität der Arbeit unterstützt Unternehmen dabei, die Vorteile einer vielfältigen Belegschaft zu nutzen.	Die Initiative Neue Qualität der Arbeit unterstützt Arbeitgeber dabei, die Gesundheit einzelner MitarbeiterInnen sowie des Unternehmens zu fördern.	Die Initiative Neue Qualität der Arbeit unterstützt Unternehmen, sich durch flexibles Wissens- und Kompetenz-Management erfolgreich zu positionieren.

Faire und verlässliche Arbeitsbedingungen

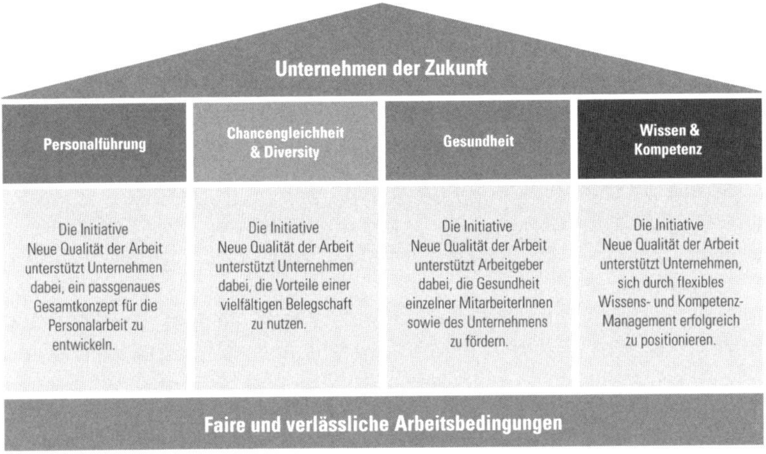

eines Wissens- und Kompetenzmanagements, das die Potenziale, Kenntnisse und Fähigkeiten aller Mitarbeitenden zielgerichtet einsetzt und entwickelt.

Diese Säulen dienen INQA bis heute als ordnende und orientierende Struktur zur Projektförderung, zur Netzwerkarbeit sowie zur Erarbeitung von Informations- und Beratungsangeboten (Krauss-Hoffmann/ Merfert 2016). Neben der erforderlichen inhaltlichen Fokussierung entlang des Modells des Hauses der Arbeitsfähigkeit und entsprechender Ergänzungen wurden auch strukturelle Veränderungen bei der Initiative durchgeführt, indem 2013 ein Steuerkreis als zentrales Entscheidungsgremium installiert wurde, in dem zukünftig grundlegende Entscheidungen für die zukünftige Arbeit der Initiative getroffen werden sollten. Der Steuerkreis wurde so konzipiert, dass er in seiner Zusammensetzung grundsätzlich die sozialpartnerschaftliche Ausrichtung von INQA abbildet. Vor diesem Hintergrund sind neben dem BMAS folgende Verbände und Institutionen bzw. Aufgabenträger vertreten:

- Arbeitgeber:
  Bundesvereinigung der Deutschen Arbeitgeberverbände (BDA), Gesamtverband der Arbeitgeberverbände der Metall- und Elektroindustrie (GESAMTMETALL), Bundesarbeitgeberverband Chemie (BAVC), Zentralverband des Deutschen Handwerks (ZDH) sowie der Deutsche Industrie- und Handelskammertag (DIHK)

- Arbeitnehmer:
  Deutscher Gewerkschaftsbund (DGB), Industriegewerkschaft Metall (IG Metall), Industriegewerkschaft Bergbau, Chemie, Energie (IG BCE), Vereinte Dienstleistungsgewerkschaft (ver.di) sowie Gewerkschaft Nahrung-Genuss-Gaststätten (NGG)
- Bund und Länder:
  Bundesländer über die Arbeits- und Sozialministerkonferenz (AMSK) sowie die Bundesagentur für Arbeit (BA)
- vier Themenbotschafter als Experten für die vier Themensäulen
- zwei Repräsentanten der Initiative von Wirtschaftsverbänden/ Gewerkschaften

Mit dieser Neujustierung der Initiative 2011, die hier als INQA 2.0 bezeichnet wird, wurde ihre Leistungsfähigkeit als überparteiliche und sozialpartnerschaftlich getragene Struktur und die notwendige neue inhaltliche Fokussierung hergestellt, um den Wandel der Arbeit in Deutschland bis zur betrieblichen Ebene zu begleiten. Zugleich wurde eine Plattform zur gesellschaftlichen Debatte über die Zukunft der Arbeit neu etabliert.

4. Ausblick: INQA und Arbeiten 4.0

Im Jahr 2015 legte das BMAS ein Grünbuch »Arbeiten 4.0« vor, mit dem in der 18. Legislaturperiode ein gesellschaftlich wichtiger arbeitspolitischer Dialogprozess mit allen relevanten Fachakteuren und Stakeholdern angestoßen wurde.

Ende 2016 folgte die Vorlage eines Weißbuches »Arbeiten 4.0«, mit dem bundesweit eine gesellschaftliche Diskussion zur Frage der Arbeitskultur vor dem Hintergrund des digitalen und demografischen Wandelns in Gang gesetzt wurde.

Im Weißbuch »Arbeiten 4.0« wird auf die Verschiebung von vormals physischen zu überwiegend psychischen Anforderungen hingewiesen. Zusätzlich wird auf tätigkeitsübergreifende Entwicklungen wie Entgrenzung, Verdichtung, Flexibilisierung und mobiles Arbeiten verwiesen (Weißbuch 2017: 135). Folgerichtig wird auch auf die Bedeutung des INQA-geförderten Projektes »Psychische Gesundheit in der Arbeitswelt (psyGA) (Krauss-Hoffmann/Sochert 2015: 82ff.) verwiesen, mit dem seit 2009 ein fundierter Transfer des jetzigen Wissensstands über psychische Gesundheit in die betriebliche Praxis erfolgt (Weißbuch 2017: 139). Zusätzlich wird im Weißbuch »Arbeiten 4.0« die Etablierung eines zeitgemäßen Arbeits- und Gesundheitsschutzes, im Text als »Arbeitsschutz 4.0« (ebd.: 137) bezeichnet, gefordert. Nicht zuletzt wird die Notwendigkeit der Erforschung der Auswirkungen der Digitalisierung auf die Arbeitsbedingungen mit Blick auf innovative Gestaltungsansätze in Experimentierräumen aufgeblendet (ebd.: 193).

Dabei werden »Experimentierräume« als eine Möglichkeit vorgeschlagen, perspektivische Fragen zur Gestaltung der zukünftigen Arbeitswelt gemeinsam mit den Sozialpartnern zu bearbeiten, um fundierte und tragfähige Lösungen aufzuzeigen. Diese sollten generell nicht nur abstrakt wissenschaftlich, sondern praktisch im Unternehmen bzw. im Betrieb mit den Betriebspartnern entwickelt, erprobt und evaluiert werden.

Für die Umsetzung von Experimentierräumen mittels Projektförderung und zur Begleitung in Netzwerken wäre es sicher zielführend, die sozialpartnerschaftlich getragene und fachlich sowie überparteilich akzeptierte Initiative Neue Qualität der Arbeit als Plattform zu nutzen. Circa 15 Jahre Erfahrung, langjährige Kompetenz und eine Vielzahl relevanter Stakeholder aus dem Themenfeld »Zukunft der Arbeit«, die sich bei der Initiative in Netzwerken engagieren, prädestinieren INQA, Akzente für gute und gesunde Arbeit in Deutschland zu setzen.

INQA wird daher zu Recht im Weißbuch als »institutionelles Dach« für Experimentierräume vom BMAS gesehen (ebd.: 193).

INQA selbst legte bereits Ende 2016 ein neues Selbstverständnis mit dem Titel »Innovationschance Arbeit: Gemeinsam erfolgreich im digitalen Zeitalter« vor. Sie erklärte in dieser von allen Steuerkreismitgliedern unterzeichneten Erklärung explizit ihr Ziel, die »Arbeitskultur in Deutschland weiter zu verbessern«, und definiert »menschengerechte Arbeitsgestaltung« dazu als Ausgang.

Aufgrund dieser Ausrichtung bietet INQA eine sehr gute Plattform, damit bundesweit Lösungsansätze zum Wandel der Arbeit im Zeitalter beschleunigter Digitalisierung in der bewährten sozialpartnerschaftlichen Form entwickelt und über einen Wissenstransfer bis in die betriebliche Ebene gebracht werden könnten.

5. Resümee

Arbeit ist zentraler Bestandteil des Lebens, Grundlage sozialer Anerkennung sowie gesellschaftlicher Wertschätzung. Arbeit muss daher so gestaltet und organisiert sein, dass sie Gesundheit erhält und Teilhabe bietet. Es geht aus arbeitspolitischer Sicht somit um eine menschengerechte Arbeitsgestaltung im digitalen Wandel. Arbeiten 4.0 will aufzeigen, wie es gelingen kann, dass nicht der arbeitende Mensch an die Arbeit in Zeiten der Digitalisierung angepasst wird, sondern die Arbeit an den Menschen. Dazu gilt es, Risiken, aber auch Chancen und Ressourcen aufzuzeigen. Nur so erhalten wir die Arbeitsfähigkeit der Beschäftigten und fördern ihre Beschäftigungsfähigkeit mit dem Ziel eines langen, gesunden und erfüllten Erwerbslebens.

Wir müssen dazu frühzeitig die sich verändernden Arbeitsprozesse in den Blick nehmen, Risiken diagnostizieren, aber auch neue Möglichkeiten und Ressourcen aufzeigen, um Industrie 4.0 durch Arbeiten 4.0 zu flankieren und dynamisch in KMU zu tragen.

Dies gilt es, frühzeitig anzugehen und auch einmal etwas zu wagen. Der Ansatz der Experimentierräume, den das BMAS aufzeigte, bietet dazu gute Möglichkeiten, wenn bestehendes arbeitswissenschaftliches Know-how genutzt, betriebliche Bedürfnisse antizipiert und von den Sozialpartnern getragene Impulse erarbeitet werden.

So sichern wir die Wettbewerbsfähigkeit der Unternehmen und tragen nicht zuletzt zur Sicherung des Sozialstaates bei, der bei uns zu Recht Verfassungsrang besitzt.

Die Initiative Neue Qualität der Arbeit bietet eine Plattform, damit die Sozialpartner mit allen relevanten Akteuren neue Pfade der innovativen Arbeitsgestaltung und Arbeitspolitik gehen können. Der Weg muss indes erst noch beschritten werden.

Literatur

Fischer, C. (2010): Ist eine neue Qualität der Arbeit möglich? Das Projekt INQA, in: Faller, G. (Hrsg.), Lehrbuch Betriebliche Gesundheitsförderung, Bern, S. 295-303.

Große-Jäger, A. et al. (2006): Der Thematische Initiativkreis Lebenslanges Lernen, in: Krauss-Hoffmann, P./Manz, Rolf/Overhage, Reimund (Hrsg.), Lebenslanges Lernen: Konzepte, Strukturen und Perspektiven als Beitrag für ein Leitbild moderner Arbeit, INQA-Bericht Nr. 17, Berlin, S. 13-23.

Grünbuch »Arbeiten 4.0«, Arbeit weiter denken, hrsg. vom BMAS, Berlin, 2015.
Kirschbaum, V./ Krauss-Hoffmann, P. (2008): Netzwerk KMU-Kompetenz: Ein Ansatz zur Verbesserung von Sicherheit und Gesundheit in Klein- und Mittelunternehmen (KMU) durch Kompetenznetzwerke, in: Prävention, Heft 1/2008, S. 22-24.
Krauss-Hoffmann, P./Merfert, M. (2012): Die Initiative Neue Qualität der Arbeit, in: Übersicht über das Arbeitsrecht/Arbeitsschutzrecht, 2012/2013, Nürnberg, S. 676-687.
Krauss-Hoffmann, P./Merfert, M. (2016): Die Initiative Neue Qualität: Das Bündnis für eine moderne Arbeitskultur, in: Übersicht über das Arbeitsrecht/Arbeitsschutzrecht, 2016/2017, Nürnberg, S. 757-771.
Krauss-Hoffmann, P./Sochert, R. (2015): Das Projekt psyGA: Gute Praxis zur Förderung psychischer Gesundheit in der Arbeitswelt, in: Prävention, Heft 3/2015, S. 82-86.
Statistisches Bundesamt (Hrsg.) (2010): Qualität der Arbeit, Geldverdienen und was sonst noch zählt, Wiesbaden.
Weißbuch »Arbeiten 4.0« (2017): Diskussionsentwurf, hrsg. vom BMAS, Berlin.

Anja Liebrich/Tobias Reuter/ Marianne Giesert
WAI-Netzwerk – Vernetzung mit Perspektive

1. Entstehung des Netzwerkes

Der Anwenderkreis des WAI ist seit seiner Entwicklung in den 1980er Jahren stetig gewachsen. Interesse an der Anwendung des WAI haben Einzelpersonen (z.b. Betriebsärzte), Angehörige von Klein-, Mittel- und Großbetrieben sowie öffentliche, private und gemeinnützige Einrichtungen (vgl. Hasselhorn/Freude 2007). Die im deutschen Sprachraum entwickelten Instrumente und Methoden, die auf dem finnischen Arbeitsfähigkeitskonzept basieren (vgl. Liebrich et al. in diesem Band) haben die Verbreitung von systematischen Ansätzen zur Förderung der Arbeitsfähigkeit weiter intensiviert.

Im Jahr 2003 wurde im Auftrag der Bundesanstalt für Arbeitsschutz und Arbeitsmedizin das WAI-Netzwerk mit dem Ziel gegründet, den Einsatz des WAI in der betrieblichen Praxis zu fördern und zu unterstützen (Hasselhorn/Freude 2007). Das am Institut für Sicherheitstechnik (IST) der Bergischen Universität Wuppertal eingesetzte Projektteam wurde u.a. damit betraut, das WAI-Instrument und dessen Anwendung differenziert zu untersuchen sowie ein WAI-Anwender-Netzwerk zu etablieren (Hasselhorn/Freude 2007; Ebner 2011). Die Anzahl der Netzwerkmitglieder hat sich von anfangs 40 bis Ende 2015 auf 1965 Personen erhöht, wobei hier die Anzahl der »aktiven« Netzwerkbeteiligten auf ca. 270 geschätzt wird (Ebner 2016).

Das Netzwerk regt seine Mitglieder an, den direkten gegenseitigen Austausch von Meinungen und Erfahrungen im Kontext der Unterstützung der Arbeitsfähigkeit und der Anwendung des WAI zu suchen (Hasselhorn/Freude 2007). Das WAI-Netzwerk bietet somit eine Plattform zum Informations- und Erfahrungsaustausch, der über die bislang vier stattgefundenen WAI-Konferenzen hinausgeht.

Mit der Verbreitung der Instrumente und Methoden haben sich die Aufgaben des Projektteams und somit auch das Selbstverständnis des Netzwerkes verschoben. In der Anfangszeit stand die Sensibilisierung

WAI-Netzwerk – Vernetzung mit Perspektive

für das Thema Arbeitsfähigkeit im Vordergrund sowie die Verbreitung von wissenschaftlichen Instrumenten rund um den WAI. Im Laufe der Zeit wurde die Qualitätssicherung als Kernaufgabe immer wichtiger (Ebner 2011). So entstand eine Vielzahl an Publikationen, wie bspw. das deutschsprachige WAI-Manual, verschiedene Schulungskonzepte und weitere Informationsmaterialien.

Mit dem Auslaufen der Projektförderung im Jahr 2015 wurde die Koordination dieses Netzwerkes 2016 ehrenamtlich vom IAF (Institut für Arbeitsfähigkeit, Mainz) übernommen.

2. Derzeitiger Stand

Mit der Übergabe der Koordination des Netzwerkes wurden aufgrund des Datenschutzes alle Mitglieder des Anwendernetzwerkes aktiv um die Einwilligung in den Datentransfer gebeten. Mit weiteren, neu hinzugekommenen Anmeldungen umfasst das WAI-Netzwerk (Stand Januar 2017) knapp 700 Personen.

Um eine persönliche Plattform des Erfahrungsaustausches zu bieten, werden weiterhin Konferenzen, die den inhaltlichen Schwerpunkt auf die Unterstützung und Förderung der Arbeitsfähigkeit in Unternehmen legen, organisiert. Diese bieten neben der Möglichkeit des persönlichen Austausches und Reflektion einen Einblick in aktuelle Entwicklungen in diesem Bereich.

Die Homepage, auf der Informationen über Instrumente ebenso vorhanden sind wie wissenschaftliche Artikel und Beiträge rund um die Instrumentenfamilie des WAI, wird vom IAF weiterhin gepflegt und mit aktuellen Informationen bestückt (www.arbeitsfaehig.com). Darüber hinaus existiert die Möglichkeit, sich durch einen etwa zweiwöchentlich erscheinenden Newsletter über aktuelle Entwicklungen, Veranstaltungen und Publikationen im Kontext des WAI-Netzwerkes zu informieren. Die Mitarbeiterinnen und Mitarbeiter des IAF sind Ansprechpartnerinnen und Ansprechpartner für allgemeine Fragen zum Netzwerk und dessen Arbeit.

Um die Verflechtung und Zusammenarbeit der in der Initiative Neue Qualität der Arbeit entstandenen Netzwerke zu fördern, ist es seit Ende 2016 möglich, sich als WAI-Netzwerkmitglied beim IAF zum/r »Berater/in der Offensive Mittelstand« zu qualifizieren (vgl. hierzu auch den Beitrag von Cernavin in diesem Band).

3. Ausblick

Das INQA-WAI-Netzwerk befindet sich zurzeit in einer Phase der Neujustierung und Profilschärfung. Dabei reicht die Diskussion vom Selbstverständnis des Netzwerkes über die Ausgestaltung von Kooperationen innerhalb der INQA-Familie bis hin zu möglichen Unterstützungs- und Serviceleistungen, die durch das Netzwerk, dessen Mitglieder und die koordinierende Stelle bereitgestellt werden könnten.

Hier ein paar Eindrücke der Möglichkeiten:

- Für Netzwerkmitglieder, die an einem Austausch auch außerhalb der jährlichen WAI-Konferenz interessiert sind, könnten regionale bzw. Branchenstrukturen mit moderierten Austauschtreffen bzw. kollegiale Fallberatung organisiert werden.
- Im Sinne der Qualitätssicherung wäre eine Vermittlung von Benchmarkingpartnern denkbar, die durch das gegenseitige Vergleichen in einen gemeinsamen Lernprozess zur Unterstützung der Arbeitsfähigkeit treten können. Auch eine allgemeine Identifikation guter Praxis und deren Veröffentlichung wäre in diesem Kontext möglich.
- Angedacht ist auch eine Art »Marktplatz«, auf dem Unterstützungs- und Beratungsgesuche von Netzwerkmitgliedern veröffentlicht werden können. Dahinter steckt die Idee, für den konkreten Bedarf qualitätsgesicherte Angebote innerhalb des Netzwerkes erhalten zu können.
- Eine Verstetigung und Festigung der Arbeit mit anderen INQA-Netzwerken, wie sie bereits mit der Offensive Mittelstand und dem Deutschen Netzwerk Büro besteht, sollte im Sinne von Synergieeffekten weiter ausgebaut werden.

All dies sind Entwicklungen, die innerhalb des Netzwerkes diskutiert und letztendlich auch von den Mitgliedern umgesetzt und getragen werden müssen. Nur so kann das INQA-WAI-Netzwerk weiterhin lebendig, aktiv und überlebensfähig sein. Die Initiative Neue Qualität der Arbeit als Dach für alle INQA-Netzwerke hat sich seit Ende 2016 ein neues Selbstverständnis mit dem Titel »Innovationschance Arbeit: Gemeinsam erfolgreich im digitalen Zeitalter« gegeben. In einer gemeinsamen Erklärung haben sich alle Steuerkreismitglieder für das Ziel »die Arbeitskultur in Deutschland weiter zu verbessern« auf der Grundlage der »menschengerechten Arbeitsgestaltung« verpflichtet. INQA wird daher zu Recht im Weißbuch des BMAS als »institutionelles Dach für Experimentierräume gesehen (Weißbuch 2017: 193).

In diesem Sinne wird sich auch das INQA WAI-Netzwerk mit seiner künftigen Arbeit aufstellen. Wir freuen uns auf dieser Grundlage auf eine aktive Beteiligung aller WAI-Mitglieder.

Literatur

Hasselhorn, H.M./Freude, G. (2007): Der Work-Ability Index – Ein Leitfaden. Schriftenreihe der Bundesanstalt für Arbeitsschutz und Arbeitsmedizin – Sonderschrift S 81. Dortmund, Berlin, Dresden: Wirtschaftsverlag NW.

Ebener, M. (2011): Entwicklung des WAI (Work Ability Index)-Netzwerks in Deutschland. Ein Überblick. In: M. Giesert (Hrsg.), Arbeitsfähig in die Zukunft. Willkommen im Haus der Arbeitsfähigkeit! Hamburg: VSA.

Ebner, M. (2016): Erfahrungen aus dem WAI-Netzwerk. Vortrag gehalten am 2.3.2016. Konferenz Arbeitsleben 2025 vom 2.-3.3.2016 in Berlin.

Institut für Arbeitsfähigkeit: Homepage WAI Netzwerk [URL: http://www.arbeitsfaehig.com, abgerufen am 11.1.2017].

Weißbuch »Arbeiten 4.0« (2017): Diskussionsentwurf, hrsg. vom BMAS, Berlin.

Bettina Broxtermann/ Birgitta Möller
Offensive Mittelstand RheinMain – Das Ganze ist mehr als die Summe seiner Teile

Netzwerk, netzwerken, Networking – das sind Begriffe, die in aller Munde sind und ohne die keine geschäftliche oder private Veranstaltung mehr auskommt. Doch was ist ein Netzwerk? Wie entsteht es und welchen Nutzen hat es?

Als Menschen leben wir nicht im luftleeren Raum, sondern befinden uns in einem eng verwobenen Geflecht aus Beziehungen – zu Mitmenschen, die uns mehr oder weniger nahestehen, mit denen wir nur privat, nur geschäftlich oder vielleicht sogar privat und geschäftlich zu tun haben. Betrachten wir dieses Geflecht als Netzwerk, so sind manche Beziehungen enger und manche loser gestrickt, in manche wurden wir hineingeboren, andere haben wir uns ausgesucht.

In Netzwerken hat jeder seine Rolle, in die er im Laufe der Jahre hineingewachsen ist. Diese Rolle kann sich verändern. Jeder von uns gestaltet für sich sein eigenes Beziehungsgeflecht, mit den unterschiedlichsten beruflichen und persönlichen Facetten. Der Stellenwert von Arbeit hat in Deutschland an Bedeutung zugenommen. Nur durch funktionierende, gesunde Netzwerke können wir uns das Haus der Arbeitsfähigkeit auf lange Sicht erhalten. Sie beruhen auf unserer eigenen Aktivität, dem kommunikativen und fachlichen Zugehen auf unsere Mitmenschen sowie gelebtem Geben und Nehmen.

Ein geschäftliches oder privates Netzwerk kann sich im Laufe eines Lebens aus der Begegnung von Menschen, die sich in irgendeiner Form mit ähnlichen fachlichen, politischen, künstlerischen oder sozialen Themen beschäftigen, entwickeln. Die Bildung erfolgt mehr oder weniger absichtsvoll. Der Begriff des »Netzwerkens« wird am ehesten mit Kontaktaufnahme assoziiert. Da die Verbindung der Beteiligten lose ist, hängt der Erfolg dieser so entstandenen Beziehungen im Wesentlichen vom gegenseitigen Nutzen und der Kontaktpflege ab. Über die Art und

Offensive Mittelstand RheinMain

Weise, wie man Kontakte herstellt und sie pflegt, wurden bereits viele Bücher geschrieben. Darauf wollen wir nicht näher eingehen.

Was ist ein geschäftliches Netzwerk und wie entsteht es?

Eine weitere Möglichkeit ist die gezielte Suche nach einem Interessen- oder Arbeits-Netzwerk, das zu mir, meinen Themen und beruflichen Zielen passt. Mein Ziel und der Nutzen für mein Anliegen stehen im Vordergrund. Dem Beitritt zu dieser Art von Netzwerk gehen ein bestimmtes Bedürfnis, dann die Suche und schließlich eine bewusste Entscheidung voraus.

Ich stelle mir vor dem Beitritt zu diesem Netzwerk eine Reihe von Fragen:
- Welche Idee, welche Aufgabe verfolgt das Netzwerk?
- Auf welche Menschen treffe ich dort?
- Passen sie zu mir und ich zu ihnen?
- Haben wir gemeinsame Ziele und Werte?
- Können wir zusammen arbeiten?
- Welchen Nutzen verspreche ich mir von dem Beitritt zu diesem Netzwerk?
- Welchen Beitrag kann ich leisten?
- Was wird von mir erwartet?

Lassen Sie uns das am Beispiel des Netzwerkes der Offensive Mittelstand RheinMain verdeutlichen. Wir, die beiden Autorinnen, sind seit der ersten Stunde im Jahr 2012 dabei. Die *Offensive Mittelstand – Gut für Deutschland* ist eine unabhängige, nationale Initiative, bestehend aus Partnern, wie Bund und Ländern, Unternehmensverbänden, Fachverbänden, Innungen, Handwerkskammern u.a. Von diesen Partnern wurden konsensorientiert für den Mittelstand aller Branchen Themen-Checks entwickelt, die zur Standortbestimmung der Unternehmen dienen. Diese können für einen kontinuierlichen Verbesserungsprozess (KVP) im Unternehmen eingesetzt werden. Die Ergebnisse können fachkundig, von Beratern und Partnern aus dem Netzwerk, z.B. der Offensive Mittelstand RheinMain (OMRM), aufgegriffen und gemeinsam mit dem Unternehmen weiter bearbeitet werden. Im Netzwerk arbeiten wir bedarfsorientiert, qualitativ hochwertig und verständlich.

Die Mitglieder der Offensive Mittelstand RheinMain sind in der Regel selbständige Unternehmensberater oder Partner, wie Institutionen und

Forschungseinrichtungen. Diese haben sehr unterschiedliche berufliche Kompetenzen, sie haben aber gemeinsam, dass sie den Mittelstand beraten und von den Ideen der Offensive Mittelstand überzeugt sind. Durch das gemeinsame Bündeln der Kräfte und Kompetenzen von Partnern und Beratern werden kleine und mittelständische Unternehmen vor Ort erreicht. Nachhaltig wird zu deren optimaler Leistungs-, Wettbewerbs- und Zukunftsfähigkeit beigetragen.

Die meisten von uns sind Einzel-Unternehmerinnen und -Unternehmer, denen der fachliche Austausch mit Kolleginnen und Kollegen wichtig ist. Seit der Gründung 2012 haben zwischenzeitlich viele Mitglieder ein Vertrauensverhältnis zueinander aufgebaut. Man weiß, welche Fähigkeiten der andere hat und dass man sich auf ihn verlassen kann. Das ist ein wichtiger Aspekt für Projekte, die aufgrund der eigenen Ressourcen und der Benötigung eines spezifischen Knowhows nicht alleine abgewickelt werden können. Erprobte Partner werden in die Arbeit mit dem Kunden einbezogen. Dadurch wachsen die Kompetenzen im Team und das Vertrauen unserer Kunden zu uns und unseren Fähigkeiten.

Was sind die Pfeiler eines funktionierenden Netzwerkes?

»Das Ganze ist mehr als die Summe seiner Teile.« Das Zitat von Aristoteles bringt die Arbeit in einem funktionierenden Netzwerk auf den Punkt. Durch die Bereitschaft, Wissen und Kompetenzen mit Netzwerk-Kollegen zu teilen, wird die Gesamtheit gestärkt. Indem jeder die Rolle oder Aufgabe erhält, die seinen Stärken entspricht, werden Schwächen im Netzwerk, im Projekt oder im Rahmen einer Veranstaltung ausgeglichen. Das Ergebnis ist in der Regel für alle Beteiligten positiv. Durch die Zusammenarbeit mit anderen lernt man fachlich, aber auch für seine eigene Arbeitsweise hinzu.

Die Basis der Zusammenarbeit sind gemeinsame Werte, die sowohl innerhalb des Netzwerkes bei Beratern und Partnern als auch nach außen gegenüber den Kunden gelebt werden. Aspekte wie Verlässlichkeit bei der Erfüllung von Aufgaben und der Einhaltung des zeitlichen Rahmens auch bei netzwerkinternen Themen sind von Bedeutung. Wichtig für den Einzelnen ist der bewusste Umgang mit sich selbst, den eigenen Stärken und Schwächen. Er/Sie sollte sich stets fragen, was kann ich fachlich, zeitlich und kräftemäßig leisten? Wo muss ich mich

Offensive Mittelstand RheinMain

zurückziehen, weil ich es nicht leisten kann? Denn eine gut gemeinte Überschätzung fördert nicht das Team und seine Ziele, sondern behindert es, bringt es in Zeitnot und schafft internen Stress. Getragen wird der freiwillige Zusammenschluss in einem Netzwerk durch einen kollegialen, wertschätzenden und offenen Umgang miteinander. Die Kommunikation auf Augenhöhe sollte eine Selbstverständlichkeit sein. Ein solides Netzwerk braucht einen festen Kern an aktiven Mitgliedern, um langfristig funktionsfähig zu bleiben. Demokratisch werden im Team Entscheidungen getroffen und umgesetzt.

Womit haben Netzwerke zu kämpfen?

In jedem Netzwerk gibt es »Mitläufer«, die sich aus eigennützigen Motiven dem Netzwerk anschließen. Sie haben häufig gar nicht die Absicht, sich aktiv in die Gemeinschaft einzubringen, sondern spekulieren auf Vorteile, wie die Nennung auf der Netzwerk-Webseite oder die bequeme Gewinnung von Aufträgen. Gerade in einem beruflichen Netzwerk hat Offenheit und Ehrlichkeit gegenüber anderen Mitgliedern einen hohen Stellenwert. In der Offensive Mittelstand RheinMain wurden deshalb ethische Grundsätze erarbeitet, die für die Mitglieder, nach innen wie nach außen, bindend sind. Hier wurde auch der Umgang zwischen den Kollegen bei der Abwicklung gemeinsamer Aufträge und das Auftreten gegenüber dem Kunden beschrieben. An dieser Stelle wollen wir auf das anfangs angesprochene Prinzip von »Geben und Nehmen« innerhalb eines funktionierenden Netzwerkes zurückkommen. Auch ein geschäftliches Netzwerk beruht auf Geben und Nehmen. Zu viele Mitläufer schwächen die Gemeinschaft und fügen dem Haus der Arbeitsfähigkeit gravierende Schäden zu. Zu viel Arbeit lastet auf den Schultern Einzelner, der Dialog leidet und der demokratische Prozess wird infrage gestellt. Zum Erhalt eines gesunden Netzwerkes ist ein sensibler und doch klarer Umgang mit allen Mitgliedern erforderlich.

Wie eng ist das Netzwerk?

Durch die gemeinsamen Ziele und Projekte im Netzwerk und die damit verbundene enge Zusammenarbeit können sich auch private Beziehungen entwickeln. Ein schöner Nebeneffekt.

Dennoch kann es Situationen geben, die zum Austritt oder zumindest zum zeitweiligen Rückzug führen. Gründe für den Austritt könnten sein:
- Die Ziele des Netzwerkes decken sich nicht mehr mit meinen eigenen
- Zeitmangel
- ein Ortswechsel, der eine Teilnahme zu aufwendig gestaltet
- Streitigkeiten, die sich nicht schlichten lassen
- fehlender Konsens mit einzelnen Personen

Der Verlust eines Mitgliedes ist für das Netzwerk immer bedauerlich, ganz besonders dann, wenn sich ein aktiver Partner verabschiedet. Haben Konflikte zum Austritt geführt, sollten sich die verbleibenden Mitglieder des Netzwerkes kritisch fragen, welche Gründe oder welches Verhalten den Ausschlag gegeben haben. Nur so kann man ähnliche Situationen vermeiden, ohne die Interessengemeinschaft langfristig zu gefährden.

Was bedeuten Netzwerke für die Zukunft?

Im Zuge der fortschreitenden Globalisierung werden wir immer unabhängiger von einem festgelegten Arbeitsort. Schon heute liefern Menschen die unterschiedlichsten geistigen Produkte ans andere Ende der Welt, ohne ihre Auftraggeber jemals zu Gesicht bekommen zu haben.

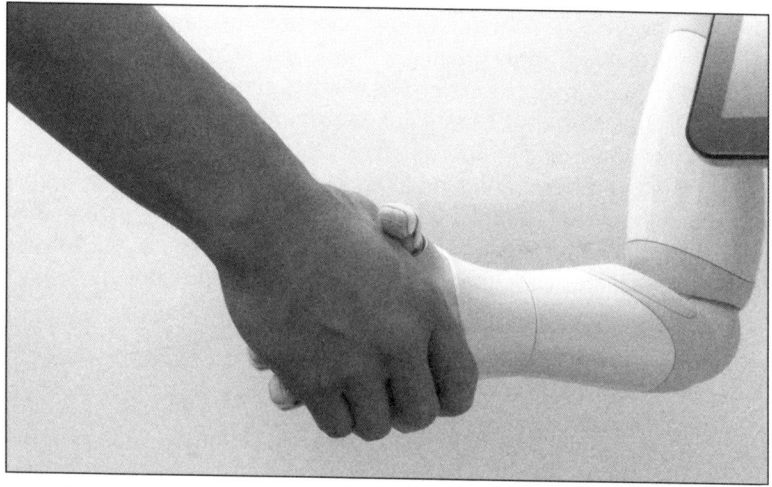

»Der Zukunft die Hand geben« © quinlity-fotolia.com

Die Ausschreibung und Vergabe der Aufträge erfolgt über Plattformen im Internet. Sicher wird es in der Zukunft virtuelle Arbeits-Netzwerke geben. Man kommuniziert über E-Mail, Chat, per Videokonferenz oder Skype. Anders als bei Facebook und Co. werden sich die Teilnehmer ihre Partner genau aussuchen, Ziele formulieren und gemeinsam verfolgen. Ob eine virtuelle Beziehung in der Intensität mit einer real gelebten gleichzusetzen ist, das ist aus unserer heutigen Erfahrung schwer zu beantworten. Das Haus der Arbeitsfähigkeit wird auch in Zukunft solide Pfeiler, bestehend aus sozialen Beziehungen und Gesprächen mit Kollegen und Partnern, benötigen. Die Vermutung liegt nahe, dass aufgrund von verstärktem Einzel- und Internet-Business der Austausch in Netzwerken unabhängig von der Generationenfrage an gesellschaftlicher Bedeutung gewinnt.

Andreas Erb/Axel Hoffmann/Eckehard Linnemann/Mathias Lomb
»Ganz. Sicher. Gesund.«
Ein (Pilot-)Projekt als regionales Netzwerk

Hintergrund

Von den 30 Millionen sozialversicherungspflichtig Beschäftigten in Deutschland erkranken ca. 2 Millionen jedes Jahr an Langzeiterkrankungen von mehr als 42 Tagen Dauer. Häufigste Krankheitsursachen sind Muskel-Skelett- und psychische Erkrankungen. Berücksichtigt man zusätzlich Herz-Kreislauf-Erkrankungen, Diabetes sowie chronische Schmerz- und Krebserkrankungen, werden durch diese Indikationen 90% der Langzeitkranken erfasst. Der demografische Wandel erhöht die Wahrscheinlichkeit des Auftretens von chronischen Erkrankungen. So steigt der Krankenstand um 0,3 Prozentpunkte, wenn sich das Durchschnittsalter einer Belegschaft um ein Jahr erhöht. Dies bedeutet betriebs- und volkswirtschaftliche Kosten sowie gesundheitliche Beschwerden für die betroffenen Menschen.

Das gesetzlich vorgeschriebene Betriebliche Eingliederungsmanagement (BEM) zur Sicherung der Teilhabe am Erwerbsleben wird bislang nur von ca. 50% der Betriebe umgesetzt. Das praktizierte BEM ist durch Verzögerungen und Ineffizienzen mit nicht unerheblichen Prozessverzögerungen von mehreren Monaten gekennzeichnet. Dies fördert die Chronifizierung der Erkrankungen und erhöht damit insbesondere für sozial benachteiligte Beschäftigte das Risiko, vor Erreichen der Regelaltersgrenze mit Erwerbsminderungsrente aus dem Erwerbsleben auszuscheiden. Für die Betriebe bedeutet das häufig Know-how-Verlust, für die Betroffenen gesundheitliches Leid, Einkommensverlust, wenn nicht gar Altersarmut.

Das gegliederte System der Sozialversicherung in Deutschland ist hoch spezialisiert und stellt verlässlich einen hohen Standard in der Versorgung sicher. Das gilt insbesondere für die den einzelnen Sozialversicherungsträgern vom Gesetzgeber zugewiesenen Aufgaben. Als Schwachstellen im gegliederten System der Sozialversicherung haben

»Ganz. Sicher. Gesund« – ein (Pilot-)Projekt als regionales Netzwerk

sich allerdings die Schnittstellen der Sektoren (z.b. Kranken- und Rentenversicherung) und die Unübersichtlichkeit des Systems erwiesen. Sektorendenken statt Prozessorientierung ist ein zentraler Mangel für Prävention, Kuration, Rehabilitation und Wiedereingliederung.

Deutlich wird dies gerade vor dem Hintergrund des sich verändernden Krankheitspanoramas. Die steigende Lebenserwartung geht einher mit einer Zunahme von chronischen und Langzeiterkrankungen. Prävention führt im deutschen Gesundheitswesen, bei den meisten Menschen und in den Betrieben nach wie vor ein Nischendasein. Traditionelle, rein medizinisch orientierte Konzepte der Reha erreichen vielfach nicht das Ziel der Wiedereingliederung ins Erwerbsleben. Gleichzeitig werden die Folgen des demografischen Wandels in den Betrieben immer deutlicher in Form eines sich abzeichnenden oder bereits manifesten Fachkräftemangels sichtbar.

Will man am gegliederten System der Sozialversicherung festhalten, stellt sich die Frage, wie angesichts des demografischen Wandels und seiner Begleiterscheinungen eine Strategie zum Verbleib im und zur Rückkehr ins Arbeitsleben aussehen kann.

Veränderungen brauchen Zeit – Das geht auch schneller!

Die skizzierten Entwicklungen und sich abzeichnenden Probleme sind allen Akteuren seit mindestens 10-15 Jahren bekannt. Das bezeugen z.b. die Aktivitäten des Gesetzgebers bei der Reform des SGB IX und des BEM seit 2001 oder der bereits vor mehr als zehn Jahren unternommene Versuch, ein Präventionsgesetz zu regeln. Vieles davon kam in der (betrieblichen) Praxis allerdings nicht an oder wurde nur halbherzig umgesetzt. Vielleicht war der Problemdruck noch nicht groß genug, andere Themen wichtiger (Lösung der wirtschaftlichen und beschäftigungspolitischen Themen) oder das Problembewusstsein noch nicht hinreichend entwickelt.

Vor diesem Hintergrund sind die bereits 2006/2007 entwickelten Aktivitäten des Bundesarbeitgeberverbands Chemie (BAVC) und der Industriegewerkschaft Bergbau, Chemie, Energie (IG BCE) schon bemerkenswert. Die Chemie-Sozialpartner haben bereits frühzeitig auf die sich abzeichnenden Herausforderungen reagiert, indem sie einen Demografie-Tarifvertrag vereinbarten. Durch eine demografie-sensible Personalpolitik können die Unternehmen einen wichtigen Beitrag zur möglichst langen Erhaltung der Arbeits- und Beschäftigungsfähigkeit der Arbeitnehmer leisten. Ein zentraler Ansatzpunkt dafür ist der Abbau von Belastungen für Ältere, z.b. durch die Reduzierung der Arbeitszeit im Alter, die Gestaltung Guter Arbeit, aber auch die Vermittlung von Kompetenzen zum angemessenen Umgang mit Belastungssituationen. Konkretisiert wurden diese Aktivitäten zur Erhaltung von Gesundheit und Beschäftigungsfähigkeit durch die gemeinsame Initiative »Gutes und gesundes Arbeiten in der Chemie-Branche« und das Leitbild »Erfolgreiches betriebliches Gesundheitsmanagement«. Dabei zeigte sich, dass die Sozialpartner allein über Tarifverträge nur begrenzte Gestaltungsmöglichkeiten haben. Ohne gesetzliche Rahmenregelungen können umfassende Konzepte, die mit der Lebenswirklichkeit der Menschen in Einklang zu bringen sind, nur ansatzweise umgesetzt werden. Betriebe und Beschäftigte benötigen die erforderlichen rechtlichen Spielräume, um bedarfsgerechte und flexible Angebote mit entsprechenden Wahlmöglichkeiten bei den Instrumenten zum Wechsel vom Erwerbsleben in den Ruhestand als gleitende und sichere Übergänge zu gestalten.

Exemplarisch kann das bei der Gestaltung flexibler und sicherer Übergänge vom Erwerbsleben in die Rente gezeigt werden. Nicht alle Beschäftigten werden in der Lage sein, die Regelaltersgrenze zu erreichen. Gesundheitliche Einschränkungen, belastende Arbeit oder zu starre Regelungen z.b. im Rentenrecht (Hinzuverdienstgrenzen) stehen dem Ziel, eine Erhöhung der Erwerbsbeteiligung Älterer zu erreichen, häufig im Wege. Angesichts einer differenzierteren Arbeitswelt und individuellerer Versicherungsverläufe ist eine Flexibilisierung der rentenrechtlichen Regelungen erforderlich, die den aktuellen Anforderungen der Arbeitswelt und der Versicherten gerecht wird. Dies wurde von den Sozialpartnern immer wieder vorgetragen.

Mit dem Flexi-Renten-Gesetz hat die Bundesregierung zwar viele Anregungen der Sozialpartner aufgegriffen und die bisherigen Teilrenten- und Hinzuverdienst-Stufen durch eine flexible und stufenlose Regelung ersetzt. Das erleichtert grundsätzlich auch die Gestaltungsmöglichkeiten für tarifliche Teilrenten-Modelle. Die Teilrente gilt aber nach wie vor erst ab einem Alter von 63 Jahren. Dies ist für viele Beschäftigte mit gesundheitlichen Einschränkungen und belastender Arbeit zu spät. Es bleibt gerade für die Altersgruppe der 60- bis 63-Jährigen das Risiko, am Ende des Arbeitslebens häufig trotz u.U. deutlicher gesundheitlicher Beeinträchtigungen eine ggf. besonders belastende

Tätigkeit fortsetzen zu müssen, ohne eine Erwerbsminderungsrente in Anspruch nehmen zu können («Zu gesund für die Rente – zu krank für die Arbeit«). Für viele bleibt die Angst, vor dem Erreichen der Altersgrenze für eine vorgezogene Rente ab 63 den Arbeitsplatz zu verlieren.

Das Gesetz ist zwar ein Einstieg in die Regelung wichtiger Themen der Flexibilisierung des Übergangs vom Erwerbsleben in den Ruhestand und zur Stärkung der Teilhabe. Eine wirklich an den Lebensinteressen der Menschen und Bedarfen der Betriebe orientierte Teilrente erfordert aber, ein systematisches Konzept zur Förderung der Teilzeitarbeit von älteren, insbesondere besonders belasteten Beschäftigten unter Einbeziehung einer Teilrente vor 63 vorzulegen, das von den Tarifvertragsparteien besser ausgestaltet werden kann. Bis dahin wird die bereits 2007 im Demografie-Tarifvertrag geregelte Teilrente vermutlich weiterhin nur in wenigen Fällen genutzt.

Ähnlich verlief der politische Annäherungsprozess an das Thema Gesundheit im Betrieb. Erst 2013 ist es der Bundesvereinigung der Deutschen Arbeitgeberverbände (BDA) und dem Deutschen Gewerkschaftsbund (DGB) gelungen, durch gemeinsame Erklärungen zum Umgang mit psychischen Erkrankungen und zur Verbesserung der Zusammenarbeit der Sozialversicherungsträger im Bereich der Rehabilitation den dringenden Handlungsbedarf gegenüber Politik und Sozialversicherungsträgern aufzuzeigen. Diese Aktivitäten und Anregungen fanden zunehmend Eingang in die Beratungen der von der Bundesregierung in Kooperation mit den Sozialpartnern verfolgten Demografie-Strategie. In dieser hat die Bundesregierung unter Beteiligung aller wesentlichen gesellschaftlichen Akteure die wichtigsten Handlungsfelder für die Gestaltung von Guter Arbeit und einer demografiesensiblen und -festen Personalarbeit zusammengetragen.

Einige Befunde und Vorschläge der Arbeitsgruppen sind bereits in das 2017 in Kraft tretende Flexi-Renten-Gesetz eingeflossen, mit dem die gesetzliche Rentenversicherung mehr Kompetenzen für präventive Maßnahmen in der betrieblichen Gesundheitspolitik erhält. Die verbindlichere Regelung von Pflichtleistungen und der Zusammenarbeit der Sozialversicherungsträger kann die Zusammenarbeit der Betriebe mit der Sozialversicherung verlässlicher gestalten. Mit dem Präventions-Gesetz, dem Flexi-Renten-Gesetz und dem Bundesteilhabe-Gesetz werden die gesetzliche Kranken- und Rentenversicherung in Kooperation mit der Unfallversicherung nunmehr deutlich verbindlicher verpflichtet, Maßnahmen der Früherkennung, Reha und Wiedereingliederung bei gesundheitlichen Problemen von Beschäftigten zu ergreifen und enger zusammenzuarbeiten.

Pioniere schaffen es auch unter widrigen Bedingungen

Unter allen Beteiligten besteht zunehmend Einigkeit, dass die Herausforderungen des demografischen Wandels im Hinblick auf die Erhaltung von Gesundheit und Beschäftigungsfähigkeit nur durch gemeinsame Anstrengungen der Sozialpartner und der Sozialversicherungsträger in Zusammenarbeit mit kompetenten Dienstleistern erfolgreich bewältigt werden können. Eine optimale gesundheitliche Versorgung im Zeichen des demografischen Wandels erfordert ein kooperatives und vernetztes Handeln aller Akteure. Dies kann nur erreicht werden, wenn alle Akteure in einem koordinierten Zusammenspiel der jeweils vor- und nachgelagerten Sektoren zusammenarbeiten. Dies reicht von präventiven Aktivitäten in den Betrieben bis hin zu Maßnahmen der Wiedereingliederung.

Dazu hat es in den letzten Jahren im Rahmen von Modellprojekten bereits vielfältige Aktivitäten gegeben. Aus einem dieser Modellprojekte ist das »Strategische Konzept für ein berufliches (Re-)Integrationsmanagement der Deutschen Rentenversicherung Braunschweig-Hannover (DRV BSH)« (Salzgitter-Konzept) entstanden. Die DRV BSH hat ein »Prozessmodell zur Sicherung der Beschäftigungsfähigkeit für Versicherte« mit trägerübergreifenden Interventionen entwickelt. Dabei werden die für einen Verbleib im bzw. Rückkehr ins Erwerbsleben förderlichen oder hemmenden Rahmenbedingungen fortlaufend analysiert und berücksichtigt. Das sehr umfassende Konzept sieht eine enge Zusammenarbeit der Sozialversicherungsträger vor.

Das Salzgitter-Konzept wurde im Rahmen von Pilot-Vorhaben praktisch und erfolgreich erprobt. Damit wurde grundsätzlich die Machbarkeit und Wirksamkeit einer ganzheitlichen Prozesskette von der Prävention bis zur Wiedereingliederung nachgewiesen. Die praktischen Erfahrungen zeigen zudem die Überlegenheit des Konzeptes gegenüber der bisher verbreiteten Praxis der Kooperation der Akteure. Neben Kosteneinsparungen für alle Beteiligten konnte eine deutlich schnellere Rückkehr in Arbeit erzielt werden.

Erste Überlegungen in Rheinland-Pfalz und im Saarland

Die ersten Überlegungen für ein Modellprojekt in Rheinland-Pfalz und im Saarland entstanden bereits 2015. Konzeptionell konnten sich die Akteure, deren Zahl nach und nach anwuchs, schnell einigen:

- Ausgehend von den Bedarfen der Betriebe und Beschäftigten sollten Hindernisse in der Betreuung und Versorgung überwunden werden.
- Die konkreten Anforderungen von der Prävention bis zur Wiedereingliederung wären im Rahmen eines regionalen Netzwerkes zu organisieren. Dieses sollte gemeinsam mit den Unternehmen die Hemmnisse für eine frühe Identifikation und Einsteuerung gesundheitlich gefährdeter Mitarbeiterinnen und Mitarbeiter z.b. in ein Fallmanagement im Rahmen der medizinisch-beruflich orientierten Rehabilitation (MBOR) feststellen und ausräumen.
- Dazu wären betriebliche und überbetriebliche Partner wie Haus- und Fachärzte, Rentenversicherung (Firmenservice), gesetzliche Krankenversicherung, Berufsgenossenschaft, Bundesagentur für Arbeit, Reha-Einrichtungen und Eingliederungsdienstleister einzubeziehen.
- Der Aufbau einer unterstützenden Struktur sollte z.B. Verabredungen über Verfahrensabläufe und Prozessschritte der einzelnen Partner mit Definition von Schnittstellen, der jeweiligen Leistungen, der Zuständigkeiten sowie der notwendigen Vereinbarungen zwischen Sozialpartnern bzw. Unternehmensleitungen und Betriebsräten beinhalten. Dabei sollten die im Rahmen von Vorhaben der einzelnen Akteure gesammelten Erfahrungen und Vorarbeiten bis hin zu Betriebsvereinbarungen genutzt werden können.
- Einige Rentenversicherungen hatten in den letzten Jahren bereits verstärkte Anstrengungen unternommen, um die MBOR und (Wieder-)Eingliederung praktisch umzusetzen oder Betriebe bei der Prävention mit BETSI, dem Rahmenkonzept »Beschäftigungsfähigkeit teilhabeorientiert sichern«, und beim BEM zu unterstützen. So könnte in einem nächsten Schritt versucht werden, im Rahmen der Aktivitäten zum Auf- und Ausbau des Firmenservices, gemeinsam mit Unfall- und Krankenversicherungen, den Sozialpartnern und weiteren Akteuren hierfür besagtes regionales Netzwerk zur Sicherung der Beschäftigungsfähigkeit zu nutzen.
- Für das Netzwerk sollten die Sozialpartner Unternehmen aus ihrem Organisationsbereich ansprechen, die sich an entsprechenden Aktivitäten der Sozialversicherungsträger beteiligen würden. Im ersten

Schritt gälte es, die spezifischen Bedarfe der Betriebe festzustellen. Diese wären die Basis für alle weiteren Aktivitäten in Kooperation mit den Sozialversicherungsträgern.

- Im Ergebnis sollte eine regionale Struktur etabliert werden, in der die Netzwerkpartner auf der Basis verabredeter Ziele und Grundsätze zusammenarbeiten. Da die in dem Prozess beteiligten Akteure zum Teil gegenläufige Partikularinteressen haben können, käme es darauf an, Vereinbarungen zwischen den Prozessbeteiligten auszuhandeln, die sich am Gesamtnutzen orientieren (z.b. Erhalt der Beschäftigungsfähigkeit, geringere Zahlungen an Krankengeld, Erhalt des Arbeitsplatzes).
- Die Sicherung der Nachhaltigkeit der Ergebnisse wiederum könnte durch Qualifizierungsmaßnahmen erreicht werden.

Das (Pilot-)Projekt: Regionales Netzwerk »Ganz. Sicher. Gesund. – Voneinander wissen, miteinander handeln, Gesundheit managen«

Gewerkschaft und Arbeitgeberverbände, Sozialversicherungsträger und Politik, Unternehmen und Beschäftigte, alle sind sich darin einig, dass eine Strategie zum Verbleib im und zur Rückkehr ins Arbeitsleben nur gemeinsam zu entwickeln und umzusetzen ist. Ohne jedoch voneinander zu wissen, d. h. die einzelnen Akteure und ihre jeweilige Expertise zu kennen, bliebe das miteinander Handeln geprägt von Schwachpunkten, also von Sektorendenken, Unübersichtlichkeiten und Schnittstellen. Prävention und Rehabilitation, kurzum Gesundheit, sind in all ihren Facetten zu managen – im Interesse der Beschäftigen und der Betriebe, betrieblich wie überbetrieblich. Voneinander wissen, miteinander handeln, Gesundheit managen, das sind die Prämissen des (Pilot-)Projekts: Regionales Netzwerk »Ganz. Sicher. Gesund«.

Betriebliches Gesundheitsmanagement (BGM) ist die bewusste, zielorientierte und kontinuierliche Steuerung und Integration aller betrieblichen Prozesse – mit dem Ziel, Gesundheit, Leistung und Erfolg für das Unternehmen und seine Beschäftigten zu erhalten und zu fördern. BGM verknüpft somit in einem systematischen, ressortübergreifenden Ansatz alle gesundheitsfördernden Einzelmaßnahmen zu einer ganzheitlichen Struktur. Sich gemeinsam für ein aktives Gesundheitsmanagement zu engagieren, ist nicht nur eine Frage sozialer Verantwortung, sondern auch ein wirtschaftliches Gebot: Beschäftigte und Unternehmen profitieren gleichermaßen von Verbesserungen im Arbeitsschutz und bei der Gesunderhaltung. BGM ist somit als Investition in die Zukunft zu sehen. Dabei sind sich die Netzwerkpartner bewusst, dass das Zusammenwirken von Arbeitsschutz, betrieblicher Gesundheitsförderung und BEM, kurz BGM, je nach organisatorischen Voraussetzungen, finanziellen und personellen Ressourcen, wirtschaftlichen Tätigkeitsschwerpunkten und Unternehmensgröße in der Praxis unterschiedlich stark ausgeprägt ist. Gleichwohl sind alle verantwortlichen Akteure aufgerufen, den zu ihrem Unternehmen passenden nächsten Entwicklungsschritt anzugehen. Auch sind die Beschäftigten selbst aufgefordert, durch ihr Verhalten im privaten und beruflichen Kontext einen aktiven Beitrag zur Gesundheitsförderung zu leisten.

Ein leistungsstarkes und effizientes betriebliches Gesundheitsmanagement unterstützt beim Erreichen der Unternehmensziele und fördert die Gesundheit, das Wohlbefinden und die Zufriedenheit der Beschäftigten. BGM rechnet sich sowohl für Arbeitnehmer als auch für Arbeitgeber und stellt somit eine Win-win-Situation dar. Die Ziele dabei sind:
- die Verbesserung der Arbeitsbedingungen und der Gesundheit der Beschäftigten
- der Erhalt der Beschäftigungsfähigkeit für ein ganzes Berufsleben und das Erreichen der Altersgrenze als gesunder und leistungsfähiger Mensch
- die Stärkung der Leistungs- und Beschäftigungsfähigkeit und des Wohlbefindens der Mitarbeiterinnen und Mitarbeiter
- die Förderung des Gesundheitsbewusstseins und des sorgsamen Umgangs mit den eigenen körperlichen und geistigen Fähigkeiten
- die Steigerung der Arbeitgeberattraktivität und der Beschäftigtenbindung
- die Senkung von krankheitsbezogenen Kosten und Fluktuation
- die Verbesserung von Produktivität, Wettbewerbsfähigkeit und Unternehmenserfolg.

(nach: BAVC-/IG BCE-Leitbild »Erfolgreiches betriebliches Gesundheitsmanagement« vom 10. September 2014)

Ab Herbst 2015 haben sich mit
- der Industriegewerkschaft Bergbau, Chemie, Energie Landesbezirk Rheinland-Pfalz (IG BCE)
- dem Arbeitgeberverband Chemie Rheinland-Pfalz e.V. (AGV Chemie RP)

Abbildung 1: Analyse, Maßnahmen und Evaluation

Analyse	Maßnahmen		Evaluation
WAI	Prävention	Rehabilitation/ Beratung	(siehe Analyse)
GDA-ORGAcheck			
COPSOQ	Verhältnisse	LMR/LTA	
GABEGS/OHRIS			
(…)		BEM	
	Verhalten		
	PERSPEKTIVE GESUNDHEIT Tu was für Dich im Rahmen des (Pilot-) Projekts: Ganz. Sicher. Gesund.	Reha-Fachberatung	
Verantwortung			
Mitarbeiter		Unternehmen	

- der Berufsgenossenschaft Rohstoffe und chemische Industrie (BG RCI)
- der BKK Pfalz
- der pronova BKK
- der Deutschen Rentenversicherung Bund (DRV Bund)
- der Deutschen Rentenversicherung Rheinland-Pfalz (DRV RP)
- der Deutschen Rentenversicherung Saarland (DRV SL)
- dem Ministerium für Soziales, Arbeit, Gesundheit und Demografie Rheinland-Pfalz (MSAGD RP) und
- dem Ministerium für Umwelt und Verbraucherschutz Saarland (MUV SL)

zehn überbetriebliche Partner gefunden, um im Sinne der o.g. Prämisse sich zunächst kennen- und schließlich voneinander zu lernen. Sehr schnell wurde deutlich, dass ohne ein Miteinander das jeweilige Handeln von Schwächen geprägt bleiben würde. Gesundheit im Interesse der Mitarbeiterinnen und Mitarbeiter und der Unternehmen zu managen, erschien von nun an nur noch gemeinsam plausibel. So wurden über ein gutes halbes Jahr hinweg die vielen Bausteine zusammengefügt, die jeder für sich ohnehin schon im Köcher hatte (s. Abbildung 1).

Auf der Metaebene verständigten sich die Partner auf den Weg von Analyse, Maßnahmen und Evaluation. Die Frage der Verantwortung war ebenso zügig geklärt, wie die Bedeutung des miteinander Handelns: Sie verbleibt bei den Mitarbeiterinnen und Mitarbeitern und den Unternehmen. Betriebliche Akteure sind somit die

»Ganz. Sicher. Gesund« – ein (Pilot-)Projekt als regionales Netzwerk

Abbildung 2: Perspektive Gesundheit

ANGEBOT	ZIELE
In einem Präventionsprojekt in Kooperation zwischen DRV, BKK und dem Arbeitgeber werden Beschäftigte über einen Zeitraum von bis zu 18 Monaten darin geschult, ihren privaten und beruflichen Alltag dauerhaft gesund zu gestalten.	private oder berufliche Gesundheitsrisiken frühzeitig erkennen und geeignete Hilfen finden, die individuelle Gesundheit nachhaltig stabilisieren und die Beschäftigungsfähigkeit langfristig erhalten

PERSPEKTIVE GESUNDHEIT
Tu was für Dich
im Rahmen des (Pilot-)
Projekts: Ganz. Sicher. Gesund

NUTZEN	FUNKTIONSWEISE
für den Beschäftigten mehr Lebensqualität ohne gesundheitliche Beeinträchtigungen gute und gesunde Fachkräfte als Basis für den demografischen Wandel	Die Beschäftigten werden durch einen Präventionsmanager betreut. Er hilft, berät, fördert und unterstützt mit dem Ziel, dass die Beschäftigten die Verantwortung für die eigene Veränderung des Lebensstils übernehmen können. Das geschieht durch Einzel- und Gruppentermine, aber auch telefonisch oder per E-Mail.

- Betriebsräte
- Personalabteilungen
- Schwerbehindertenvertretungen
- Geschäftsführungen und/oder das mittlere Management
- Arbeitsmedizin und
- Arbeitssicherheit

Das gemeinsame Selbstverständnis, das den Bogen von der Prävention bis zur Rehabilitation/Beratung spannt, führte dazu, den Blick zum einen auf

- die Verhältnisse und
- das Verhalten

zu richten, zum anderen aber auch die Aspekte

- LMR (Leistungen zur medizinischen Rehabilitation)/LTA (Leistungen zur Teilhabe am Arbeitsleben)
- BEM
- Reha-Fachberatung

zu integrieren. Nicht zu vergessen ist der seit Frühjahr 2015 angebotene »Firmenservice«. Mit den bekannten, vorhandenen Puzzleteilen haben sich die überbetrieblichen Partner jedoch nicht zufriedengegeben, sondern ein weiteres, verbindendes Element geschaffen (s. Abbildung 2).

Somit war die erste Etappe absolviert. Gewerkschaft und Arbeitgeberverbände, Sozialversicherungsträger und Politik haben sich aufgestellt, um im nächsten Schritt ausgewählte Unternehmen unterschiedlicher Branchen in Rheinland-Pfalz und im Saarland anzusprechen, die sich allesamt in den Industriebereichen der IG BCE wiederfinden.

Zu einer Kick-off-Veranstaltung wurden im Sommer 2016 potenzielle (Pilot-)Betriebe aus Neuwied, dem Rhein-Lahn-Kreis, Mainz-Bingen, Bad Kreuznach, Worms, Ludwigshafen, Speyer und dem Saarland eingeladen. Das Interesse war arbeitnehmer- und arbeitgeberseitig enorm.

So sind ein Jahr nach dem Beginn der Arbeiten die ersten Unternehmen mit der Unterstützung der Partner bereits aktiv geworden. Die betrieblichen Prozesse laufen seit Herbst 2016 an.

Vom Runden Tisch in den Betrieb – Das (Pilot-)Projekt in der praktischen Umsetzung am Beispiel von AbbVie

Das globale, forschende BioPharma-Unternehmen AbbVie beschäftigt in Deutschland insgesamt rund 2.600 Mitarbeiterinnen und Mitarbeiter an den drei Standorten des Unternehmens mit Hauptsitz in Wiesbaden und einem Hauptstadtbüro in Berlin. Ludwigshafen ist mit ca. 1.900 Beschäftigten größter Forschungs- und Entwicklungsstandort von AbbVie außerhalb der USA, hier wird auch für den Weltmarkt produziert.

2010 wurde das BGM bei AbbVie Deutschland etabliert und seither kontinuierlich ausgebaut. Es verbindet Maßnahmen der Verhältnis- und Verhaltensprävention und ist durch einen kontinuierlichen Zyklus aus Analyse, Planung, Steuerung und Messung von Kennzahlen auf Nachhaltigkeit ausgerichtet.

Steuerungsgremium für das BGM ist der Arbeitskreis Gesundheit, in dem Geschäftsführung, Betriebsrat, Personaldirektor, Betriebsärzte, Arbeitssicherheit und Schwerbehindertenbeauftragte zusammenarbeiten. Als Basis für die Planung und Weiterentwicklung des Gesundheitsmanagements dienen zweijährlich durchgeführte Mitarbeitervollbefragungen zum Thema Arbeit und Gesundheit. Anhand der Ergebnisse werden auf Unternehmens- und Abteilungsebene konkrete Maßnahmen abgeleitet, umgesetzt und regelmäßig überprüft.

Aussagekräftige Kennzahlen zur Produktivität, Qualität der Arbeitsbedingungen und Mitarbeiterführung, des Arbeitsunfähigkeitsgeschehens sowie der Nutzung der BGM-Angebote sind Grundlage für Zielsetzungen im Gesundheitsmanagement. Konsequente Nachbefragungen der Teilnehmer sowie die Bewertung aller Maßnahmen anhand festgelegter Kriterien dienen der Steuerung des BGM.

Vier Betriebsärzte und eine BGM-Koordinatorin sind für die praktische Umsetzung der Maßnahmen unter dem Namen »gesund@abbvie« verantwortlich. Den Beschäftigten stehen Früherkennungsangebote, aktive Bewegungs- und Entspannungsangebote, Gewichtsreduktionsprogramme, Nichtraucherseminare, Impfprogramme und Ambulanz-Sprechstunden für akute Erkrankungen zur Verfügung.

Das BEM, ein beschleunigtes und arbeitsplatzorientiertes Reha-Programm, ein Employee Assistance Programm sowie ein psychologisches Kurzinterventionsprogramm sind weitere Elemente im Gesundheitsmanagement. Ein umfassendes Trainings- und Weiterbildungsprogramm sowie erweiterte betriebliche Rahmenbedingungen wie z.b. Teilzeit- und Telearbeitsmodelle sind weitere Elemente im BGM.

Die Betriebsärzte verstehen sich als Ansprechpartner in allen Fragen zum Thema Arbeit und Gesundheit und wollen Beschäftigte so früh wie möglich bei allen gesundheitlichen Fragestellungen beraten und unterstützen. Die Bandbreite der Angebote reicht dabei von der Prävention über Frühintervention, Rehabilitation bis hin zur Reintegration.

Erfahrungen aus der betriebsärztlichen Betreuung von Beschäftigten sowie die Auswertung der Daten zum Krankheitsgeschehen (z.B. unternehmensbezogene Gesundheitsberichte der Krankenkassen und Informationen aus dem Betrieblichen Eingliederungsmanagement) zeigen, dass bei den Langzeiterkrankungen besonders orthopädische und psychische Erkrankungen eine große Rolle spielen, gefolgt von Krebs- und Herz-Kreislauferkrankungen. Orthopädische Erkrankungen gehen häufig mit arbeitsplatzrelevanten Einschränkungen einher, während psychische Erkrankungen – die meist längere durchschnittliche Arbeitsunfähigkeitszeiten zur Folge haben – eine umso schlechtere Prognose für eine erfolgreiche berufliche Reintegration haben, je länger die Arbeitsunfähigkeit dauert. Darüber hinaus ergeben sich bei beiden Erkrankungsgruppen oftmals Fragestellungen, die einen Bezug zum beruflichen Umfeld und/oder der beruflichen Tätigkeit haben.

Insofern ist es durchaus sinnvoll, frühzeitig mit Betroffenen in Kontakt zu kommen, um diese Fragen zu klären bzw. um bereits frühzeitig Angebote zu machen, die dabei helfen, eine Verschlimmerung der Erkrankung zu vermeiden, Krankheitszeiten zu verkürzen und Chancen auf eine dauerhafte Reintegration zu verbessern.

Für ein sinnvolles und ganzheitliches Betreuungskonzept sind dabei ein frühzeitiger Informationsaustausch und die systemübergreifende Vernetzung der unterschiedlichen Angebote essentiell und für den Erfolg mitentscheidend. Da dieser Austausch aber häufig verspätet oder gar nicht erfolgt, entstehen hierdurch Nachteile gleichermaßen für die Betroffenen, den Arbeitgeber und die Sozialsysteme. Dies war für uns der Anlass, die Angebote im Gesundheitsmanagement in Richtung einer frühen Intervention auszubauen. Der Arbeitskreis Gesundheit beschloss dazu 2016 zwei neuartige Programme: das »Präventionsprogramm psychische Gesundheit« und die »Frühberatung durch Betriebsärzte«.

Bei der Frühberatung kontaktieren die Betriebsärzte Mitarbeiterinnen und Mitarbeiter bereits nach vierzehn Kalendertagen einer Arbeitsunfähigkeit und bieten eine Beratung zur aktuellen gesundheitlichen Situation und Möglichkeiten der Unterstützung an. Das Angebot ist für die Mitarbeiterinnen und Mitarbeiter freiwillig. Da es sich um ein vertrauliches ärztliches Beratungsgespräch handelt, werden keine Daten oder Informationen weitergegeben.

Damit ist es möglich, bei Erkrankungen oder Fragestellungen, die einen Arbeitsplatzbezug haben und eine komplexe und systemübergreifende Betreuung benötigen, sehr früh entsprechende Hinweise zu geben oder Betroffene mit ihrem Einverständnis auch konkret zu unterstützen (z.B. bei der Beantragung einer Präventions- oder medizinischen Rehabilitationsleistung der Deutschen Rentenversicherung).

Auch auf die sich ändernde Arbeitswelt muss ein modernes Gesundheitsmanagement reagieren. Digitalisierung, Globalisierung und Flexibilisierung führen häufig zu einer Arbeitsverdichtung. Ob dies bei Beschäftigten zu Erkrankungen führt, hängt von unterschiedlichen Faktoren ab: den Rahmenbedingungen am Arbeitsplatz, persönlichen Aspekten der Beschäftigten und ihres Lebensumfelds.

Unternehmen können ihre Beschäftigten auf vielfältige Weise dabei unterstützen, mit diesen veränderten Arbeitsbedingungen umzugehen. Die Schaffung von gesundheitsförderlichen Rahmenbedingungen, Fort- und Weiterbildungsangebote und eine frühzeitige Unterstützung bei Anzeichen einer gesundheitlichen Belastung sind hier von zentraler Bedeutung.

Auch Führungskräfte spielen dabei eine wichtige Rolle. Sie können im regelmäßigen Umgang mit ihren Mitarbeiterinnen und Mitarbeitern als Erste Veränderungen erkennen und diese in einem fürsorglichen

Gespräch ansprechen. Das Ziel dabei ist es, so frühzeitig wie möglich Beratung, Hilfe und Unterstützung anzubieten, um die Entstehung einer Erkrankung zu vermeiden.

Dafür ist ein innerbetriebliches Beratungsnetzwerk sehr hilfreich, das allen Beschäftigten (mit und ohne Führungsverantwortung) zur Verfügung steht. Hier sind insbesondere die Betriebsärzte, der Betriebsrat und die Personalabteilung zu nennen.

Bei einem funktionierenden innerbetrieblichen Netzwerk besteht also die Möglichkeit, Beschäftigte schon bei ersten Anzeichen einer gesundheitlichen Beeinträchtigung anzusprechen und ihnen Hilfe anzubieten. Ausgehend von dem (Pilot-)Projekt: Regionales Netzwerk »Ganz. Sicher. Gesund.« wurde bei AbbVie das Präventionsprogramm psychische Gesundheit entwickelt. Ziel ist es dabei, Beschäftigten schon sehr frühzeitig, bei den ersten Anzeichen einer psychischen Überlastung, konkrete und nachhaltige Unterstützung anzubieten, um die Entstehung einer manifesten psychischen oder psychosomatischen Erkrankung zu verhindern.

Das Präventionsprogramm psychische Gesundheit verbindet dabei ein existierendes Präventionsangebot der Deutschen Rentenversicherung mit dem Namen Balance Plus mit einem begleitenden Präventionsmanagement. Balance Plus ist ein spezielles medizinisches Präventionsangebot, das auf die individuelle Situation am Arbeitsplatz abstellt. Das wohnortnahe und berufsbegleitende Programm hilft dabei, sich frühzeitig mit gesundheitsbewusster Lebensführung und dem Umgang mit Stress auseinanderzusetzen. Teilnehmende lernen in dem Programm, mit Arbeitsbedingungen, Problemen und psychischen Belastungen am Arbeitsplatz umzugehen oder ihnen entgegenzuwirken. Strategien zur Stressbewältigung, zum Umgang mit Konflikten sowie Tipps zu Ernährung und Bewegung helfen, sich im Alltag gesundheitsbewusst zu verhalten. Dabei besteht das Programm aus mehreren Elementen: einer fünftägigen stationären Phase in einer Reha-Klinik, einer dreimonatigen ambulanten Trainingsphase, einer dreimonatigen Eigeninitiativphase und einem Refresher-Wochenende in der Reha-Klinik.

Als Ergänzung zu Balance Plus bieten wir ein Präventionsmanagement an, bei dem in der psychosomatischen Betreuung erfahrene Präventionsmanager die Teilnehmenden bereits ab der ambulanten Trainingsphase unterstützen und anleiten, die erlernten Gesundheitsstrategien in den Alltag zu transferieren und langfristig beizubehalten. Die Intensität dieses Coachings hängt vom individuellen Bedarf der Teilnehmenden ab; der Präventionsmanager steht insgesamt zwölf Monate zur Verfügung. Gemeinsam mit der Deutschen Rentenversicherung ist eine Evaluation des Programms vorgesehen. Die Einschreibung in das kombinierte Programm erfolgt über die Betriebsärzte. Das Unternehmen stellt Teilnehmende für die initiale fünftägige stationäre Phase in der Reha-Klinik frei, die Deutsche Rentenversicherung trägt die Kosten für Balance Plus, der Präventionsmanager wird von einer Betriebskrankenkasse und dem Unternehmen finanziert.

Angesichts der demografischen Entwicklung und des damit verbundenen Erkrankungsspektrums spielt die Erhaltung der Arbeits- und Beschäftigungsfähigkeit eine immer bedeutendere Rolle. Wir sind davon überzeugt, dass wir mit unserem sozialpartnerschaftlichen Ansatz im Gesundheitsmanagement einen wichtigen Beitrag für die Zukunfts- und Wettbewerbsfähigkeit des Unternehmens leisten und die beiden neuen Programme zur frühzeitigen Intervention und Vernetzung der unterschiedlichen Akteure im gesundheitlich-rehabilitativen Umfeld beitragen.

Literatur

Bertelsmann Stiftung/Hans-Böckler-Stiftung (2004): Schlussbericht der Expertenkommission zur betrieblichen Gesundheitspolitik, Gütersloh.
BKK-Gesundheitsreport (2015): [URL: http://www.perwiss.de/bkk-gesundheitsreport-langzeiterkrankungen.html, abgerufen am 15.1.2017].
Bolm, K./Pieck, N./Wartmann, A. (2010): Betriebliches Gesundheitsmanagement fällt nicht vom Himmel, Düsseldorf.
Bundesministerium für Arbeit und Soziales/Bundesvereinigung der deutschen Arbeitgeberverbände/Deutscher Gewerkschaftsbund (2013): Gemeinsame Erklärung zur psychischen Gesundheit in der Arbeitswelt, Berlin
Bundesregierung (2012-2016): Demografiestrategie der Bundesregierung, https://www.bundesregierung.de/Webs/Breg/DE/Themen/Demografiestrategie/Basis-Artikel/2012-04-18-artikel-top-basis.html [URL: https://www.bundesregierung.de/Content/DE/_Anlagen/Demografie/demografiestrategie-langfassung.pdf?__blob=publicationFile&v=2; http://www.bmi.bund.de/DE/Themen/Gesellschaft-Verfassung/Demografie/Demografiestrategie/demografiestrategie_node.html, abgerufen am 15.1.2017].
Bundesteilhabegesetz/Gesetz zur Stärkung der Teilhabe und Selbstbestimmung von Menschen mit Behinderungen (2016): Bundesgesetzblatt Jahrgang 2016, Teil I Nr. 66, ausgegeben zu Bonn am 29. Dezember 2016, 3234.
Chemie-Sozialpartner (2008): Tarifvertrag Lebensarbeitszeit und Demografie, Hannover/Wiesbaden.

Chemie-Sozialpartner (2014): Initiative Gutes und gesundes Arbeiten in der Chemie-Branche, Hannover/Wiesbaden.
Chemie-Sozialpartner (2014): Leitbild Erfolgreiches betriebliches Gesundheitsmanagement, Hannover/Wiesbaden.
Deutsche Rentenversicherung Braunschweig-Hannover, Medizinische Hochschule Hannover (2014): Strategisches Konzept für ein berufliches (Re-)Integrationsmanagement (Salzgitter-Konzept), Hannover.
Deutsche Rentenversicherung: Betsi, http://www.deutsche-rentenversicherung.de/BadenWuerttemberg/de/Inhalt/2_Rente_Reha/02_Reha/01_Modellprojekte/Betsi.html.
Deutsche Rentenversicherung: Firmenservice: http://firmenservice.drv.info/
Flexi-Rentengesetz (2016): Gesetzentwurf, Deutscher Bundestag Drucksache 18/9787.
Präventionsgesetz (2015): [URL: http: www.bgbl.de/xaver/bgbl/start.xav?startbk=Bundesanzeiger_BGBl&jumpTo=bgbl115s1368.pdf#__bgbl__%2F%2F*%5B%40attr_id%3D%27bgbl115s1368.pdf%27%5D__1483104177416; http://www.bundesgesundheitsministerium.de/themen/praevention/praeventionsgesetz.html, abgerufen am 15.1.2017].

Diana Paschek/Christine Fiedler
WAi – Wo Arbeit integriert
Ein Projekt zur Stärkung der Arbeitsfähigkeit in der Sozialwirtschaft

Für den Thüringer PARITÄTISCHEN steht eines fest: In den vergangenen Jahren hat sich in Deutschland ein deutlicher Bewusstseinswandel vollzogen, was das Thema Gesundheit am Arbeitsplatz anbelangt. Das trifft auch für die Arbeitsbereiche der Sozialwirtschaft zu: in der Pflege, den Kindertagesstätten, der Kinder- und Jugendarbeit, den unterschiedlichen Beratungsstellen, der Flüchtlings- und Migrationsarbeit, der Suchthilfe, der Eingliederungshilfe für Menschen mit Behinderung, in den Schulen und Bildungsstätten, in der Schulsozialarbeit und in den weiteren Tätigkeiten des komplexen Handlungsfeldes *Soziales*.

Im Rahmen von Management- und Organisationsberatungen sowie personalwirtschaftlichen Diskussionen wird deutlich, dass zunehmend ein anderes Verständnis für den Erhalt der Arbeitsfähigkeit in der Unternehmensphilosophie der sozialen Einrichtungen existiert oder auch angestrebt werden muss.

Die Gewinnung und Bindung von guten Mitarbeitenden wird ein wichtiger, wenn nicht der wichtigste Zukunftsfaktor in den Unternehmen der Sozialwirtschaft sein. Dazu sind aber eine alters- und alternsgerechte Arbeitsgestaltung und eine moderne Führungskultur wesentliche Erfordernisse. Das Projekt »WAi – Wo Arbeit integriert« zielt auf eine Stärkung der Arbeitsfähigkeit aller Mitarbeitenden und auf eine damit zusammenhängende Entwicklung in der Organisation selbst.

Zwölf Unternehmen der Thüringer Sozialwirtschaft haben sich für zunächst drei Jahre auf die Herausforderungen im Projekt »WAi – Wo Arbeit integriert« eingelassen. Das Projekt wird über den Europäischen Sozialfonds im Programm Rückenwind+ gefördert. So wird es möglich, insbesondere kleine und mittlere Unternehmen (11 bis 250 Vollzeitstellen) zu unterstützen, die einen solch intensiven Prozess in der Regel nicht aus Eigenmitteln finanzieren könnten.

Der Projekttitel kommt nicht von ungefähr: »WAi« steht einmal für den Hinweis auf das methodische Vorgehen (WAI, Work Ability Index),

WAi – Wo Arbeit integriert

Nomen est omen – das Projektlogo

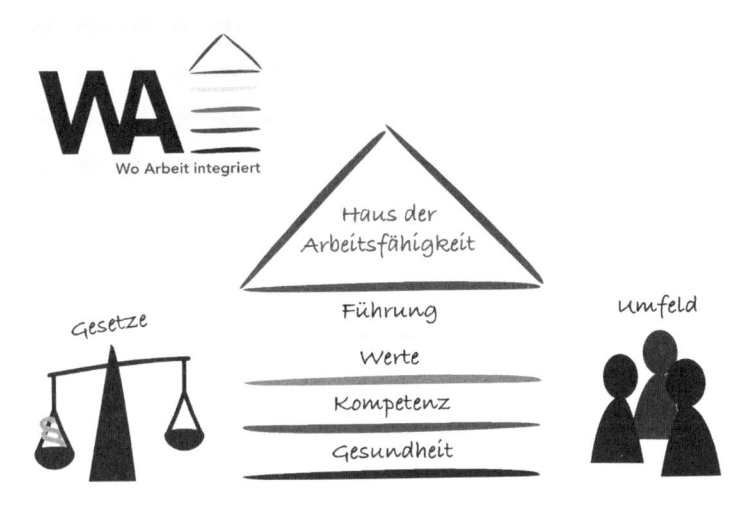

welches sich umfänglich am Arbeitsfähigkeitskonzept von Prof. Dr. Ilmarinen orientiert. Zum anderen steht der Titel »Wo Arbeit integriert« für die Idee, dass die Arbeitgeber die persönlichen Möglichkeiten der Mitarbeitenden integrieren und sich stärker darauf abstimmen müssen, und für die Idee, dass es dabei um eine ausgewogene Balance zwischen Arbeits- und Privatleben gehen muss – sozusagen »Wo Arbeit ins Leben integriert und zum gelingenden Leben beiträgt, jedoch nicht der einzige Zweck des Daseins sein kann«.

Wer dabei ist

Bei der Auswahl der teilnehmenden Einrichtungen spielte neben der Unternehmensgröße auch die Frage eine Rolle, ob bereits Erfahrungen mit dem WAI vorliegen. Im Rahmen der dreijährigen Begleitung soll auch erreicht werden, dass gesundheitsfördernde Prozesse und Überlegungen im Sinne des »Hauses der Arbeitsfähigkeit« nachhaltig Eingang in die Unternehmenskulturen und -strukturen finden.

Durch die Beteiligung sogenannter WAI-erfahrener Unternehmen können auch im Sinne kollegialer Beratung Ideen und Hinweise in der

Branche ausgetauscht werden, wie eine Verstetigung gelingen kann, welche Stolpersteine zu erwarten sind und wo man ggf. umsteuern muss. Zudem erhält das Projekt Erkenntnisse über Gelingensfaktoren für die Begleitarbeit.

Der Kreis der Projektteilnehmer setzt sich damit aus Einrichtungen und Diensten zusammen, die noch keine Erfahrungen in WAI-Prozessen haben, und denjenigen, die in entsprechend gelagerten Vorläuferprojekten des PARITÄTISCHEN mitwirkten, so zum Beispiel fokussiert auf die Altenpflege im Projekt »Pflege bewegt« oder mit speziellem Blick auf Frauen über 50 im Projekt »Starkes Alter – Starke Frauen«.

Wege entstehen beim Gehen

Nach den Erstgesprächen mit interessierten Trägern wurden in sogenannten DIALOGFOREN die Geschäftsführungen, die leitenden Mitarbeitenden und die Betriebsräte über das Projekt informiert und gemeinsam überlegt, wie die konkrete Ausgestaltung auf die Bedürfnisse des jeweiligen Unternehmens zugeschnitten werden kann.

Es war wichtig, in diesem Kreis genug Vertrauen in und Motivation für den Prozess aufzubauen. Auch durch konkrete Einblicke in das Vorgehen bei der Erhebung des Work Ability Index und den Ablauf der Arbeitsbewältigungscoachings war es bedeutsam, diesen Personenkreis als Unterstützer/innen und Multiplikator/innen für das Arbeitsfähigkeitskonzept zu gewinnen.

Personalverantwortliche und Mitarbeitervertreter/innen müssen verstehen, dass es um die systematische Betrachtung der Themen Gesundheit, Fähigkeiten und Kompetenzen, Werte im Unternehmen sowie Führung und Arbeitsorganisation geht. Letztlich lernen sie, dass hier ein sinnvoller Ansatz für Personal- und Organisationsentwicklung gefunden werden kann. Ein Punkt fiel in diesem Prozessschritt auf: Die sprachliche Nähe von Arbeitsfähigkeit zu Arbeits*un*fähigkeit und damit verbunden mit »Krankenstand« und »gelbem AU-Schein« machte deutlich, dass die Definition von Arbeitsfähigkeit als Gleichgewicht zwischen dem, was Beschäftigte dauerhaft leisten können und wollen, und dem, was der Betrieb bzw. die Organisation erwarten, betriebsintern veröffentlicht werden muss und auch Berücksichtigung z.B. in den Leitbildern und Konzeptionen der Häuser findet. Ängsten und Vorbehalten sollte u.a. damit proaktiv begegnet werden.

WAi – Wo Arbeit integriert

Gemeinsam mit Betriebsräten wurden auch getrennte Standorte und einzelne Betriebstätten von Unternehmen aufgesucht. Während der Rundgänge konnten Projektmitarbeitende und Mitarbeitende vor Ort noch einmal ins Gespräch kommen, Unsicherheiten ansprechen, fehlende Informationen zum Prozess nachreichen oder Missverständnisse aufklären. Diese Möglichkeit war mitunter wesentlich für die letztliche Resonanz in den angebotenen Arbeitsbewältigungscoachings. Glaubenssätzen wie »Ob ich da hingehe oder nicht, das ändert doch sowieso nichts« oder »Ich weiß ja nicht, wie vertraulich meine Angaben behandelt werden« konnte man damit gut begegnen.

Zusammenfassend lässt sich sagen: »*Wer das erste Knopfloch verfehlt, kommt mit dem Zuknöpfen nicht zu Rande.*« (Goethe) – Auch da, wo hoher Druck in den Häusern spürbar war, wo die Leitungen auf rasche Gespräche mit den Mitarbeitenden drängten, weil das Betriebsklima als mitunter schwierig wahrgenommen wurde, überall war es dennoch ratsam, dieser Phase von Information, von Möglichkeiten zum Fragen, des Dialogs ausreichend Raum zu geben.

In den meisten Einrichtungen wurden anschließend die Workshops »Gesundheit und Arbeitsfähigkeit« für die Mitarbeitenden angenommen. Dabei konnten das Konzept und der Prozess gut vermittelt werden. Als methodisch hilfreich wurden die »Häuser der Arbeitsfähigkeit« aus Karton angenommen, mit deren Hilfe die einzelnen Etagen »erkundet« werden konnten. In Arbeitsgruppen tauschte man sich darüber aus, welchen Zusammenhang man zwischen dem Titel der jeweiligen Etage und der Arbeitsfähigkeit sieht. Zitate, Bilder und Fragen u.a. aus dem WAI-Kartenspiel gaben dabei gute Gesprächsimpulse. Bedeutsam ist es, immer wieder gut zu informieren und Transparenz zu schaffen, damit in den Unternehmen Vertrauen wachsen kann.

Nun haben die ab-c® (Arbeitsbewältigungs-Coachings)[1] bei den Trägern begonnen. Mit jedem Mitarbeitenden, der möchte, werden diese persönlichen Gespräche über das Thema Arbeitsbewältigung auf der Grundlage des zuvor über den WAI-Fragebogen ermittelten Indexwertes geführt. Dabei geht es neben der eigenen Gesundheit auch um persönlich gefühlte Über- oder auch Unterforderung, um eine ausgewogene Balance von Arbeit und Familie und andere Faktoren im persönlichen Umfeld, die sich ebenfalls auf die Arbeitsfähigkeit auswirken können.

---

[1] Vgl. dazu den Beitrag von Brigitta Gruber und Axel Kühl in diesem Band.

Aus den Workshops »Gesundheit und Arbeitsfähigkeit«
»Häuser der Arbeitsfähigkeit« aus Karton (oben); Erkundung der Führungsetage mit Zitaten, Bildern und Fragen u.a. aus dem WAI-Kartenspiel (unten)

Austausch beim Fachtag

Der daraus entstehende Arbeitsbewältigungsbericht für das Unternehmen wird beim betrieblichen Arbeitsbewältigungscoaching vorgestellt und diskutiert. Als sinnvoll hat sich im Projekt erwiesen, dabei den quantitativen Teil und den qualitativen Teil der Auswertung in der Vorstellung zu trennen und zwei Termine anzuberaumen. In einigen Fällen wird der Arbeitsbewältigungsbericht gleich mit einem Demografie-Check verbunden dargestellt. In anderen Einrichtungen wird die ausführliche Altersstruktur-, Krankenstands- und Fluktuationsanalyse Bestandteil des weiteren Prozesses sein.

Podium bilden für ausgewählte Themen

Den Fachtag »Aufmerksamkeitsfeld für Personalführung: Psychische Gefährdungen und Beanspruchungen – Wie soziale Unternehmen die Gesundheit ihrer Mitarbeitenden erhalten und sichern können« – bot das Projekt WAi gemeinsam mit dem Institut für Arbeitsfähigkeit Mainz an, um Überlegungen zur Stärkung der psychischen Gesundheit der Mitarbeitenden anzustoßen. Der Fachtag hatte auch das Ziel, eventuell noch vorhandene Hemmschwellen zur Annäherung an diese Herausforderung abzubauen. Dazu wurden fachliche Inputs gegeben und praktische Arbeitsansätze aufgezeigt. Die Themen »Psychische Gefährdungsanalyse«, »Gesund führen«, »Sitzen + Beleuchtung + Akustik + Farbe = Psychisch gesunde MitarbeiterInnen?!« und »Arbeitsfähigkeit wiederherstellen, erhalten und fördern – Wir bauen das Haus der Arbeitsfähigkeit« wurden in den Workshops ebenso engagiert diskutiert, wie der Erfahrungsaustausch an Thementischen genutzt wurde.

So geht es weiter

In den betrieblichen Arbeitsbewältigungscoachings verständigt man sich auch auf die Art und Weise der Weiterarbeit in den Steuerungsgruppen als Begleitstruktur. Hier wird mittels der Analyseergebnisse beraten, welche Maßnahmen entwickelt werden können, die dem Rechnung tragen, welche Maßnahmen dann zeitnah begonnen werden und in welchen Prioritäten weitergearbeitet wird. Maßnahmen könnten u.a. sein: Stress-Seminare, Gesundheitszirkel, Pausenangebote, Umgang mit Konflikten, Zukunftswerkstätten und Weiteres. Darüber hinaus geht es im Projekt auch um die Einführung bzw. Unterstützung des Integrierten Betrieblichen Gesundheitsmanagements. Hier spielt die Zusammenarbeit mit der PARITÄTISCHEN AKADEMIE eine wichtige Rolle – gemeinsam wurde das Angebot:»Zertifikatskurs zum/zur betrieblichen Gesundheitsmanager/in im Blended Learning Format« (d.h. in einer Kombination von Präsenzveranstaltungen und E-Learning) entwickelt. Das Arbeitsfähigkeitskonzept nach Prof. Dr. Ilmarinen bildet hier eine wichtige Bezugsgröße in der inhaltlichen Ausrichtung.

Daneben wird ein Paritätischer Managementzirkel als dauerhafter Kreis etabliert werden, in welchem sich die Geschäftsführenden und Personalleitungen der Träger ca. zweimal pro Jahr treffen. Im Zirkel wird es um das Thema »Arbeitgeberattraktivität« und dabei u.a. um den Schwerpunkt »Gute Arbeit und gesunde Arbeitsverhältnisse« gehen. Entstehen sollen in diesem Kreis auch sogenannte Trägertandems von WAI-erfahrenen und WAI-unerfahrenen Einrichtungen, die sich in der Gestaltung gesundheitsförderlicher Prozesse miteinander intensiver beraten und unterstützen können.

Resümee

Die Resonanz der in der Akquisephase des Projektes angefragten Einrichtungen war zunächst unterschiedlich: von einer gewissen »Projektermüdung« über die »Idee, dass es Aufwand bedeutet, mitzumachen«, bis hin zum herzlichen Begrüßen der Initiative. Gelingen kann die konzipierte Methodik im WAi-Projekt insbesondere dann, wenn die Begleitung in den Gesundheitsthemen von den Unternehmen gewollt ist und unterstützt wird.

Im Hinblick auf den Fachkräftemangel in der Sozialwirtschaft ist das Thema Gesundheit am Arbeitsplatz ein immer wichtiger werdender Faktor. Um die Belegschaft zu halten oder neue Beschäftigte zu gewinnen, müssen die Unternehmen etwas tun für den Erhalt eines gesunden Arbeitsumfeldes. Dafür reicht es nicht aus, sich beispielsweise allein auf Angebote der Krankenkassen zu verlassen. Es geht um eine betriebliche Gesundheitsförderung, die auf das Verhalten und die Verhältnisse in der Arbeitswelt vor Ort zielt.

Die Autorinnen und Autoren

Dr. Bettina Broxtermann ist als Beraterin vorwiegend in der Kultur- und Kreativwirtschaft tätig. Sie unterstützt ihre Kunden im Marketing und in der Öffentlichkeitsarbeit, bei organisatorischen und vor allem wirtschaftlichen Themen. Ein Studium der Kunstgeschichte und die langjährige Erfahrung als Führungskraft in Kleinen und Mittleren Unternehmen sind die Basis ihrer Arbeit. Sie ist Mitglied der Offensive Mittelstand RheinMain.

bettina@dr-broxtermann.de

Oleg Cernavin ist Soziologe sowie Gründer und geschäftsführender Gesellschafter der BC GmbH Forschungs- und Beratungsgesellschaft in Wiesbaden. Er entwickelt mit seinem Institut seit vielen Jahren Kommunikationskonzepte und Medien für Unternehmen und Organisationen. Forschungsprojekte zur betrieblichen Organisationsentwicklung, der betrieblichen Prävention sowie der Entwicklung neuer Dienstleistungen im Arbeitsschutz. Autor zahlreicher Bücher und Fachaufsätze sowie Mit-Initiator und stellvertretender Vorsitzender der nationalen Initiative »Offensive Mittelstand«.

oleg.cernavin@bc-forschung.de

Ralph Conrads ist seit November 2016 Professor für Integration in Arbeit an der Hochschule der Bundesagentur für Arbeit (Mannheim). Zuvor war er am Internationalen Institut für Empirische Sozialökonomie (Stadtbergen) wissenschaftlicher Projektleiter.

Conrads@inifes.de

Mag.a Renate Czeskleba ist Projektleiterin der fit-2work-Betriebsberatung im Auftrag der österreichischen Bundesregierung. Sie ist außerdem Unternehmensberaterin zu Schwerpunkten wie Arbeitsfähigkeit, altersgerechtes Arbeiten, BGM und Evaluierung psychischer Belastungen, Geschäftsführerin der Arbeits-

---

Die Fotos wurden von den Autorinnen und Autoren zur Verfügung gestellt.

fähigkeiterhalten KG sowie Vortragende und Mitglied der Leitung des Universitätslehrganges »Arbeitsfähigkeits- und Eingliederungsmanagement« an der Medizinischen Universität Wien.

Czeskleba@mensch-und-arbeit.at

Hans-Jürgen Dorr ist seit mehr als 30 Jahren als Berater und Trainer in KMU und Großkonzernen tätig, Mitentwickler des Demografie Lotsenkonzeptes und des Akku-Werkzeugkastens für die kleinen Unternehmen. Seit 2004 ist er Inhaber des Beratungsunternehmens d-ialogo in Wuppertal und seit 2014 Mitgeschäftsführer des Instituts für Workability in Zürich. Diverse Publikationen zum Thema.

dorr@d-ialogo.de

Dr. Andreas Erb ist leitender Betriebsarzt der AbbVie Deutschland GmbH & Co. KG.

andreas.erb@abbvie.com

Rupert Felder ist Personalleiter der Heidelberger Druckmaschinen Gruppe und Vizepräsident des Bundesverbandes der Arbeitsrechtler in Unternehmen (bvau.de).

rupert.felder@heidelberg.com

Christine Fiedler ist Geschäftsführerin von parisat sowie Projektmitarbeiterin bei »WAi« und Referentin für Arbeitsmarktpolitik und Europafragen im PARITÄTISCHEN Thüringen. Sie ist ausgebildet im Arbeitsbewältigungs-Coaching® (ab-c).

cfiedler@parisat.de

Die Autorinnen und Autoren

Claudia Fischer arbeitet als Verwaltungsfachwirtin im Landratsamt München, Ihre Aufgabenschwerpunkte liegen im Bereich des Betrieblichen Eingliederungsmanagements (BEM) sowie der Personalentwicklung.
claudia.fischer@lra-m.bayern.de

Prof. Dr. Joachim E. Fischer ist Professor für Public Health und Direktor des Mannheimer Instituts für Public Health, Medizinische Fakultät Mannheim der Universität Heidelberg. Er ist Mediziner mit einer Facharztausbildung zum Kinderarzt und einer Zusatzausbildung in Public Health. Zu seinen Forschungsschwerpunkten zählen betriebliches Gesundheitsmanagement, die biologischen Wirkmechanismen von chronischem Stress sowie die Entwicklung von kommunalen Gesundheitsstrategien.
jfischer@medma.uni-heidelberg.de

Alexander Frevel, Dipl. Sozialökonom, Beratung zur Arbeitsfähigkeit im Demografischen Wandel. Seit 1994 selbstständig in der Beratung von Unternehmen und Organisationen. Schwerpunkte: Strategische Organisations- und Personalentwicklung, Arbeitsfähigkeitsmanagement und Wertschätzende Führung. Einsatz von dialogischen Methoden wie Arbeitsbewältigungs-Coaching®, Alter(n)sgerechte Berufsverläufe, Wertschätzende Dialoge und Radar-Prozess.
frevel@beratung-arbeitsfaehigkeit.de

Dr. med. Claus-Eric Gehrke, Facharzt für Innere Medizin und Arbeitsmedizin, seit neun Jahren leitender Betriebsarzt und BGM-Koordinator bei der thyssenkrupp Rasselstein GmbH in Andernach.
Claus-eric.gehrke@thyssenkrupp.com

Die Autorinnen und Autoren

Prof. Dr. Heinrich Geißler, seit 1991 Berater für Betriebliche Gesundheitsförderung mit den Schwerpunkten »Gesundheitsfördernde Führung« und »Generationen-Management«. Lehre an Universitäten und Fachhochschulen in Österreich, Deutschland.
office@bf-geissler.com

Marianne Giesert, geschäftsführende Gesellschafterin und Direktorin des IAF, Dipl. Sozialökonomin und Dipl. Betriebswirtin. Kernkompetenzen: Beratung, Seminare, Tagungen, nationale und europäische Projekte, Publikationen, Aus- und Weiterbildungen mit Zertifikat. Sie ist Supervisorin, Coach und seit Ende 2000 als ECA-Business- und Management-Coach sowie als Lehrcoach tätig.
marianne.giesert@arbeitsfaehigkeit.com

Brigitta Gruber ist Arbeitspsychologin und Betriebsberaterin für betriebliches Gesundheits- und Alternsmanagement; Autorin und Vortragende. Schwerpunkte: Wertschätzende Führungs- und Betriebskultur, psychische Gefährdungsbeurteilung und psychologische Arbeitsgestaltung, Mitentwicklerin von Arbeitsbewältigungs-Coaching®, wertschätzenden Führungs-MitarbeiterInnen-Dialogen und dem BGF-UnternehmerInnenmodell Gesundes Führen.
brigitta.gruber@arbeitsleben.com

Helmut Haderlein ist seit 1981 bei den Michelin Reifenwerken in Hallstadt tätig. Seinen beruflichen Werdegang begann er dort mit der Ausbildung zum Maschinenschlosser. Seit 2008 Mitglied im Betriebsrat, seit 2014 ausgebildeter Arbeitsfähigkeitscoach.
helmut.haderlein@michelin.com

Axel Hoffmann ist Gesamtbetriebsratsvorsitzender der AbbVie Deutschland GmbH & Co. KG
E-Mail axel.hoffmann@abbvie.com

Die Autorinnen und Autoren

Prof. (emer.) Dr. Juhani Ilmarinen war bis 2009 Wissenschaftler und jahrelang Direktor im Finnish Institute of Occupational Health (FIOH); Forschung und Entwicklung mit mehr als 500 Publikationen über betriebliches Gesundheitsmanagement, Arbeitsphysiologie, Arbeitsfähigkeit und Altern. Seit 2009 Juhani Ilmarinen Consulting GmbH, Vantaa/Finnland.

juhani.ilmarinen@jic.fi

Simone Jäckel hat zum Abschluss ihres Studiums der Gesundheitsförderung im Auftrag des IAF als Bachelorarbeit das Arbeitsfähigkeitscoaching im Landratsamt München evaluiert.

simone.jaeckel@arbeitsfaehig.com

Gabriele Joschko, Diplom-Soziologin, Sportlehrerin, Shiatsu-Praktikerin, seit 20 Jahren Inhaberin von GEKO – Die Gesundheitskompetenz zur Unternehmensberatung für BGM/BGF.

gj@gesundheitskompetenz.de

Irene Kloimüller ist Projektleiterin der fit2work-Betriebsberatung im Auftrag der österreichischen Bundesregierung sowie Geschäftsführerin der Arbeitsfähigkeiterhalten KG. Unternehmensberaterin zu Arbeitsfähigkeit, alternsgerechtem Arbeiten, BGM und Evaluierung psychischer Belastungen. Vortragende und Mitglied der Leitung des Universitätslehrgangs »Arbeitsfähigkeits- und Eingliederungsmanagement« an der Medizinischen Universität Wien.

i.kloimueller@wertarbeit.at

Peter Krauss-Hoffmann, Arbeitswissenschaftler und promovierter Gesundheitspädagoge, langjährige Projektarbeit in der Bundesanstalt für Arbeitsschutz und Arbeitsmedizin (BAuA) in den Bereichen Qualifizierung, Initiative Neue Qualität der Arbeit (INQA), Transfer und Politikberatung, seit 2011 Tätigkeit im Bundesministerium für Arbeit und Soziales (Berlin/Bonn) in den Bereichen Büro- und Projektleitung, nebenberuflich Lehrbeauftragter für betriebliche Prävention an Hochschulen (Bonn/Brühl) und Publikationstätigkeit.

Peter.Krauss-Hoffmann@bmas.bund.de

Alexander Kühl, Wissenschaftlicher Mitarbeiter im Institut Söstra mit Schwerpunkt Demografie und Alternsgerechtes Arbeiten. Mitarbeit in INQA-Projekten (Generationenmanagement im Arbeitsleben/ZusammenWachsen – ArbeitGestalten). Projekte im Rahmen der ESF-Sozialpartnerrichtlinie. Durchführender von ab-c® Prozessen und Mitglied des Kreises der ab-c® VermittlerInnen. Betriebsratsschulungen zur psychischen Gefährdungsbeurteilung.

kuehl@soestra.de

Prof. Dr. Anja Liebrich, Diplom-Psychologin, Dr. rer. pol., Gesellschafterin der IAF Institut für Arbeitsfähigkeit GmbH sowie Professorin für Wirtschaftspsychologie an der FOM Hochschule für Oekonomie und Management am Standort Nürnberg. Schwerpunkte: »Gefährdungsbeurteilung psychische Belastung«, »alterns- und gesundheitsgerechte Arbeitsgestaltung« sowie »Auswirkungen aktueller und zukünftiger Entwicklungen auf die Arbeitsgesellschaft – Arbeit 4.0«.

anja.liebrich@arbeitsfaehig.com

Eckehard Linnemann ist Leiter der Abteilung Sozialpolitik der IG BCE und ehrenamtlich in diversen Selbstverwaltungsgremien deutscher Renten- und Krankenversicherungen aktiv.

eckehard.linnemann@igbce.de

Mathias Lomb ist Fachsekretär Gute Arbeit und Demografie der IG BCE im Landesbezirk Rheinland-Pfalz/Saarland.

E-Mail mathias.lomb@igbce.de

Die Autorinnen und Autoren

Birgitta Möller arbeitet als Organisations- und ProzessBeraterin sowie Mediatorin für Kleine- und Mittlere Unternehmen. Tätigkeitsschwerpunkte: Veränderungs-Management, Kommunikation & Konflikt sowie des Arbeitsbewältigungs-Konzeptes. Langjährige Erfahrung als Führungskraft und im Personal-Management mit den Schwerpunkten Beratung, Betreuung und Entwicklung von Fach- und Führungskräften. Sie ist Ansprechpartnerin der Offensive Mittelstand RheinMain.

kontakt@birgitta-moeller.de

Josef Morgenroth arbeitet seit 1976 beim Michelin Reifenwerk. Er absolvierte ergänzend zu seiner Ausbildung zum Maschinenschlosser verschiedene Aus- und Weiterbildungen. Seit 2002 ist er freigestellter Betriebsrat und seit 2014 ausgebildeter AFCoach.

josef.morgenroth@michelin.com

Martina Neubauer, Diplom Sozialpädagogin, Leiterin des Referats für Chancengleichheit und gesellschaftliche Potentiale im Landratsamt München.

NeubauerM@lra-m.bayern.de

Diana Paschek ist Leiterin des Projektes »Wo Arbeit integriert« (WAi) bei parisat – Gesellschaft für paritätische soziale Arbeit in Thüringen mbH und Sonderbeauftragte der Paritätischen BuntStiftung für Fachkräftegewinnung und -sicherung in der Sozialwirtschaft.

dpaschek@parisat.de

Tobias Reuter ist Diplom-Ökonom und geschäftsführender Gesellschafter des IAF (Institut für Arbeitsfähigkeit). Er verfügt über viele Jahre Erfahrungen im Bereich Arbeitswissenschaft, Personalentwicklung, Personalführung sowie Kommunikation und Gesprächsführung sowie in der Beratung von Unternehmen bei der Implementierung von Betrieblichem Gesundheitsmanagement. Schwerpunkte: Betriebliches Eingliederungsmanagement und gesundes und alternsgerechtes Führen.

tobias.reuter@arbeitsfaehig.com

Dr. med. Jürgen Tempel ist seit 20 Jahren Berater und Betriebsarzt bei verschiedenen Unternehmen. Mithilfe beim Bau des Hauses der Arbeitsfähigkeit und der Durchführung von Gefährdungsbeurteilungen auf Grundlage des Arbeitsfähigkeitskonzeptes. Von 2002 bis 2014 war er Betriebsarzt bei den Verkehrsbetrieben Hamburg-Holstein, Mitarbeit bei der Entwicklung des Demographie-Tarifvertrages der VHH, vielfältige Publikationen zum Thema.

juergen-tempel@t-online.de

Dr. Ing. habil. Kerstin Thönnessen, Studium des Arbeitsingenieurwesens. Tätigkeit in Forschung, Lehre und Beratung mit Publikationen im Kontext von betrieblichen Anpassungsstrategien bei demografischen Veränderungen, Anforderungen an alternsgerechte Tätigkeitsstrukturen, Gefährdungsbeurteilung psychischer Belastungen und Förderung der Arbeitsfähigkeit. Einsatz von dialogischen Methoden wie Arbeitsbewältigungs-Coaching®, Alter(n)sgerechte Berufsverläufe, Radar-Prozess. Seit 2016 Vorsitzende von Arbeit und Zukunft e.V.

k.thoennessen@gmx.de

IAF
Institut für Arbeitsfähigkeit
Arbeitsfähig in die Zukunft

produktiv und arbeitsfähig
Gesundheit mit System

- Arbeitsfähigkeit
- Arbeitsbedingungen
- Werte
- Kompetenz
- Gesundheit
- Gesundheitsmanagement
- Familie
- Umfeld
- Gesellschaft

Wir unterstützen Sie bei Ihrem Weg zu mehr Gesundheit und Arbeitsfähigkeit! Schritt für Schritt in eine erfolgreiche Zukunft:

Wo stehen wir? Welche Möglichkeiten haben wir?

Welche Schritte sind erfolgreich?

Wie können wir unsere Ideen und Konzepte im betrieblichen Alltag umsetzen?

Ist das was wir tun erfolgreich?

Planen und Einführen
Orientieren
Umsetzen
Evaluieren

Fischtorplatz 23
D-55116 Mainz
Tel: +49 (0)6131 603984-0
Fax: +49 (0)6131 603984-1
Mail: gutentag@arbeitsfaehig.com
www.arbeitsfaehig-in-die-zukunft.com
www.facebook.com/IAFInstitut

Wir beraten Sie gerne!

VSA: Arbeiten & gesund bleiben

Jürgen Tempel/Juhani Ilmarinen
Arbeitsleben 2025

Das Haus der Arbeitsfähigkeit im Unternehmen bauen
Herausgegeben von
Marianne Giesert

296 Seiten | Hardcover | zahlreiche Abbildungen | € 19.80
ISBN 978-3-89965-464-6

Was können Beschäftigte und Unternehmen tun, damit Arbeitnehmerinnen und Arbeitnehmer so lange wie möglich und so gesund wie möglich im Arbeitsleben verbleiben können? Das in diesem Band mit vielen Beispielen aus der Praxis vorgestellte Konzept des »Hauses der Arbeitsfähigkeit« ermöglicht es, die Balance zwischen Arbeitsanforderung und individueller bzw. kollektiver Leistung zu fördern und zu sichern.

Prospekte anfordern!

VSA: Verlag
St. Georgs Kirchhof 6
20099 Hamburg
Tel. 040/28 09 52 77-10
Fax 040/28 09 52 77-50
Mail: info@vsa-verlag.de

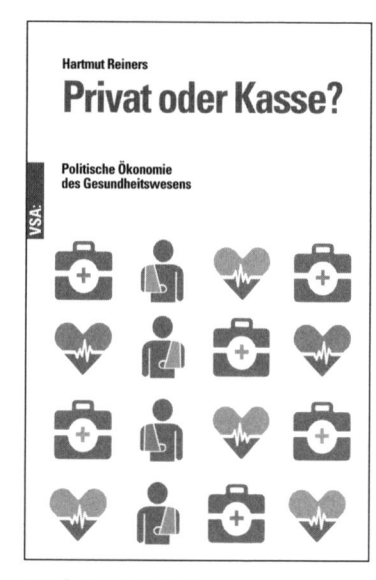

Hartmut Reiners
Privat oder Kasse?

Politische Ökonomie des Gesundheitswesens

120 Seiten | € 11.80
ISBN 978-3-89965-760-9

Das Gesundheitswesen ist eine Dienstleistungsbranche mit hohem Wachstumspotenzial, in der in Deutschland gegenwärtig 5,2 Mio. Beschäftigte über 11% des Bruttoinlandsprodukts erwirtschaften. Aber das Gesundheitssystem ist kein Wirtschaftszweig wie jeder andere. Denn es wird aus guten Gründen nicht über den Marktmechanismus von Angebot und zahlungskräftiger Nachfrage gesteuert, sondern über politische Vorgaben, Rechtsnormen und kollektive Verhandlungen. Dieses Buch soll Ordnung in die komplexe Welt des Gesundheitswesens bringen, mit dem Schwerpunkt auf der Frage: Wie kann eine sozial gerechtere Gesundheitspolitik in Zukunft aussehen?

www.vsa-verlag.de